記号とシンボルの事典

知ってるようで知らなかった100のはなし

スティーヴン・ウェッブ
松浦俊輔 訳

青土社

記号とシンボルの事典

目次

姪のエミリーとアビゲイルに

記号とシンボルの事典　知ってそうで知らなかった100のはなし

はじめに――グリフの豊かさとTEXの喜び

理系の学生はたいてい、何かのときに、特定の場面で一定の記号《シンボル》を使うのはなぜかと、自問したり教師に質問したりしたことがあるにちがいない。「なぜcが光速を表すのか」とか、「なぜ円周率を表すのにπ《パイ》が選ばれたのか」とか、火星を表すのに♂を用いて、金星には♀を用いるのはどういうこと?」とか。そして聡明な学生なら、科学は浮世を離れて動いているわけではないことを知っていて、同じようでももっと一般に通じる質問もするものだ。「メールアドレスに@マークが使われるのはなぜ?」とか、「リサイクル記号を♲にしたのは誰?」、「パソコンのキーボードに⌘のキーがある理由は?」というふうに。私は本書をそういう質問をする学生のために書いた。

私自身の記号への関心は、苦難に満ちた生まれ方をした。1980年代の半ばから末にかけて、私は理論物理学での博士論文に向けた作業をしていた。私の研究には、量子色力学(質問は受け付けない)に基づく簡略なモデル《トイモデル》を使い、着目した様々な量を計算することが含まれていた。その後、私の退屈な労働の結果を書き上げるときがやって来た。つまり、数学を紙に書き付ける方法を見つけなければならなくなった。私の計算はとくに複雑な数学を用いているわけではなかったが、自分の数学的技巧に欠けるところを、ひたすら分量で埋め合わせた——本文の中にばらまかれる短い式もあれば、別個の行が割り当てられる重要な式もあり、表示すると一頁の大半を占めるような長い式もあった。博士論文を書き上げるために、最も単純な方式を採ろうかとも思った。つまり言葉はタイプライターを使ってタイプし、後で手書きの式を埋め込めるように隙間を残しておくということだ（若い読者のために言うと、タイプライターとは、キーボードを用いる、インターネットとの接続回線が極超低速の装置のこと）。困ったことに、私の場合、タイプと手書きの数式を混ぜると、学術論文というより、後期のジャクソン・ポロックの作品のようになってしまった。私は論文を、プロが書いたような、少なくともそう見えるものにしたかった。学科にいたギークが、troffというコンピュータプログラムの一種を試してみれば、と教えてくれて、実際に試してみたが、私にはそれを使いこなせるような技術的熟練がなかった。troffを操れるギークたちさえ、あまりそれを使いたがらなかった。そんなとき、私はTeXの喜びを発見した。

TeX（作曲家Bach《バッハ》の「ch」にあるような軟らかい「ch」で「tech《テフ》」と発音される）は、有数の計算機学者ドナルド・アーヴィン・クヌースが生み出した。クヌースの業績は数々あるが、中でも広く影響を及ぼした*The Art of Computer Programming*〔計算機プログラミングの技法、有澤誠ほかによる邦訳は、原題のまま、日本語版としてアスキーより刊行され、その後KADOKAWAより再刊中〕という複数巻からなる著書を書いている。１９７６年、クヌースはこのシリーズの初めの方の巻の改訂版を用意していた。そこには数学が大量に含まれていたが、製作過程に生じた様々な困難にクヌースはめげていた。そこで、その後の巻も効率的に、かつ自分の（きわめて厳密な）基準に合う品質で組版できる、独自の組版システムを開発することにした。その結果できたのがTeXだった。このソフトの初公開は１９７８年のことで、１９８２年には改訂版が公開された。

幸いなことに、私が博士論文を書き始める直前に、学科のギークが計算機センターの計算機に（当時の学生はまだパソコンを持っていなかった）TeXをインストールした。私は即座にこのシステムは使い方が簡単――troffよりはるかに単純――だと思った。TeXは私がそこに放り込んだ数式を何でも軽々と処理するだけでなく、私の文章を美しく組版してくれた。私も仲間の学生もTeXに飛びつき、まもなくそれを使ってあらゆる重要文書を製作するようになる。私のお気に入りは単語をギターの形に組版したパーティの招待状だ。

博士論文を書き上げた後、私があくせく行なっていた量子色力学の計算は、うすうす予想はしていたものの、自分にも他の人々にもほとんど役に立たないことがわかった。意外だったのは、その論文を書くために身につけたTeXの技能の方には需要があったということだった――それは今でも私の役に立っている。私はTeXを使って学術論文や教授用資料を書いてきたし、理工書出版社にTeXシステムを配備する手伝いもしてきた。今も自分の著書を組版するときには、TeXはお気に入りの選択肢となっている。TeXは鉄壁のソフトウェアだ――それがクラッシュしたという記憶がない――し、TeXで書いた文書はものすごく寿命が長い。25年以上前に、製造業者もとっくになくなったコンピュータで書いた文書を組版して、当時とまったく同じ出力が得られる。TeXを魅力的にするのに役立つ因子としては、クヌースがそれを無料で提供したという点もある――私が貧乏学生だったときでさえ、いつでもTeXは使えたのだ。

TeXのオープンなところ、安定性、高品質、低価格（無料にはなかなか抵抗できないものだ）によって、世界的な実践者のコミュニティが広がることになった。私が自分でTeXをさらに利用するようになると、数式の多い文書を組版するだけでなく、校訂版、チェスの解説、総合雑誌、等々、あらゆる形の出版物をこれで組版する人々のことを知った。そうした実践者は、作業をしやすくするために、TeXを使うためのパッケージを開発することも多く、やはりクヌースが火をつけたコミュニティ精神で、それを無料で利用できるようにしていた。そういうパッケージにはまると、なじみのない、変わった形の字形《グリフ》——あるいは文字記号《キャラクタ》でも記号《シンボル》でも、好きなように呼べばよい——に満ちた世界を発見することになった。そうしたパッケージがグリフへの長年の関心に火をつけた（ついでながら、私がここであれこれ考察したグリフの多くはMetafont《メタフォント》というコンピュータプログラムで生成された。これまたクヌースの創作物だ。

　誰かが手間をかけて、ſ、Ï、♀のような記号を生み出すTeXのコマンドを作った。しかしなぜその形なのか。℘は何のために使われたのか。ℸは何を意味するのか。屮は何を表していたのか。こうした私がかつてなじんでいた記号の奥にある物語は何なのか、考えてみよう——「！」のような句読点あり、∞のような数学記号あり、♓のような天文符号あり。みんなどこから来たんだろうね。

　そうした疑問——また長年の間に学生が私に尋ねたような同様の疑問——が本書になった。１００のグリフに関する物語集だ（実際には、二つ——バーコードとQRコード——は厳密にはグリフではない。しかししょっちゅう見かけるものなので、それはここに入れるにふさわしいと私は思った）。私は本書を均等に5章に分け、それぞれ20個ずつの記号の背後にある物語を紹介した。

「キャラクタ・スケッチ」〔日常的には「登場人物紹介」といった意味〕と題した第1章は、文章を書くときに用いるグリフをいくつか取り上げる。「時代のしるし《サイン》」と題した第2章では、政治、宗教など、日常生活の各方面で用いられるグリフをいくつか解説する。そうした記号にはおなじみのものあれば、

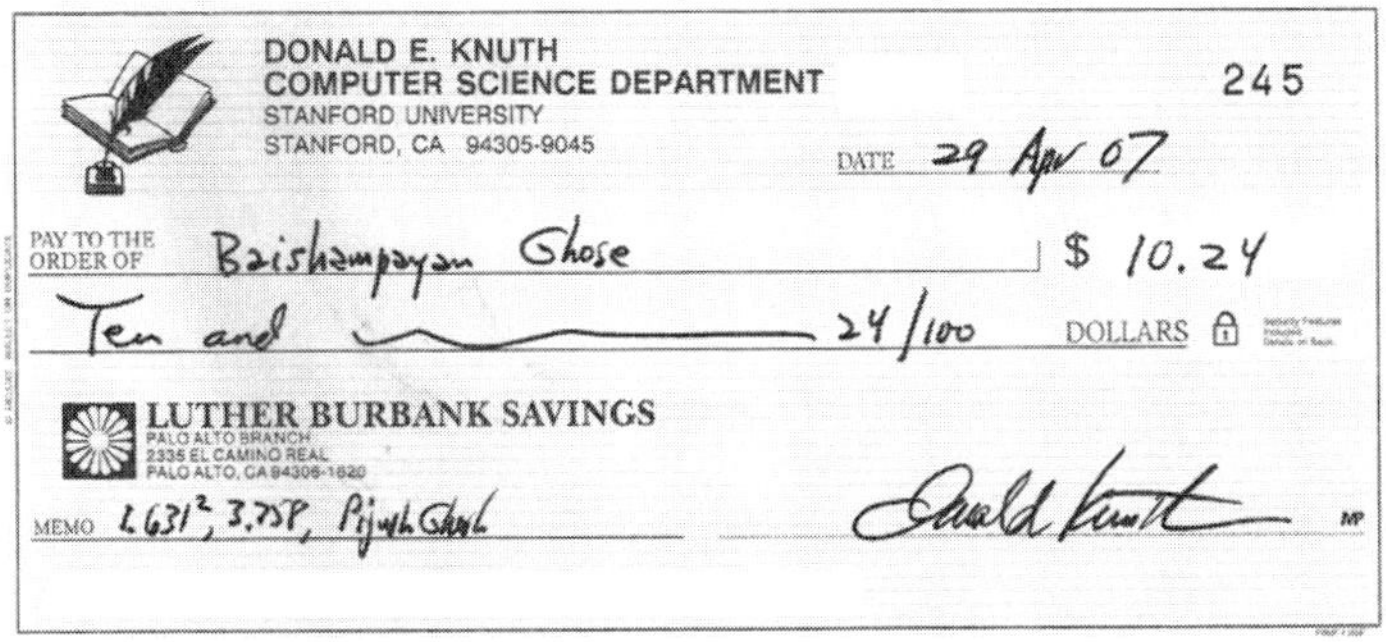

TEX の長寿と安定性は、クヌースがソースコードを自由に利用できるようにして、利用者コミュニティ全体で研究し、分析し、改善できるようにしたことによる部分が大きい。TEX にコーディングの誤りを見つけたら（あるいはクヌースの著作に誤りを見つけても）、それをクヌースに知らせると、図に示したような、有名なお礼の小切手がもらえる。小切手の額面はたいてい少額だが、この世界では大いに価値がある。プログラミングの世界にはこんな言い伝えがある。「知能とは、クヌースの文書にエラーを発見すること。愚かさとは、それで手に入った２ドル 56 セントの小切手を換金すること」。それほど多くの目がソースコードにエラーがないかを調べているので、TEX は鉄壁なのだ。（図版―Baishampayan Ghose）

稀にしか用いられないものもある。現代になって考案されたものもあれば、今風に見えても何百年も前からあるものもある。

「しるしと驚異」という第3章は、天の世界の記述で用いるために考えられた記号をいくつか検討する。本書でも視覚的に目立つ部類に属する記号で、多くは古代にまでさかのぼる。ただ、その使用は――少なくとも専門的な舞台では――減りつつある。

第4章の「ちんぷんかんぷん（ギリシア語みたいに）」では、科学の様々な分野で用いられる記号をいくつか取り上げる。こうした記号のうちのいくつかは、プロの科学者によって日常的に用いられているし、また一般の人々にもおなじみだろうが、中にはもう誰にも本格的には用いられないものもある――それでも古い本などではまだときどきお目にかかることがあるかもしれない。

最終章、「紙の上の無意味な斑点」は、数学で用いられるキャラクタのいくつかを取り上げる。こうした記号を入れることにするまで、私にはためらいがあった。それは本書を読む一般の人々には、嫌悪感を起こすのではないか思われるからだ。他方、そもそも私がグリフに関心を抱くようになったのは、ℵや∃やζのような記号の姿による。そしてきっと、数学記号の背後にある物語は、たとえば句読点や政治的合印《あいじるし》の背後にある物語と同程度には語るに値するだろう。おまけに、記号の歴史を鑑賞するには、数学の基本的な知識があればよい。

では、これから百のグリフの背後にある物語をする。百個というのは多すぎると思われるかもしれないが、取り上げてもよかった記号は他にも無数にある。近年は、コンピュータ産業がユニコード——世界の文字体系のほとんどの文書を符号化し、再現し、操作するための規格——を開発して、今やそこには13万5000以上の項目がある。ユニコードの表をちょっと見て回れば、目を楽しませる多くのキャラクタに出会うだろうし、その歴史を自分で調べてみれば、目からうろこのことがわかるだろう。

第1章　キャラクタ・スケッチ

身のまわりを見渡してみよう。私の場合と似たような環境なら、視線は豊富な文字記号《キャラクタ》に捉えられるだろう。私がいるこの研究室でも、どこを見ても文字や句読点や数字がある。私の机に散乱する数々の新聞、雑誌、報告書、論文を覆うキャラクタあり、詰め込んだ本棚からはみ出す本やフォルダの背表紙を上から下へと走るものあり、いずれ役に立つだろうと期待してコルクボードにピンで止めたビラ、地図、一覧表も埋めるものあり。そしてもちろん、キャラクタが見られるのは紙やケースだけではない。コンピュータ画面の大部分もそれで埋まっている。研究室の窓から外を見れば、訪れる人々に指示を与える様々なキャラクタが、掲示板に型でペイントされている。アスファルトに白線を引いた駐車スペースには、誰がどの駐車スペースを保有しているのか（大学ではとてつもなく大きな争いの元）を示すための、それぞれのキャラクタが描かれている。さらには交通標識というキャラクタ群もある。視線を下げれば、コンピュータのキーボード、電話（新しく設置されたばかりのハイテク電話で、はっきり言って、その機能には途方に暮れる）、旧式の電卓のそれぞれのキーにキャラクタがある。さらに興を添えることに、現れるキャラクタは、ものすごく多様な書体《フォント》や様式《スタイル》の字形《グリフ》として姿を見せている。たとえばAという字でも、Aだったり、Aだったり、Aだったり、他の無数の表し方だったりができる。Aというキャラクタには意味があるが、こうでなければならないという固有の外見はない。Aのグリフは形に特徴がありうるが、その形そのものには意味はない。われわれの誰もが日々つきあうキャラクタはやたらとあるが、そこに豊富なグリフが加わる。

文字、句読点、数字、記号——われわれはそういうものに囲まれてはいても、立ち止まってその由来について考えることはめったにない。

英国のわれわれが最もよく使うキャラクタと言えば、もちろんアルファベットの文字《レター》だ。西洋やヨーロッパ諸語の大半で用いられる大文字の形は何千年も前に成立している。そのことの証拠は、ローマ時

ブルガリアのルーセにあるローマ時代の砦、セクサギンタから出た碑文。大文字が明瞭に見てとれる。ローマ人はそれ以前の文字から借用しているので、イギリス人が用いる字の形は、中世の書記《スクライブ》が加えたいくつかの例外を除き、古代に起源をたどれる。他方、小文字が進化するのは、書く技術の発達——たとえば石と粘土板に代わってペンと羊皮紙が用いられるなど——があってからのことだ。(写真—Rossen Radev)

代の建物に用いられた石に刻まれた文字に容易に見てとれる。実際、われわれは今でもこうした文字の集合のことをラテン文字とかローマ字と呼んでいる（ラテン文字は、エトルリア人が用いていたギリシア語のアルファベットの一形態に由来する。われわれが今用いているラテン文字は、少なくとも紀元前500年頃の石や陶器に刻まれ彫り込まれたグリフにさかのぼる。「グリフ」という言葉からして、ギリシア語で「彫る」を意味する言葉が元になっている）。われわれが遭遇する中でも最も重要なキャラクタはアルファベットの文字だとはいえ、それでも私が関心を抱くのは、印刷物であれ、何であれ、そこに見られる、他のあらゆるキャラクタの方だ。たとえばキーボードには、アルファベットをなすラテン文字と同じ空間に、§、@、%などが立ち交じっている。こちらのキャラクタがローマ時代の柱に刻まれているのを見ることはたぶんない。こうしたキャラクタはどこに由来するのだろう。もちろん、生まれた正確な時期がわかっているものもあれば、今も来歴がよくわからないものもある。このパートでは、よく知られている記号のうち十余り――今挙げた三つ（§、@、%）と、他に¶、©、&など――を取り上げる。また、用いられている分野にかかわってでもいなければ、まずお目にかからないキャラクタいくつか――Þ、ə、℣――についても背景を簡単に述べる（一件ではずるをする。:-) のような顔符号《エモティコン》は、実は三つのキャラクタを一つとして数えている。しかしそういう原則の破り方をする仲間は大勢いる。2015年、オックスフォード辞典が出している権威ある「年間最優秀単語」賞は、単語ではなく、😂――うれし泣きする顔の絵文字――に与えられた）。

ついでながら、私が解説することにしたこれから登場するキャラクタの配列にパターンはない。ユニコード規格に入っている13万5000以上のキャラクタをランダムに見て回って、途方に暮れるほどの記号と出会った。たとえば通貨記号の区分だけ見て、ランダムに三つ取り上げるだけでも、¥、₫《ドン》、₴《フリュヴニア》といったものにも出会うだろう——そこには魅惑の裏話があることは請け合う。しかしすべてについて書くことはできないので、選ばなければならなかった。以下、私が選んだ文字記号紹介《キャラクタ・スケッチ》を。

&

アンパーサンド

一般に用いられるすべてのキャラクタの中でも、きっと、アンパーサンド（&）ほど、フォントのデザイナーにその腕の見せどころを提供しているものはないだろう。アンパーサンドは、サンセリフ〔日本語ではゴシック系のもの〕では、ふつう、簡素な&のようなものとなる。原書の本文に用いられたギャラモン〔日本語では明朝系〕では、アンパーサンドは少しでも装飾を備えた伝統的な雰囲気がある&となる。私が使っているギャラモンの特定のバージョンには、けっこうバロックな感じの字体――&とか&とか――がある。伝統的なバスカビルのイタリック体などのフォントにもある特色だ。しかしアンパーサンドはかわいらしいだけでなく、意味も表すグリフだ――元の意味を何とか残している。つまり二千年近くにわたり「and《アンド》」を意味してきた言葉の簡略体なのだ。

&という記号は合字《リガチャ》――二つの文字を合わせて一つのグリフにすること――に由来する（古英語には、æやœのようなよく用いられる合字があった。これについては後で、「アッシュ」や「ソーン」の節で取り上げるが、現代英語の活字書体では一般に、カーニング、つまり空白の取り方が難しい、特定の文字の並びで用いる合字のみが用意されている。その場合、fの字がからむ合字が多い。「fi」ではなく「ﬁ」だったり、「ff」ではなく、「ﬀ」だったり、「ffi」ではなく「ﬃ」だったりというパターンだ。他のラテン語系のアルファベットにも特殊な合字を用いる場合があるし、非ラテン文字も多くが合字を用いる）。&はeの字とtの字の合字――&

——で、ラテン語では「et」が英語の「and」を意味することによる。最近の英語では、&を見れば「アンド」と読むが、「等々《エトセトラ》〔etc〕」が「&c」と書かれる場合などに、その名残が見える。二千年近く前のローマ字にはこの合字があるのが見られるし、今日のこの記号の表し方にも「E」と「t」の痕跡が見られ、たとえばアンパーサンドのギャラモン系の字体、&などに識別できる。そしてアンパーサンドはローマ時代以来のものなので各地に広まっており、ラテン語系のアルファベットを用いる多くの言語に登場する。

　アンパーサンドは比較的最近まで、英語のアルファベットを構成していた——a、b、cと同じ一つの字だった。ベネディクト派の有力な修道士で、最初の千年紀が終わる頃、ケンブリッジシャーのラムジー修道院で暮らしていたバートファースは、『エンキリディオン』、すなわち『便覧』という教科書を書き、手稿の２０３頁に、英語のアルファベットを本人が適切と思う順に並べたものを提示した。&はZの後で、ソーン（Þ）やエズ（Ð）のような、追加されたアングロサクソン文字の前だった。１８５７年になっても、初年級の読本には、&はアルファベットの第27字として印刷されていた。そしてこのアンパーサンドが一つの文字として占めた位置こそが、今知られているその名称、英語では１８３５年に初めて現れた名をもたらした。

　今日の子どもが英語のアルファベットを暗唱するときには、最後には「……エックス、ワイ、アンド・ゼッド（アメリカならズィー）と言うことになる〔英語では、三つ以上のものを並べるときは、最後の二つの間にのみ「アンド」を挟む〕。

アンパーサンドの歴史。左から、西暦131年、4世紀半ばのものが二つ（本文に挙げたギャラモン・イタリックのアンパーサンドにも注目）、6世紀初め、7世紀、810年（図版—Johan Winge）

以前の世代も同じ暗唱をしたが、違いが二点あった。一つは、文字がそれだけで単語にもなるとき――たとえばAやI――その前に短いラテン語の文句「per se《パース》」、つまり「そのもの」をつけるようにと教わっていた（"per se I"として、「私」ではなく「Iの字」であることを示すなど）。綴りを習うときには、綴りを言った後に単語が復唱されることがあり、その場合にはこの言い方が役に立つ（たとえば、per se b,《パースビー・》 e, e, bee《イー・イー・ビー》のように）。第二に、アルファベットには最後の字として＆（つまり「アンド」）が入っていた。そこで子どもが唱えるアルファベットの最後は、「ワイ、ゼッド、アンド・パース・アンド」となる。子どもの口では複数の単語が一つに重なってしまうのも無理はない。その結果、「アンパーサンド」となる。ばらつきが生じるのは避けられない。１９０５年の俗語辞典には、アルファベットの最後の文字を表す19通りの言い方が記録されている。「アンパシアン」や「アンプシアン」などだが、勝ち残ったのは「アンパーサンド」だった（私の友人の物理学者は、この名は有名なフランス人科学者、アンドレ＝マリ・アンペールの名に由来し、「アンペールス・アンド」（アンペールのアンド）だと主張したことがあるが、そうではなかった。＆はアンペールとは無関係だ）。

？ 疑問符

古代には、書く際に句読法はあまり必要なかった。書かれた内容の意味を明確にするために何らかの印を使うことが必要になったのは、その内容がある程度手が込んできてからのことだ。たとえば脚本家なら、文と文の切れ目や、文の途中で一拍置くところを役者に指示するための句読点が必要になるだろう。また脚本家は、その台詞に適切な口調を伝えるという問題にも直面する。「He's here〔あいつ来た〕」という短い文を考えてみよう。その意味は、少なくとも英語やそれに似た言語では、抑揚が上がるか下がるかで決まる。抑揚が下がれば、その文は事実の陳述となる（上手い役者の口から出る正確な抑揚は、もちろんその台詞の額面よりもはるかに多くの情報を伝える――文脈にもよるが、歓迎されていないとか、5分遅刻しているとか、暗殺の標的だとか）。一方、抑揚が上がると、文は疑問文となる。その抑揚を導くために、句読点――疑問符《クエスチョン・マーク》――が必要となる。

２０１１年、ケンブリッジ大学の古文書の専門家、チップ・コークリー博士は、知られている中で最古の疑問符の例らしいものを確認した。その符号はコロン（：）に似た二つのドットで、腸のような曲がった符号ではなかった。また、それが登場するのはシリア語――イスラム教が台頭するまで栄え、多くのキリスト教文献を生んだ中東の言語――で書かれた5世紀の聖書の写本だった。筆者士《スクライブ》は、二つのドットを縦に並べたザグワ・エライヤとも呼ばれる符号を文頭近くに置いて、疑問文が始まることを示

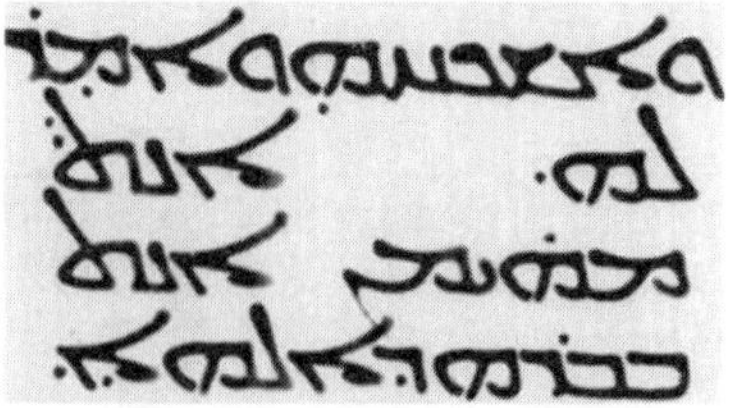

シリア語は古代中東の言語。このシリア語写本には、疑問文を示す二重ドットが入っているが、そのドットによる符号が文法なのか、音読する人に声の調子を整えさせる指示なのかは不明。（図版—British Library Board）

していた（もちろん、文が「誰」のような疑問詞で始まれば二重ッドットを加える必要はなかった）。

　シリア語の疑問符は、ラテン文字で対応する記号の発達にはほとんど、あるいはまったく影響がなかったらしいが、あまたの筆者士が大量に聖書を生み出すようになると、標準化されたラテン語句読法が差し迫って必要とされた。一人で黙読する修道士も、文章がどう流れるか、どこで一拍置くか、あるいはどこで終了するか、文章の「音楽」をどう聞くかについて、何らかの指針を必要とするようになる。そのような指針がないと、聖書のある章を初めて読む修道士はきっと、現代詩を読むときに私がしばしば感じる方向感覚のなさに遭遇することになっただろう。

　学者によれば、疑問符を西洋世界に導入したのは、ヨークのアルクインだった。アルクインが生まれたのは735年頃。アインハルトという、カール大帝の廷臣でその伝記も書いた人物は、アルクインを「どこにもいないほど学識のある人物」と称えた。アルクインは出世して、カール大帝の宮廷でも有数の知識人の一人となった。くだんの記号はチルダの下にドットがある、~·のような形だった（手書きの写本では、このチルダにははるかに多くの飾りがついている）。疑問符《プンクトゥス・インテロガティウス》は、初めはきわめて勝手に使われていたが、13世紀にもなると、学者が句読法を標準化し、アルクインの記号は疑問文だけを表すものとして選ばれた。同時にチルダは直立するように向きを変えられた——それは見るからに今の疑問符だった。

多くの言語がこの曲がった猫背の記号を使って疑問を表す。しかしいくらか変動はある。たとえばスペイン語では、疑問符を文頭と文末に用いて、文頭の疑問符は文末の疑問符を逆さまにしたものを使う（〝¿Where are you?〟〔どこにいますか〕）。これは私にはきわめてわかりやすい方式に見える。最初からこの文は疑問文であることがわかるのだ。アラビア語、ペルシア語、ウルドゥー語〔いずれも右から左へ書く〕は鏡像形の疑問符（؟）を用いるし、独自の道を進む言語もある。アルメニア語では、疑問文の最後の母音の上に ՞ が置かれる。

; セミコロン

やっかいの種になる句読点もある。最悪の例は、きっとアポストロフィだ。語末のsの字の隣にある不法なアポストロフィ——果物や野菜の店に書き出されているチョーク書きの看板によくある奴〔単なる複数形のsの前にアポストロフィがついていることが多い〕——は、他では穏やかな人を卒倒するほど怒らせる力がある。個人的には、バナナが2ポンドを持っているかもと思って青果店に入ることはめったにない（そんな誤解はあまりしない）ので、「banana's £2」といった表示の文法的逸脱にはわりあい寛容になる〔文字どおりには「バナナの2ポンド」だが、店の意図は「バナナ（複数）2ポンド」〕。本格的な文章でのアポストロフィの誤用はそれほど受け入れられていないと私は思う。キングスレー・エイミスは、次の二つの文は違うことを挙げる。こんな文

Those things over there are my husband's.〔あちらにあるのは私の夫の持ち物です〕

と、こんな文、

Those things over there are my husbands.〔あちらにいるのは私の夫（複数）です〕

しかし形式に沿った文章でも、この種のうっかりは起きやすいものなので、私は喜んで大目に見る。

私が本当にいらいらするのは、セミコロンの誤用だ――いやはや、すぐ誤用してしまうのだ。たぶんセミコロンの主な問題は、それが他の二つの句読点を混ぜているところだろう。辞書編纂者のエリック・パートリッジは、「その形（;）そのものからして、それがピリオドでもあり、かつカンマでもあるという二重の存在であることを明かしている」と言った。セミコロンは、原理的には必ず他の形に置き換えることができるというのも難点だ。さらに、何人か著名人がこの句読点を批判している。カート・ヴォネガットは、「それは、書いている人が大学出だということを示しているだけ」という理由で、セミコロンを使わないよう勧告した。サミュエル・ベケットは、自分の分身の一人に、「セミコロンとは何といかがわしい」と言わせた（ベケット自身が文章で使った直後に）。つまり、セミコロンは高慢でいささか醜いという感情が現実にある。しかしそうではない。実際にはそんなことはない。セミコロンは確かに書き手がそれを濫用すると目についてしまうものだ。ダッシュ（――）を使った方がうまく伝わりそうなところで文を分けるという珍しい方法としてセミコロンを使う物書きもいるし、コロンと使い分けていない人もいる。興が乗ると必ず使うらしいという人もいる――ハーマン・メルヴィルはそれを結婚式の紙吹雪のようにちりばめる。しかし適切に使われたときには、つまりセミコロンで二つの関連のある考えをつなぎ合わせる際には、それは見事に機能している。ソローは

セミコロン顕彰会はこう語る。「セミコロンは十分に用いられていない；カンマなら，いやと言うほど使われているのに。そんな名言入りのTシャツ，マグカップ，キャップ，イアリングその他があります。詳細は当会ウェブサイトで」（図―Semicolon Appreciation Society/ Erin McKean）

かつて「if a plant cannot live according to its nature, it dies; and so a man.」〔植物はその本性に沿って生きられなければ死ぬ。人もまた。〕と書いた。この感興を英語でセミコロンを使わずに表してみられたい。できないだろう〔日本語なら「……」といったところか〕。このセミコロンがないと、ソローのこの一文は優雅な面持ちを失ってしまうのだ。

しかしこのカンマとピリオドという変わった組合せはどこに由来するのだろう。いちおう一般には、イタリアはヴェネチアの出版業者、アルドゥス・ピウス・マヌティウスが最初に使い始めた少数の人々の一人とされている。おなじみのカンマの曲がった姿もこの人のアイデアで、今ではイタリックと呼ばれる斜体の活字を使い始めたのもそうだ〔最初のイタリックの活字が彫られたのは、フランチェスコ・グリッフォによる〕。マヌティウスはセミコロンを今のわれわれが使うように使った最初でもある。1490年代に、ギリシア時代やローマ時代の様々な古典の著作を出版して、そこにセミコロンが登場している。セミコロンはそこから徐々に英語に広まった。英国初登場は、1568年に出版されたチェスの手引きだった。シェイクスピアはおそらくセミコロンを見ないで育っただろうが、それでもシェイクスピアの戯曲全集『第一フォリオ』〔1623〕の組版をした人々はきっと使っていた。

このようにセミコロンには長い歴史がある。適切に使えば美しく、流れるような句読点だ。ぜひ使っていただきたい。ぜひ大事にしていただきたい。セミコロン顕彰会に入会を試みることさえできるだろう。

@

アットマーク

@という記号は現代世界でも有数の普及した記号だろう。インターネットを使っているなら、それを目にしないわけにはいかない。そんなありふれた記号なのに、意外にも、それを表す公式の名称がない言語も多い。スペイン語とポルトガル語には正式名称がある。この記号は「arroba《アローバ》」と呼ばれる。メートル法以前の質量あるいは体積の単位として用いられる単語だ（この言葉の由来をさらにたどると、アラビア語でロバが背負える荷物の量を指す言葉に行き着く）。フランス語では「arobase《アロバーズ》」という。おそらく語源は同じだろう。しかし見かけを表す冗談のような名称を与えている言語もいくつかある。たとえばオランダ語はそれを「*apenstaartje*《アーペンスタールチェ》」、つまり訳せばおおよそ「猿の小さな尻尾」となる言葉で呼ぶ。ハンガリー人はそれを「*kukac*《ククカク》」（「ウジ虫」）と呼び、デンマーク人は「*snabel-a*《スナベル・アー》」（「象の鼻の*a*」）と呼ぶ。しかし英語では、簡潔に「アット符号《サイン》」（日本語では「アットマーク」）、あるいはときによっては「商業用アット（同じく「単価記号」）」だ。

アットマークの由来はまったく明らかではない。わかっている中で最古の登場は、12世紀のビザンツ帝国の年譜記録者コンスタンティノス・マナセスによる、ある写本の1345年のブルガリア語訳だった（当の写本は今はバチカン図書館にある）。そこでは「アーメン」という単語の「A」の字の代わりに@が登場する。ブルガリア史家は、この記号は単なる装飾ではないかと説いている。研究からは、

１４４８年のスペイン語の文書、１５３６年のイタリア語の文書、１６７４年のフランス語の文書に@の印が見つかっている。アット符号にはこれほど長い歴史がある――が、@の商業的側面の起源はまだ推測の域を出ない。

この記号が中世の稿本に、先に述べたブルガリアの例のような装飾ではなく、ラテン語の前置詞*ad*《アド》が、その次に数字が来るときの省略記号として現れたという考え方もある。dを表すために∂という変形が用いられたのなら（∂については「偏微分」の節を参照のこと）、これが@に変化しそうなところは容易に見て取れる。*ad*という単語はよく出てくるので、そういう短縮記号ができてもおかしくない。

北欧の商人が@を「each at」（１個いくらで）の短縮表記として工夫したという考え方もある――私は、この記号は何となく、eの凹んだ部分に*a*が入った形に似ていると思う。@は十分にaとは違うので紛れは生じないと言われる（aの記号は「～につき」とか「～で」を表すために用いられることがある）。「１個いくらで」と「いくらで」の違いが分かれ目になる。商人が「～10個@£１」（～１個１ポンドで10個）と書けば、その「～10個」の値段は£10となる。「～10個 a £１」（１ポンドで～10個）と書けば、その「～10個」の値段は£１となる。@と書くかaと書くかで、儲かるか損するかの差になる。

さらに、@はフランス語で「at」を表すàの手早い筆記体とする考え方もある。àを書こうとすれば、紙から一度手を持ち上げなければ書ききれないが、@なら一筆で書ける。@の由来については他にもいくつかの説が伝わっているが、それには説得力がないように思う。ただ、始まりがどうだったにせよ、主にあまりおもしろそうではない会計の世界で使われていた記号が、なぜ、どこでも見られるようなものになったのだろう。

1971年、アメリカの技術者レイ・トムリンソンが電子メールの方式を実現した。それは今日のインターネットの前身、アーパネットにつながった別々のコンピュータ上の利用者が、お互いの間でメッセージを送れる最初の方式だった（1971年の半ば、アーパネットには23台のホスト――ほとんどがアメリカの大学と政府機関――がつながっていた。今日では約10億台がつながっている）。トムリンソンは、ユーザー名とマシン名とを切り離すために、キーボード上にあって、それほど使われない記号を必要とした。@記号はその要請にぴったり適っていた。メールは指数関数的に増えた。つまり、読者諸氏がほとんど確実にメールアドレスを持っていて、自分で選んだ名とメールのプロバイダー名を@記号が区切っているということだ（ついでながら、メール第1号の中身は誰も覚えていない。トムリンソンは2016年に亡くなったが、亡くなる前のインタビューでは、「テスト用の通信文は忘れても良いようなものにして、案の定、私は忘れてしまった」と言っている）。

近年では、マイクロブログサービスのツイッターが膨大な量のインターネット通信量を生み出している。ツイッターは2006年に始まり、その6年後には、およそ5億人のユーザーが1日に3億4000万件のツイートを生み出していた。つまりツイッターのユーザー名が約5億件あるということで、それぞれが@で始まっている（よろしければ、@stephenswebbをフォローしてください）。

控えめな@記号は、長い間、商人と会計士の領分にあったが、今や世界を征服してしまった。

%

パーセント

小数点が広く用いられるようになる前は、人々は計算を百分の一（1/100）の何倍という方式で計算を行なうことが多かった。たとえば古代ローマ人の場合を考えよう。こちらでは、考えつきやすいぶん、扱いにくい算数が行なわれた（嘘だと思うなら、32に23をかけるという計算をローマ数字――XXXII × XXIII――でやってみるとよい）。しかしローマ人も百分率は知っていて、競売で売られた品に対して皇帝アウグストゥスが取り立てた税は、売却価格の百分のいくらで表された――つまり、税率が「～パーセント」ということだ（アウグストゥスが当の「パーセント」という言葉を使ったわけではないが）。百分率という考え方は遠い昔にさかのぼる。しかしパーセントを表す現代の記号、キーボードの数字の５の上に収まっている%という記号は、どういう経緯で生まれたのだろう。

アウグストゥスの時代から１５００年ほど早送りする。ローマ帝国はとっくに滅びているが、イタリアは世界の貿易センターになっている。ヴェネチアやミラノやジェノヴァのような都市では、相当の金額がからむ商取引があたりまえに行なわれていた。この頃の商人や銀行家は、成長中の金融環境の内部で効率的に活動するためには、１００という数が、よくある必要な演算の多くで役に立つ単位であることを認識するようになっていた。イタリア語の「*per cento*《ペルチェント》」は「百のうちの」を表し、イタリアの書記は、この２語を書く頻度が高くなっていることに気づく。当然、まもなく短縮表記――「p cento」、「per

100」、「p 100」など—を使うようになる。インクと時間が節約できるなら何でも使う。

1425年、無署名の著者によって書かれた稿本には、新しい短縮表記が初登場している。「pc」と書いて、cの上に小さな丸がついている（数字の上に小さな丸をつけるのは、当時は比較的よくある仕掛けだった。数字の1の上に丸をつけると「1番」となり、2の上に丸がつくと「2番」となるなど〔序数は分数の分母に相当するものも表す〕）。この新しい短縮表記は前よりも短くなっていて、したがってそれまでの試みよりも優れており、定着した。この誰とも知られていない書記の手書きによる短縮表記は、250年以上の間に、今のわれわれが使っている記号に徐々に近づき、横棒の上下に「丸」という形に進化する。

現代のパーセント記号、つまり斜線の両側にゼロという形は、1836年には確かに使われていた。これはドイツのA・F・ヘシュナーという名の商人が書いた送り状に登場する。したがって%という記号は、19世紀の初めにはおそらく使われていたのだろう。ヘシュナー氏が用いてまもなく、世界中の至るところで、「パーセント」を表す記号が欲しい場面では、その記号が大いに使われた。

%記号と密接に関係する二つの記号の由来はずっと新しい。パーミルという短縮表現は、千分の一、つまり0.1%という単位を表す。パーミルを表す記号は‰で、パーセント記号の下側にゼロが一つ追加されている。この言葉は英語

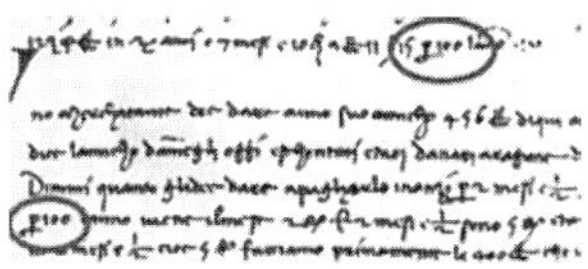

1339年にイタリア語で書かれた計算文書をコピーしたものの一部（この文章は、アメリカの数学者、デーヴィッド・ユージン・スミスによる1898年の本、*Rara Arithmetica*〔珍しい算術〕で復刻されたもの）。1339年に登場したパーセント記号が丸で囲まれている。書記が書いたのは「p100」。（図—William Cherowitzo、文章の書き手は不明）

ではあまり広くは使われていないが、よそではけっこう流布している。‰の主な使い途は、たぶん血中アルコール濃度を表すときだろうが、多くのヨーロッパ諸国では、鉄道の坂の勾配を表すのにも使われる。cpm——千部あたりの価格《コストパーミル》——というごく新しい単位もある。メールサービスを提供するプロバイダーが、広告メールの送信に1000通あたりいくらで料金を課す場合があるのに対応している。

「permyriad《パーミリアッド》」もある。記号は‱で、一般にはむしろ、ベーシスポイント（bp）と呼ばれている。これは一万分の一単位——1パーセントの百分の一——を表す。つまり、1‱＝1bp＝0・01％＝0・0001となる。正直言って、このベーシスポイントについては、2008年の金融危機で銀行関連のことが新聞の一面の記事になったときまで、聞いたこともなかった。銀行業界の人々は、利率のわずかな違いについて話すときにベーシスポイントを使うらしい。たとえば、利率が年利2・34％から2・33％に下がると、1bpの変化となる。今のロンドンは15世紀のヴェネチアのようなもので、銀行やディーラーが巨額を取引する世界的金融センターだ。そこでは利率の1‱の変化がひと財産に相当することもある。

〜 チルダ

本書で取り上げる中で私がいちばん好きな記号はチルダだ。それが好きなのは、私がこの記号に初めて出会った数学の授業で、先生がそれを「くねくね《トゥイドル》」と呼んだからでもある。つまり「$a \sim b$」を「aくねくねb」と言ったのだ。私はすぐにその名が気に入った——くねくねか（ついでながら$a \sim b$という式は、単純に言えば、aとbはまったく同じではないが、同等であるということを意味している）。しかし私がチルダのファンになった主な理由は、それがとてつもなく多機能な記号だからだ。数学でも同等関係を表す以外の使い方が様々あるだけでなく、他の多くの文脈にも収まるのだ。

科学で$\sim$を見れば、それは「約」とか「およそ」の短縮表記である場合が多い。二つの事物が同程度の大きさかな、という事実を表すためにも使われる。たとえば、式$x \sim 100$は、xはおよそ100であることを意味する——少し大きいこともありうるし、少し小さいこともありうるが、100と同じくらいの大きさということだ。

この記号は論理学でも使われる。1897年、イタリアの数学者ジュゼッペ・ペアノは、チルダを使って否定を表すことを始めた。$\sim p$は「非p（pではない）」と読まれる。pの方は命題《プロポジション》を表している。当然、こういう使い方は紛らわしいことになりうる。チルダにこれほど多くの使い方があるので、今の論理学者は、否定を表すのに$\sim$よりも$\neg$を用いる傾向がある。

計算機の世界では、また別の様々な使い方のチルダを見ることになる。たとえば組版言語 TEX では、チルダを複数の単語を「連結《タイ》」して結び合わせるために使うことができる。これでつながれた単語を組版するとき、TEX は単語間にスペースを置くが、その単語間で改行することはない。

チルダはジャグリングでさえ用いられる。もちろん、使われるのはジャグリングをしているときではなく、ジャグリングのパターンを記述するときだ。

ジャグリングをする人なら、しかじかの動きを記述するのがどれほど難しいかご存じだろう。たとえば、私は何か月か前から、ジャグラーで一輪車乗りのスティーヴン・ミルズが1970年代半ばに考案した、三つのボールによるミルズ・メスという技をおぼえようとしている（ミルズがジャグリングを数学者のロン・グレアム〔グラハムとも〕から教わったというのもおもしろい。グレアムの名は、本書でも後で取り上げる別の記号との関連で登場する。この人の名がついたグラハム数を表すために使われる記号、クヌースの矢印表記だ）。

この技は次のように行なうものとされる。まず左腕を上にして腕を交差させ、二つのボールを左手に、一つを右手に持つ。左手のボールを一つ右手の方へ投げ、腕をほどいて右手にあるボールを最初のボールと同じ方向に投げる。つまりボールは左手の方向へ移動する（腕をほどいたから）。それから……まあ、言うより実際にした方が易しい（実行するのも難しいので、私の言うことを信じていただきたい）。

ジャグリングのパターンの表し方は様々あるが、その中でも理解しやすいのは、ルーク・バレージが考えたビートマップ方式だろう。ビートマップでは、「ビート」とは時間を等間隔に区切って打つ点のことで、各ビートに手にあるものを明示することによってジャグリングのパターンを書き表す。この表記では、チルダは特定のビートのときに腕が交差していて、投げる手が上側にあることを意味する。このパターンを理解するにはこつが必要だが、ビートマップを「会得」してしまえば、複雑なジャグリングのパターンもわずかな数のキャラクタで書くことができる。たとえばミルズ・メスなら、ただ（2x, 1）（~1, 2x）（~2x, 1）と書かれる〔xはトスしたボールを反対側の手で取ることを表す〕。念のために言うと、これは技そのものを習得しやすくするものではない。

チルダにお目にかかることは、英語以外の言語での方が多い。たとえばスペイン語のアルファベットは、英語よりも字が多い。nの上にチルダがついたñは、特定の音を表す別個のグリフで、アルファベットの第27字となる。

チルダはとてつもなく多機能で便利であるだけではなく、長い歴史もある。これはもともとラテン語の小文字で、nまたはmの後に母音がつく場合、そのnやmは省略され、母音の上にn——後のチルダ——が載せられた。実は、チルダという言葉はラテン語の*titulus*《ティトゥルス》、つまり「肩書き」とか「上付文字」を表す言葉のスペイン語形なのだ。すると、この由緒正しいチルダが英語で別個の記号として用いられ、キーボード上で利用できるようになったのがきわめて新しいことなのは、意外なことかもしれない。チルダはASCII《アスキー》〔アメリカ情報交換用標準コード〕の初版となった1963年版には入っていない……加えられたのは、後の版になってからだった。

¶ 段落記号

私が初めてTeXを覚え、それで使えるようになった記号で遊んでいたとき、¶という記号に遭遇した。私はそれがどう呼ばれるのか、どんな場合にこれが必要になるのか、さっぱりわからなかった。その後、ピルクロウ（それが記号¶の名）は専門の校正者や法的文書を書く人々によって用いられることを知ったが、自分でそれが必要になるとは思わなかった。もちろん今では、余儀なくウィンドウズでMicrosoft Wordを使う人なら、その記号がこちらを見つめているのを見ている。ピルクロウはWordのボタンのラベルになっていて、それを押すと、文書にある多数の「隠れ」キャラクタ——空白、タブ、改行……それに段落記号——が見えるようになり、段落記号は各段落の末尾にある（今ご覧になっているページのパラグラフの末尾に現れるように）。このピルクロウは、「段落記号《パラグラフ・マーク》」と考えることができる。¶

ピルクロウという言葉は中英語の「*pylcrafte*《ピルクラフテ》」という単語に由来する。フランス語の「*pelagreffe*《ペラグレフ》」が崩れた形で、それはさらに、「段落《パラグラフ》」を表す古フランス語の単語が崩れたものだ。それで、私がピルクロウは何のために使われるかを聞いたときには、その形がPを裏返した形で、何となくパラグラフという言葉を指しているのだと思っていたが、それは間違っていた。何世紀もの間、各言語の書記は、新しい章が始まることを示すために「K」という記号を使っていた。ところが12世紀頃には、修道院で働く筆者士は、「章区切り」という意味の「*capitulum*《カピトゥルム》」を表す文字「C」を使っていた。中世の書写工房は組立て工場式に運営されていて、筆者士が文章を写し、朱字士《ルブリケーター》と呼ばれた専門の彩飾師に委ねて、冒頭の大文字の装飾文字や節区切りのような細かい飾りで装飾してもらう。ルブリケーターの間で、様々なキャラクタに縦線を1本か2本加えることが流行し、カピトゥルムのCにもそれを行なった。キャラクタは₵や₵になる。ピルクロウは、ルブリケーターがカピトゥルムの隙間を塗りつぶす装飾（◖のような）を施すようになって生まれた。かつての「装飾的」ピルクロウをとどめているフォントもいくつかある（ギャラモンでは¶。しかし一般には実用的な外見で、私が本節で例示するために選んだピルクロウのフォントもそちらのタイプ）。¶

あるとき、ルブリケーターは新たな段落が始まるとピルクロウを加えるようになり、次々と込み入った美しい意匠を生み出すことによって差別化を図った。不幸なことに、世界中の物書きや編集者が認めるように、締切りは締切りだ——それが現代のデジタル出版過程で定められようと、中世の手書きの場合であろうと。ルブリケーターはだんだん、デザインや飾りのための時間が足りなくなり、飾り文字のピルクロウ用の白い空白を残すようになった。ピルクロウは消え始め、ただの幽霊のような痕

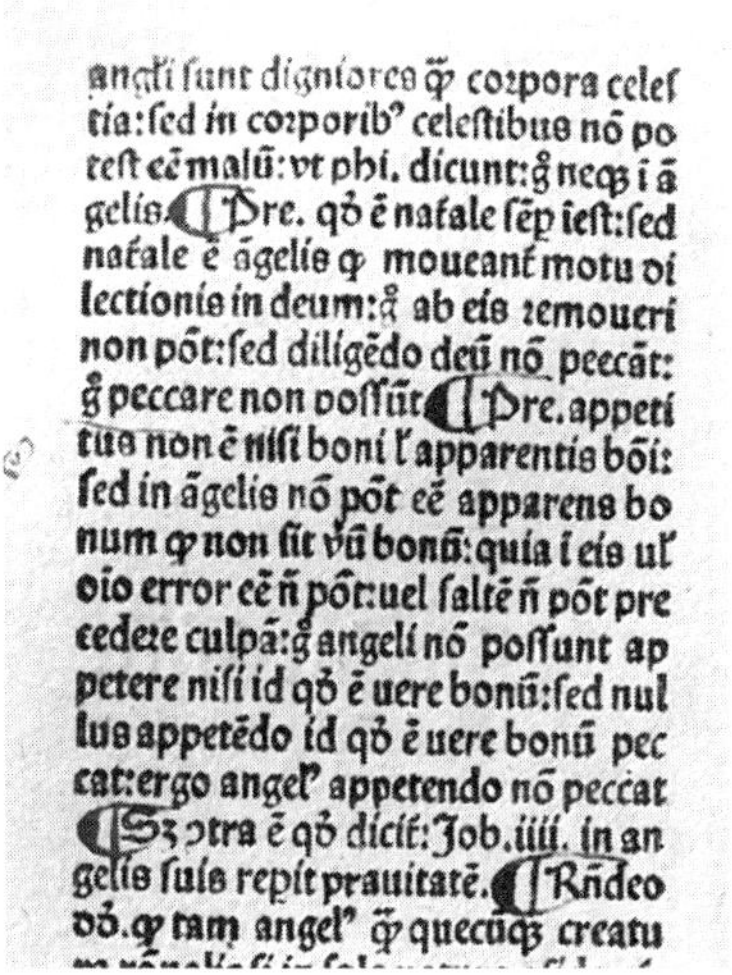
angli sunt digniores q̄ corpora celes
tia: sed in corporib' celestibus nō po
test eē malū: vt phi. dicunt: g̊ neq̧ i ā
gelis. ◖ Pre. qd̄ ē natale sēp iest: sed
natale ē āgelis q mouean̄t motu di
lectionis in deum: g̊ ab eis remoueri
non pōt: sed diligēdo deū nō peccāt:
g̊ peccare non possūt. ◖ Pre. appeti
tus non ē nisi boni l' apparentis bōi:
sed in āgelis nō pōt eē apparens bo
num q non sit vē bonū: quia i eis ul'
dio error eē n̄ pōt: uel saltē n̄ pōt pre
cedere culpā: g̊ angeli nō possunt ap
petere nisi id qd̄ ē uere bonū: sed nul
lus appetēdo id qd̄ ē uere bonū pec
cat: ergo angel' appetendo nō peccat
◖ Sz ɔtra ē qd̄ dicit: Job. iiii. in an
gelis suis repit prauitatē. ◖ Rn̄deo
dō. q tam angel' q̄ quecūq̧ creatu

聖トマス・アクイナスの『神学大全』の一頁。1477年、ヴェネチアで出版されたもの。区切りを示すためにカピトゥルムを使っていることがよくわかる。このキャラクタがピルクロウに進化した。（図版―写本）

跡が残った——新しい段落を意味するおなじみの字下げだ。¶

プロの編集者や校正者はピルクロウを捨てなかった。実際、今日でも、組版業者に一つの段落を二つに分ける場所を伝えるための記号としてそれを使っている。法学者も節記号とともにピルクロウを使っている（たとえば§9、¶3なら、「第9節、第3段落」を指す）。しかし他の世界ではほとんどピルクロウを見かけることはなくなった——マイクロソフトがWordの中で、あるボタンの印に使うことにするまでは。¶

§

節記号

記号§は、実は目立たない。挿入記号《キャレット》（^）やアンパーサンドなどのキャラクタ類と違い、普通のパソコンのキーボードでは数字キーの上にはない（Macのキーボードには、少なくともイギリスでは、±〔UK配列では、左上の1のキーの左にこのキーがある〕のすぐ下にある〔日本では、optionキーとともに「6」を押すと打てるが、キートップには表示されていない〕）。前節で取り上げた、Wordの文書画面で¶ボタンを押したときに表示される、印刷されないキャラクタにも入っていない。あなたはおそらくその名も知らないだろう。もちろん私は知らない。実は、それに「正式」名称があるとも思っていない。このキャラクタは着実に、黙々と、効率的に仕事をこなしている。しかし大した仕事ではない。独自にもっとずっと良い仕事ができそうなキャラクタだ。

§の最も一般的な使い方は、文書の個々の節《セクション》を示すためで、この記号に名があるとすれば、おそらく「節記号《セクション・マーク》」だろう。少なくとも、英語圏の人々ならそう呼びそうだ。ヨーロッパ諸国には、前節でピルクロウと呼んだものに当たる、段落記号と呼ばれている国もある。この記号の形はおそらく、節を区切るという使い方によるのだろう。ラテン語で言えば*signum sectionis*《シグヌム・セクチオニス》となり、それを短縮すればSSとなるところだ。Sの上にもう一つSを重ねればセクションの印ができる。

ピルクロウを取り上げたときに見たように、法律家は§の記号を法的文書で使う。「第8節の第6段を見よ」と書くより、「§8、¶6」と書く方がずっと早い。そして法律家が複数の節を参照する場合は、それを二つ重ねて§§1-5とすれば、「第1節から第5節」ということになる。この記号はこうして十分誠実に仕事をこなすが、その役割はかなり特殊だ。複数の使途がある記号もある。たとえばチルダは、先に取り上げたときに見たように様々な用途に駆り出される。§のような目を引く記号が節の区切り以外のことに使えないのだろうか。

§が脚注へのリンク[†]に使われることもある。私はある学術誌の仕事をしたことがあり、そのときは首尾一貫[‡]が絶対の善と考えられていた。この首尾一貫に奴隷のように奉仕する条項の一つとして、著者は頁内で脚注記号の特定の順序を遵守しなければない。まずはダガー†、それからダブルダガー‡、その次が節記号。[§]脚注を制限して、脚注の文章をその頁の本文に織り込むこと[*]など編集人の頭には浮かばなかった。しかし§を脚注記号として使うことはなくなり、それに代わってもっと論理的な方式がとられつつある。脚注記号を恣意的に並べるのではなく、上付数字[1]、あるいは上付文字[a]が使われる場合が増えている。

きっと他にも§の用途があるのではないか。現存する用法の一つは、私が娘と座っていて、娘がいろいろなおもちゃの一つ、シムシティのゲームで遊んでいたときにお目にかかった架空の通貨「シムオリオン」を表す記号だった。どうやらそのゲームでは、シムオリオンという形でお金を稼ぎ、それから仮想の物品に対して「使う」ことができるようだった。シムオリオン通貨と現実世界の通貨との間にはほとんど、あるいはまったく関係がないように見える。娘のゲームではピザが§40もするが、新車はその100倍の§4000だ（私はピザの100倍ほどで買える車を所有したことがあるが、もちろんそれは新車ではなかった)。

シムシティの作者なみに創造性を発揮して、もっと§を利用しよう!


††がこの脚注を参照するように。

‡首尾一貫は確かに重要だが、私はエマーソンが「ばかげた首尾一貫は心の伴わない妖怪である」と書いたのは正しいと思う。

§この順番に理由があるのかどうかはわからない。

*これは本文の読みやすさを大いに高めるという利点がある。とりわけ、脚注は活字が小さくなり、数学ではさらに下付や上付の文字がやたらとつくので、拡大鏡を使わないとわからない。

1この用法は「本来の」上付文字「べき指数を表す」と紛らわしくなるおそれがある。

aこちらの方がずっと良い。

© 著作権表示

著作権の話となると、私は二つの考え方に分かれる。一方では、いくつかの大学で働いてきた者として、「著作権」という言葉を見ると、恐怖心でいっぱいになる。著作権がかける制約は、ときとして恣意的・不公平・不必要に見えることがあるし、著作権があるために創造性のある教育方法を取りにくいという不満を、多くの同僚が口にするのを聞いたこともある。さらに、知的財産という主題はドライで専門的でわかりにくいことも多い――とくにその法律が各国で異なるように見えるとなると。この文脈では、著作権問題にかかわるとやっかいなことになりうる。他方、私はいくつかの本や論文の著者でもある。著作権が私を保護してくれることは容易に理解できる。実際、それは私が物を書くために必要な条件とさえ考えられる――自分の創作の成果で稼ぐことができないなら、あるいは少なくとも私の仕事に対する認知を得ることができないなら、なぜわざわざ創作をすることがあろうか。もちろん、世の中は私の「創作物」がなくても問題なくやっていけるだろう。それでもその社会が、たとえばピカソ、ディケンズ、ジョン・レノンのような人々を保護し、そうした人々が創作を行なえる環境を提供するのは、きっと重要なことだ。著作権制度はそれを行なうのを助ける。

多くの人々の著作権に対する姿勢は、私と同じく、「どちらとも言えない」というところではないかと思う。作家や作曲家、演出家や演技者、写真家やプログラマは――というより、新しい創造的なことを考える人なら誰でも——認知を得て、その成果から利益を得る資格がある。しかし現代のデジタル時代、あらゆる種類のものが容易にダウンロードでき、コピーもできてしまうと、自分がしていることが、あからさまに違法ではなくても倫理的にいかがわしいことである可能性がわかりにくい場合がある。

著作権記号の歴史については、著作権そのものに対する姿勢よりは説明しやすい。

著作権記号——丸で囲った大文字のCで、Cは著作権《コピーライト》を表す——は、1909年の合衆国著作権法で導入された。この記号の背後にある意図は画家を支援することだった。画家はふつう、絵に付け加えるものは、自分の名前以外はできるだけ小さくしたがる。この1909年の法律は、美術品に「著作権」という言葉を加えるのではなく、画家に名前の横に©という記号を加えさせることにした。同法は、作家などの芸術家も「著作権」を表す慣習的略号として©を用いることを認めた。

長年、少なくともアメリカ合衆国では、自分の作品が保護を受けるには、そこに著作権表示を入れなければならなかった。著作権表示は記号©（あるいは「copyright」の文字）と、最初に発表された年と著作権者の名称からなる。その特定の表記は、自分の所有権確保を意識する作家の多くの原稿に今も広く見られる。しかし1989年、合衆国は「文学的及び美術的著作物の保護に関するベルヌ条約」に調印した。ベルヌ条約に調印した各国の作家は、著作権を確保するために自分の作品に©を貼り付ける必要はない。その作品を創作する行為が自動的に著作権を確定する。

著作権《コピーライト》に代わるものとして、少なくともコンピュータの世界では、コピーレフトのライセンスで作品を配布するという方式がある。コピーレフトを表すのに一般に用いられる記号は、論理的なことに、コピーライトの記号を逆転した◎となっているが、私が知る限り、この◎の記号は法的地位を得ていないし、ユニコードの中にも――執筆段階では――入っていない（関連するキャラクタとして®〔登録商標《レジスタード・トレードマーク》の左右反転〕や™〔商標《トレードマーク》の上下裏返し〕もあり、その意味はすぐにわかるはずだ）。ではコピーライトとコピーレフトの違いは何だろう。コピーレフトはコピーライトがあればこそ成り立つ。ところがそのコピーライトの背後にある意図は、コピーライトのある作品の複製、改変、配布を行なう権利を有するのはコピーライトの所有者のみということだ。これに対し、コピーレフトの下では、作品の所有者はその作品の複製、改変、配布の許諾を他者に与える――ただし、どの複製や改変も元と同じ許諾条件に拘束される。コピーレフト・ライセンスによれば、作家が利用者に自由に使えるようにした作品であれば、必ず利用者に自由に使えるようにすることができる。コピーレフトは美しい考え方だが、コピーライト同様、複雑でわかりにくいこともある（強いコピーレフトと弱いコピーレフトがあり、全面的なライセンスと部分的ライセンスがある）。

クリエイティブ・コモンズ（CC）運動は、人々が合法的に他人の作品に基づいた作品を作れるようにするいくつかのライセンスを提供する。継承ライセンスは基本的にコピーレフトと同じだが、CCオプションは他にも数々ある。コピーライト、コピーレフト、クリエイティブ・コモンズ等々、法律がからむと単純なことはなくなる。

«

ギュメ

英語の影響が大きくなっても、言語が違えばそれぞれに独自の印刷上の約束事がある。話している文言を表すために用いる記号を取り上げよう。英語では、一重《ひとえ》か二重《ふたえ》の引用符《クォーテーション・マーク》を使う。

‘Always forgive your ennemies; nothing annoys them so much’〔いつもあなたの敵を愛しなさい……これほど敵のいやがることはない〕

あるいは、その二重版では

“One should always play fairly when one has the winning cards”〔人は切り札を持っているときには必ずフェアにプレイすべきである——いずれもオスカー・ワイルドの言葉〕

英語では18世紀以来、このような符号が標準で、イギリス人は一重でも二重でも構わず使うが、アメリカ人は二重を好む傾向がある。ヨーロッパ諸国の中には、たとえばドイツのように、符号は同じでも置き方が異なるところがある。

„Human life must be some form of mistake“〔人生は何らかの形の間違いにちがいない（ショーペンハウアー）〕

またまったく異なる記号を使う国々もある。

«Judge a man by his questions rather than by his answers»〔人については答えよりも問いによって判断せよ（ヴォルテール）〕

階級章のような記号、«と»は、英語ではguillemet《ギュメ》と呼ばれている。フランス語の男子名ギヨームの愛称に由来する。ギヨームとは、印刷、版木製造、活字の型彫り業者としてフランスでは大いに称えられるギヨーム・ルベのことで、この人は16世紀半ばから末にかけて活躍した。記号«は、ギヨームがまだ2歳のとき、フランスではすでに登場していた（ギヨームは英語ではウィリアムに相当するので、その愛称なら、ビルとかウィルとか呼んでも良いのではないかと思う。アイルランドでは、この符号はリーアム〔やはりウィリアム系〕が元になったリアモーグという）。ギュメはフランス語だけでなく、アルバニア語やベトナム語など他の多くの言語でも引用符を表すのに使われる。英語の引用符‘’の状況が複雑なのと同じく、ギュメも複雑だ。たとえば、発言を表すために内側向きのギュメを使う言語もある。

»Prediction is very difficult, especially if it's about the future«〔予測は難しい、とくに未来のことについては（ニールス・ボーア＝デンマークの物理学者）〕

フィンランド語ではギュメは両方とも右向きが認められている。

»All that I am, I am because of my mind»〔私のすべては私の心ゆえに私である（パーヴォ・ヌルミ＝フィンランドの陸上選手）〕

ギルモットの開いた嘴はギュメに見える——が、両者は別。このギルモットはウミバトのこと。（写真—Dick Daniels）

イギリスやアメリカの英語しか知らない人々は、印刷物の頁よりも再生装置でギュメを見ることが多いだろう。早送りを表す»や、早戻しを示す«がある。それ以外のギュメの使用例は外国語に見える。実際、「ギュメ」という言葉そのものが英語圏の人々には異質に見え、聞こえるので、多国籍ソフトウェア企業で多くのデスクトップ出版用ソフトが今も使っているフォント技術を開発したアドビ・システムズ社は、綴りを間違えてしまった。アドビのフォントでは、このグリフの名は「guillemet」ではなく「guillemot《ギルモット》」と綴られている。ギルモットとは、もちろん海鳥の一種〔ウミバト属〕のことだ。

‽ インテロバング

見かけは派手な‽、つまりインテロバングは、疑問符《クエスチョン・マーク》と感嘆符《エクスクラメーション・マーク》を合わせたもので、私の頭では、伝統的な句読点の仲間としては大いに必要とされる隙間を埋めている。

アメリカで『ウォールストリート・ジャーナル』や『ナショナル・オブザーバー』といったいくつもの有名な出版物の広告を手がける広告会社を率いたマーティン・スペクターが、1962年にこの記号を考案した。スペクターは、執筆者は疑問を興奮した様子で投げかけるという意図で修辞疑問《レトリカル・クエスチョン》〔反語〕を書くことがあるという自身の観察から想を得た。この興奮を示すために、執筆者は二つの符号を組み合わせることがあった。

妊娠してるって?!

そんなものを食べなきゃなんないのか?!

頭がおかしいように見えるか?!

スペクターはそのような文は、広告で使うときは一つの記号にした方が見栄えがいいと思った――そこでインテロバングが生まれた。そのアイデアのことを『タイプトークス』という、自分で編集していた雑誌の3・4月号に書いて、読者にこのキャラクタの名の案を求めた。スペクター自身は「インテロバング」か「エクスクラマクエスト」を提案したが、その後届いた投稿は「rhet《レット》」や「exclarotive《エクスクラロティブ》」など、他のいくつかの可能性で揺れていた。結局スペクターはインテロバングに落ち着いた。これはラテン語の「修辞疑問」を意味する *interrogatio*《インテロガチオ》とアメリカの印刷業界で感嘆符を表す符牒の「bang《バン》」とに由来する（第5章で階乗の記号を取り上げるときに触れるように、イギリスの印刷業者は感嘆符のことを「犬のちんこ《コック》」と呼ぶことがあった。インテロバングを考えたのがアメリカ人だったことに感謝しなければならない。実際、これを「エクスクラマコック」と呼びたいだろうか‽）。

一般に使われるフォントの多くにインテロバングが入っていて、コンピュータにそうしたフォントがインストールされていれば、ワープロソフトで簡単に利用できるだろう。しかし率直に言って、なぜわざわざそんなことをしようとするのだろう。自分の書いていることが疑問と感嘆の交じったものだということを明らかにする必要が本当にあるなら、疑問符を打って、それから感嘆符を打つ方が簡単だろうに。インテロバングが定着しなかったのも意外ではない。

interrobang《インテロバング》（と、それを逆さまにした、スペイン語で用いられることがあるgnaborretni《グナボレトニ》⸘）は、句読点に加えることが提案されたいくつかの符号の一つにすぎない。

たとえば、１５８０年代には、イギリスの勤勉な印刷業者で一度に4台の印刷機を動かしたヘンリー・デナムは、自身の仕事のいくつかに⸮の記号を導入した。デナムはそれをパーコンテーション符と呼び、修辞疑問を示すために用いられるものとした。3世紀後、フランスの詩人マルセル・ベルンアルト、あるいはアナグラムによるペンネームのアルカンテ・ド・ブラムの方が知られている人物が、形はパーコンテーション符に似た記号を裏腹な意味《アイロニー》を示すために用いることを提案した（それにしても、ベルンアルトのアイロニー符《ポアンディロニ》が裏腹な発言の印であって、当のその記号が裏腹に使われているのではないことを読者はどうやって確信できるのだろう。自己言及句読点は、やたらと面倒なことになる）。

もっと新しいところでは、フランスの小説家エルヴェ・バザンがアイロニー符の他にいくつかの句読点――喝采、権威、確信、疑念、愛情を示す、あるいは表す符号――を提案した。さらにもっと新しくなると、アメリカのある会社がSarcMark™《サークマーク》――それを使うと読者が風刺《サーカズム》を用いていることを見逃さないことを保証する記号――を商標登録した（これは登録商標で、私は料金を払ってそれを使用する許諾を得ていないので、ここで用いることは許されていない）。

さて、私は書かれたやりとりが明瞭で透明であるべきだと論じる人々に絶対的に同意する。句読点を追加すれば書かれたやりとりが効果的になるなら大したものだ。しかしシェイクスピアがインテロバング――でもSarcMark™でもポアンディロニでも、喝采点《アクラメーション・ポイント》でも、その他同類でも――使っていたら、シェイクスピアのソネットをこれほど高く評価することになるだろうかと思わざるをえない。

;-)

エモティコン

私の娘は若いので、見る人が見れば「デジタルネイティブ」ということになる。左手に携帯を持ち、右手の指でもう一台の画面をつつき、さすり、叩いても、その一方で私が娘に言っていることが間違っている理由を説明できるだけの十分な脳容量があるらしい。音楽はかつて、固い、黒い塩ビの円盤で配布されていたことを私が回想するときには、わけわかんないという顔で私を見る。カセットテープのことを話し、そのテープがときどきからまると、鉛筆で巻き取るんだと言うときには、かわいそうにという目で私を見ている。デジタルがらみで娘を感心させたことが一度だけある。それは娘がテキストメッセージで使っている記号――;-)や:-)のような記号――は娘が思っているほど新しい発明ではないということを教えたときだった。エモティコンは娘が生まれる前からある。実際には、当の娘の父親が生まれる前からあるのだ。

たとえば、1887年、アメリカの風刺作家で、ブラックユーモアでない文は根っから書けない人物だったらしいアンブローズ・ビアスは、「簡潔さと明晰さのために」と題した文章を書いた。そこでビアスは英語を改善できそうな方法をいくつも提案した。ある節ではこう書いている。「言語の改造を行なうとき、私は句読法の改善を入れることを切望する――冷笑点《スニガー》、あるいは哄 笑 符号《カチネーション》だ。それは)のように書かれ、ほぼそのまんま、微笑む口の形を表す。それはおどけた、あるいは本心とは裏腹のことを言っている文にピリオドとともにつけられる。あるいはピリオドなしの場合、他ではまじめな文をなす、おどけた、あるいは裏腹のことを言う節につけられる——たとえば、'Mr. Edward Bok is the noblest work of God ‿.'〔エドワード・ボク氏は神の最も高貴な作品である ‿。〕とか、'Our respected and esteemed ‿ contemporary, Mr. Sylvester Vierick, whom for his virtues we revere and for his success envy ‿, is going to the devil as fast as his two heels can carry him.'〔われらが尊敬し重んじる ‿ 当代の人にして、その美徳ゆえに敬われ、その成功ゆえにうらやまれる ‿ シルヴェスター・ヴィーリック氏は、その二つの踵に能《あた》うかぎり速く悪魔の許へ行こうとしている。〕とか」。言うまでもなく、これを書いているときのビアスは、いつもどおりに冷笑的だった。それでも、ビアスの哄笑符号の案は、少なくとも前節で取り上げたパーコンテーション符や同様の印の案と同じくわかりやすいことを認めなければならない（私はcachinnation《カチネーション》という単語を調べなければならなかった。どうやらそれは大声の、あるいは過度な笑いという意味らしい）。娘の世代はきっとlol〔laugh out loud ＝声を出して笑う〕とか書くのだろうが、私は ‿ の方がずっと良いと思う。

真に大作家の一人であり、博学の士でもあったウラディーミル・ナボコフは、名声の絶頂にあった20世紀半ば、アメリカの、個人の訃報を書くのが専門のジャーナリストに、こんなことを尋ねられた。「先生はご自身を、（現存の）作家や近代の作家の中のどのあたりにランクしますか」。ナボコフの答えは特徴的《ティピカル》だった（「活字的」とも読める）。「私はよく笑顔を表す専用の活字記号があるべきだと思います——凹んだ形の印、丸括弧を横置きにしたような奴で〔横書きでの話〕、あなたの質問にはそれを使いたいですね」。その答えで驚くのは、ナボコフがビアスの案を聞いたことがないように見えるところだ。先のcachinnationのような長たらしい単語は、ナボコフが正確に操るのがつねだったような言葉だというのに。

ネット世界でのエモティコン使用さえ、比較的長い歴史がある。カーネギーメロン大学の計算機科学者スコット・ファールマンは、電子掲示板の投稿に冗談の印と、おもしろくなかったことの印とするために、それぞれについて、:-) と :-(の使用を唱えた最初だった。その提案は１９８２年9月19日に行なわれた（正確に言うと11時44分で、投稿原文はバックアップ用テープに保存されている）。人々はすぐにファールマンの案を取り入れ、それ以来30年以上、エモティコンは使われている。ユニコード・コンソーシアムはエモティコン用のコード領域を割り当ててさえいる。中でも娘のお気に入りは、笑った眼で歯を見せて笑う猫の顔😸だ。必要なら、1F638というところにある。

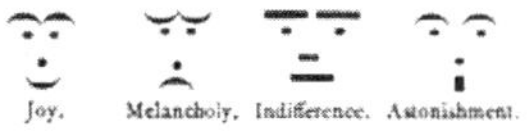

『パック』誌1881年3月号には最古のエモティコンの例が出ていた。ここに示したエモティコン〔左から「喜び」、「憂鬱」、「無関心」、「驚き」〕の上にこんな文章があった。「本誌の本文印刷部門は、もう既存の専制的な画家群によって蹂躙されないことが明瞭に理解されることを願う。人々に、われわれが、活字印刷の行内で、これまでのすべての漫画家をお払い箱にできることを見てもらいたいという意図である。世間を驚かせてはいけないので、ここでは自分たちで掴んだ美術的成果のうちわずかな見本だけを披露することにする。以下は『情念と情動の研究』による。著作権はない」。（図版—*Puck* 誌）

æ

アッシュ

イギリス人の目の前で消えつつあるキャラクタもある。æを取り上げようこのキャラクタが、ときとして高尚な単語に堂々と登場する時代もあった――æon《イーオン》〔永劫の時間〕、æsthetic《エステティック》〔美的な〕、anæmia《アネミア》〔無気力〕等々。最近では、このキャラクタは金星の太陽面通過よりもまれにしか登場しない。その名称さえ消えつつある。伝統的な名称は「アッシュ」だが、コンピュータ時代にあっては、「ラテン文字aeの合字」という、あまり趣のない名がついている。

「アッシュ」という名は遠い昔へさかのぼる。イギリスにやって来たアングル族、サクソン族、ジュート族がルーン文字体系〔古代ゲルマン人の文字。木や石に刻みやすいような形が特徴で、呪術的な力を持つと信じられた〕をもたらした。archaeologists《こうこがくしゃ》（あるいはarchæologistsにすべきか？）は、ルーン文字がどこに由来するか、完全に確信を得てはいないが、ゲルマン部族が既存のギリシア語やローマ字を取り入れて変形し、それをもっと角のあるものにして、キャラクタが石や木や骨に刻み込みやすいようにした（こうした古い部族にはあまり製紙業者はいなかっただろうから、この改変は必要なことだっただろう）。ともあれ5世紀頃から、古英語はフサルクという、この文字体系の最初の6字の頭音を取った名で呼ばれるルーン文字で書かれた。feoh《フェオー》（元は「富」を意味するᚠ）、ur《ウル》（「牛」を意味するᚢ）、見かけが残念なþorn《ソーン》（「棘」を意味するᚦで、ここにある「th」の音がfuthorc《フサルク》のthとなる）、ôs《オス》（「口」を意味するᚩ）、rad《ラド》（「乗馬」

を意味するᚱ）、cen《ケン》（「松明」を意味するᚳ）。フサルク文字はすぐにさらに五つのルーン文字が加わって拡張された。ルーン文字ではᚫの形をしたæsc《エスク》も、新たに加わった5字の一つだった。それは「トネリコの木《アッシュツリー》」を意味していた。

文字アッシュは、9世紀頃から、古英語を書くために書記が用いるラテン語由来のアルファベットに入っていった。当時の英語にはローマ字にはうまく収まらない音がいくつかあったために、æのような追加が必要だった。

aの字とeの字を合わせてæにしたアッシュの文字は、古英語では別個の文字だったと考えられる。それは今でもデンマーク語、フェロー語〔デンマークの自治領、フェロー諸島の言葉〕、アイスランド語、ノルウェー語にある。言い換えると、古英語の書記にとって、アッシュは活字で言う合字（fとiが合わさって一個のキャラクタﬁになるような）ではなかった。一つの母音を表す、a、e、i、o、uに並ぶ独自の文字だったのだ。それはcat《キャット》、あるいは当のash《アッシュ》のような単語に現れる短い「ア〔æ〕」の音を表している。

ノルマン人による征服から、イギリスで用いられる言語が徐々に変化し始め、古英語は中英語に代わられるようになった。新来のノルマン人の書記には、綴り方について独自の考えがあって、自分たちより前にいた人々によって導入された特殊な記号を除去した。アッシュの字は13世紀までは何とか残っていたが、いずれこれも英語から消え去る。しかしそうなると疑問が生じる。æがすでにこの頃に消えていたなら、なぜ今、あらためて消すなどということをわざわざ行なっているのだろう。

要は16世紀に、æはある程度復活したのだ。一部のギリシア語の単語には、αιを組み合わせた文字が入っていて、そのような単語がラテン語に持ち込まれるとき、書記たちはそれを表すキャラクタを必要とした。そのために選ばれたのがæだった。次いで、英語がこうした単語をラテン語から導入し、あらためてæが姿を見せるようになった。合字æで綴られたencyclopædia《エンサイクロペディア》〔百科事典〕のような単語に出会うこともあるだろう。もしかするとæther《イーサー》〔エーテル〕、dæmon《デーモン》〔魔物〕のような単語を見かけることもあるかもしれない（後の二つの綴りはファンタジー作家が古めかしい雰囲気を表すために用いることがある。færie《フェアリー》〔妖精〕もそういうふうに用いられることが多い単語だ）。また英語学者が、ラテン語由来の「a」で終わる単語（nebula《ネビュラ》〔雲〕、larva《ラーヴァ》〔幼虫〕、antenna《アンテナ》〔触角〕）について、英語での複数形の作り方を探していたとき、æを用いることにした（nebulæ《ネビュライ》、larvæ《ラーヴァイ》、antennæ《アンテナイ》）。

単語の綴り方は絶えず変化している。とくにイギリス英語では、近年になるまでアッシュを残していた単語がある。しかしæの使用は明らかに滅びつつあり、museum《ミュージアム》〔博物館〕を「musæum」と綴らなくなって久しい。本当に二字組が必要な場合、今は合字æではなく、単純に「ae」と綴られる。「e」一字で済ませる場合も多い。そのため、今では「medieval《メディーヴァル》」が標準的な綴りとなり、「mediaeval」だとやや奇異に見えるし、「mediæval」はただの間違いに見える。

アッシュ、つまりラテン文字aeの合字は、北欧諸語の一部では押しも押されもせぬ地位を維持するかもしれないが、英語では、まもなくあらためて消滅するのではないかと私は思う。

Þ
ソーン

文字Þ、つまりソーンはæ《アッシュ》の親戚で、もう使われていない最初期の英語にあった字の一つだ。しかしアッシュとは違い、ソーンは生き延びている——ごく間接的な、威厳に欠ける形とはいえ。

前節で触れたように、9世紀頃からラテン文字に代わられるようになった。こちらは渡英したキリスト教宣教師が使っていた文字だ。しかしフサルクはいくつかの点で新しいアルファベットに影響を及ぼした。アッシュつまりæに加えて、œという連字も一字として採用され、ルーン文字のエセル（地所、あるいは「父祖の家」）という ᛟ の字の名が取られた。フサルクは初期のアルファベットにウィン（「喜び」とか「至福」の意味で、ルーン文字ではᚹとして登場する）と、ここで関心を向けている文字ソーン（Þだが、すでに見た角張ったルーン文字ではᚦとなる）ももたらした。少し後にはエズ（ð）とヨッホ（ȝ）もアルファベットに加わった。その後、10世紀の終わり頃には、古英語のアルファベットはおなじみの23字のローマ字と（j、u、wは当時は使われていなかった）、6字の「在来」の字、ソーン、アッシュ、エセル、ウィン、エズ、ヨッホで構成されることになった。

その在来の英語の字も、結局は滅びる。ウィンの字は14世紀に「uu」となり、その後「w」になった。ヨッホはもう少し長続きしたが、15世紀には、ȝは「gh」という二字組に置き換わっていた。合字の

æとœは、その後あらためて導入されたが、もっと単純な綴りに置き換わった。すでにæがeになったことは述べた。œがまだ使われているかもしれないところとして唯一思いつくのはdiarrhœa《ダイアレア》〔下痢〕くらいか――そしてこの用法も滅びつつある。自分で綴れないような病気にはなりたくないからだ。ソーンとエズの方はもっと興味深い。

ソーンとエズは「th」の音を表すために使われた。両者は区別なく用いられたらしいが、後にはソーンが「thick《シック》〔厚い、太い〕」に現れる音、エズが「thus《ザス》〔「かくて」など〕」に出てくる音を表すという区別が生じる。ともあれ、14世紀までには、ソーンþとエズðは「th」の二文字に置き換わるが、þはðよりも結構長い間とどまっていた。書記はþを短縮記号として、とくに単語「the」の省略として用い続け、þの上に「e」を書いてtheを短縮していた。しかしソーンの形が徐々に変化して、上の部分を失い、そのうち、ほとんど「Y」と区別できなくなった。かくて「the」を短縮すると、「Y」の上に「e」がついた形になった。ウィリアム・カクストンは自分の印刷所ではこの形を使っていた。それはカクストンにとっては有効だった――活字をドイツから輸入していて、そこにソーンはなかったのだ。

そこでソーンは、「Ye Olde Tea Shoppe」〔古き喫茶店〕、「Ye Olde Inne」〔古き宿〕、「Ye Olde Internete Service Providere」〔古きインターネット・サービスプロバイダー〕のような、ひどい擬古体に生き残る結果になる。私はこうした看板に「Ye」を見るたびに、頭の中で「Yee《イィー》」っという音が鳴るのを止めることができない。しかしこの単語がそんな発音をされることはなかった。「Ye」はあくまであたりまえの単語「the」の崩れた短縮表記なのだ。かくてソーンは英語にひっそりとでも残っているが、古めかしいアッシュの威厳はまったくない。

パブに「Ye Olde Cheshire Cheese」〔古きチェシャチーズ〕という名をつけるのは、まあ受け入れらるのではないかと思う。しかし私の研究室の近くには、「Ye Olde Bike Shoppe」〔古き自転車屋〕という店がある。それは単なる間違いだ。(写真—Duncan Harris)

ə シュワー

多くの教師が、読むに値する文章指南の本は、ウィリアム・ストランク・ジュニアとE・B・ホワイトによる *The Elements of Style*〔邦訳は『英語文章ルールブック』（荒竹三郎訳、荒竹出版）〕だと教えることだろう。これはもともと、1919年にストランクが自費出版した薄い本で、1959年にホワイトが増補改訂した。この本の大部分は、それに従うと明瞭な文章が書けるという意図の規則集だ。私自身は納得していない。「不必要な言葉を省く」のような規則は文句なくまっとうな助言だ――でも、どれが不要な言葉なのだろう。著者は教えてくれない。また、「Nevertheless《それでも》」の意味で「However」を文頭に置くのを禁止するというのは〔「いかに〜でも」という使い方の however と区別している〕、私には恣意的で規制的にすぎるように映る。ストランクが自身の講義で言葉を音声にするときに用いていたらしい、「単語の発音のしかたがわからなかったらそれを大声で言う」という知恵も、私には響かない。ホワイトは説明を加えて、ただでさえわかりにくい言葉を聞き取りにくくして、ますますわからなくすることはないと言う。

ホワイトのねらいは理解できるが、ストランクの助言に従うには、声の大きい政治家の皮をかぶる必要があるだろう。あるドイツ人の同業者で英語の語彙も広い人物が、「paradigm《パラダイム》」〔規範〕という単語をあくまで「パラディッグム」と発音していて、私の方が恥ずかしくなったことを今でも覚えている。あるいは混雑した講堂での組合の会合で、ある学者が大学の管理体制を非難して、「macho《マッチョ》」のつもりで「マッコ」な姿勢と大声で言っていたときのことも。20世紀有数の物理学者、マレー・ゲル＝マンは、ものすごい記憶力をもった一目置かれる言語学者でもあった。そのゲル＝マンは、何かの外国語の発音を少し間違うと恥ずかしい思いをするらしい――その間違いが何年も前にあったことでも。私の場合は、自分が毎日何かの発音の間違いをしているかもしれないのに、人が優しく黙っていてくれると思うのがいやだ。

それでも《ハウエバー》――もちろんストランクの助言は無視――幸い、単語の発音のしかたを知らないという問題を解決する方法が一つある。その単語の表音文字による綴りを参照できるのだ。

国際音声記号（ＩＰＡ）は国際音声学会が19世紀に考案したもので、言語の音を表す手段となっている。ＩＰＡには１０７の音標文字（子音と母音を表す）、31の区分表示符（音標文字を調節する）、19の追加的記号（語気、強勢、抑揚などの特性を表す）が入っている。ＩＰＡの記号は従来からあるラテン文字系のアルファベットにあるのと同じ文字も多いが、なじみのないものもある。たとえばシュワーを考えよう。

シュワー――中段中舌母音とも言われる――は多くの言語に現れる音だ。最初に母音として特定されたのは、19世紀ドイツの文献学者ヤーコプ・グリムによるが、この人はグリム兄弟の一方で、グリム童話を編集した人と言った方が通りは良い。「schwa《シュワー》」という単語は、母音がないことを示す記号を表すヘブライ語の単語のドイツ語形だ。英語では、シュワーは「ago《アゴー》」や「around《アラウンド》」などの語頭や、「sofa《ソファ》」や、「Tina《ティナ》」などの語尾にある、強勢のない音になる。私が学生の頃からおぼえるのに苦労しているドイツ語の場合、bitte《ビッテ》などの語末に出てくる強勢のない音がそうだ。さて、この音のIPAでの表記はəとなる。IPAでは、このəなどの記号を使って、どんな言語の話し言葉でも、単語の音がどうなるかを表すことができる。

全世界の諸言語の舌打ち音、振動音、摩擦音を表すために、IPAには必然的に、興味深い様々なキャラクタが収められている。英語の音を表すにはすべてが必要なわけではないが、それでも、そこそこの辞書にある単語の発音記号を調べると、いくつかの見慣れない記号に出くわすだろう。以下はそのうち、ほんの五つだけ。

ɱ　「symphony《シンフォニ》」――IPAでは['sɪɱfəni]――の途中のm

ɳ　「sing《スィング》」――IPAでは['sɪɳ]――の末尾のng

ʒ　「vision《ヴィジョン》」――IPAでは['vɪʒən]――の中央のs

ɒ　「hot《ホット》」――IPAでは['hɒt]――の中央のo

ɔ　「call《コール》」――IPAでは['kɔːl]――の中央のa

ヘデラ

学校へ行けば、きっと先生が英語にある正書法の約束事を叩き込んでくれて、カンマ、ピリオド、アポストロフィの使い方も教えてくれるだろう。もしかすると、運が良ければ、セミコロンを上手に使う方法も教えてくれるかもしれない。しかし句読法は一定ではない。句読点にも出入りがある。❧本書でもすでに、人々が新しい句読点を求めることがあるのを見た。たとえば1960年代には、広告会社がインテロバングをひいきにしたが、しばらくすると人気も衰えた。「標準的」句読点の多く――コロン、セミコロン、疑問符、感嘆符――が最初に登場したのは17世紀になってからだった。カンマはそれよりも少し前にさかのぼるだけで、1520年頃の、英語の本で、読むとき一呼吸することを示す斜線《スラッシュ》（/）を使うようになる前だった。ごく初期の手稿本には、句読点はほぼまったくなかった。文章は左から右でも右から左でもよかったし、犂耕《りこう》体（畑に耕耘《こううん》機をかけるときのように一行ごとに方向を逆転する）でもよかった。❧古代には句読点がなくてもあまり問題にはならなかった。文章の大半は個人で黙読するより、公衆の面前で音読されるものだったからだ。ギリシア人やローマ人の古典の文筆家が使えた句読点の一つは、いわゆる章を区切る、いわゆるカピトゥルム、つまり後にピルクロウ（先述）に発達する記号だった。この頃にはヘデラと呼ばれる句読点もあった。これは文章の終わりを示す、あるいはここでしているように、ピルクロウと同様、長い一節をいったん区切って段落にするのに使えた。

Hedera colchica（葉っぱが大きい方）と、*Hedera hibernica*（小さい方）が交じっている。この二つの植物はイギリス在来の種ではなく、園芸家が帰化させた。（写真—MPF）

❧つまりヘデラは、ごく初期の句読点の一つということになる。その名は外見による。ツタの葉を横にしたような形（❧）に描かれ、ツタの属の名が*Hedera*《ヘデラ》だ（イギリスで一般的なツタは*Hedera helix*と言い、「helix」〔らせん〕という語は蔓がらせん状に伸びることを指している）。そもそも古代の書記がツタの葉を句読点として選んだ理由は私にはまったくの謎だ。ヘデラを描くのは面倒だったにちがいない。おそらく、この葉が描きにくいことが使われなくなることに貢献したのだろう。ヘデラは8世紀の彩飾写本で用いられたが流行遅れになり、初期の印刷本で復活し、それから滅びるべくして滅んだ。❧ヘデラはもう句読点としては使われないが、ときどき用いられる修飾用の活字——花形記号《フリューロン》——として生き延びている。デザイナーがとくに「アートっぽい」感じを出したいと思うような本でヘデラを見かけることがあるだろう。たとえば行の中央にそれだけ記して節区切りを表したり、箇条書きの行頭記号にしたりする。❧いくつかの有名なフォントにはヘデラが入っているし、もちろん、フォントのデザイナーはデジタル活字にフリューロンを開発し続けている。当然、ヘデラにはユニコードにも専用のスペースを割り当てられていて、回転した形のもの、逆転したものもある。つまりヘデラはまだあって、装飾的な目的でときどき使われているが、句読点として再び用いられることはきっとないだろう。セミコロンでまだ苦労しているくらいなら、もうヘデラの出る幕はない。

V ヴァーシクル（先唱句）

クヌースは*TEXbook*の序文に、自身の意図はTEXを「美しい本の創造のために――とくに数式を多く含む本のために」使ってもらうことだと書いていた。クヌースがこの組版システムを送り出して以来、TEXは数式を含む本を何千と生み出し、数学の論文を何十万と生み出すのに用いられてきた。私もその本や論文の数に貢献している。もっとも、自分の著作が「美しい」と言うのには躊躇があるが。人々が汎用の組版システムとしてのTEXの威力や柔軟性を理解するようになると、数学という狭い範囲を超えた本の製作のためにこのシステムを使うようになった。化学の文章、外国語の小説、校訂版、チェスの解説、家系図、楽譜、ハイパーテキストと、様々な組版に使われた――ビール瓶のラベルというのまであった。こうした事例のそれぞれで、著者が当該の分野に固有の記号、つまり、その分野の営みでは慣習的でも、その外ではほとんど用いられない概念を参照する手段を、何らかの形で使っている場合がある。実際、「はじめに」にも書いたように、今お持ちの（あるいは電子ブックの方がお好みなら画面をご覧の）本を私が書こうと思った動機は、そうした著作でTEX利用者が用いる記号をいくつか巡ってみたいということだった。

TEXの応用先には、儀式にかかわる著述の組版もあった。これは私はまったく門外漢の分野だが、あるとき私は、典礼の式次第を組版する同僚を手伝ったことがある。確かにその典礼には、二つの（少なくとも私の目には）奇妙なグリフが含まれていた。その典礼は、主として司祭が発する予定の文言と、参会者がする予定の応答で構成されていた。私の同僚は、司祭の発声はVに斜めの線が貫通したもの（つまり℣）によって始まり、参会者の応答は、Rに斜線が通ったもの（つまり℟）で合図されることにこだわっていた。この二つの記号は先唱句《ヴァーシクル》と答唱句《レスポンス》を表すもので、もちろんユニコードにはこの二つのための場所が確保されている。この記号の典型的な使い方の例は、こんな感じになる。

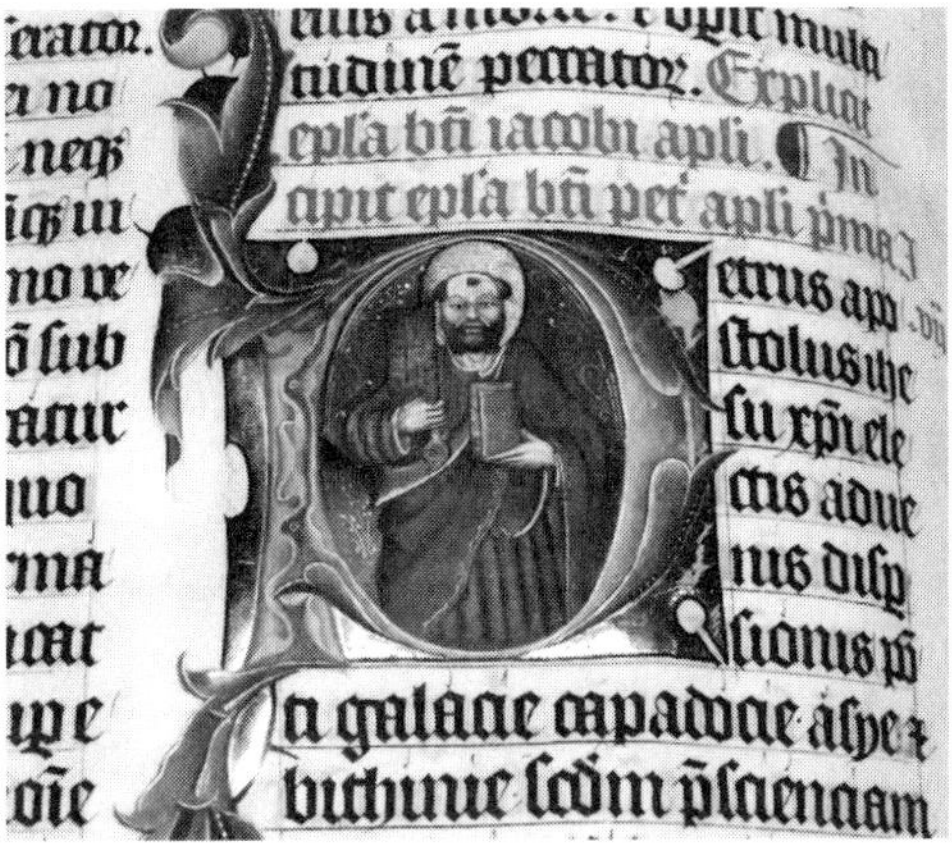

装飾されたPの字。ヘーラルト・ブリルズ筆、1407年のマームズベリ修道院聖書。どんな組版方式もこれほどのことはできないが、TEXを使って16世紀の聖書を再現することを目指す事業が少なくとも一つある。（図版—パブリックドメイン）

℣：O God, make speed to save us.〔神よ、急いでわれらをお救いください〕
℟：O Lord, make haste to help us.〔主よ、急いでわれらをお助けください〕

この種の祈りはキリスト教が始まったばかりの頃にまでさかのぼるが、それと比べると、記号℣と℟の方はわりあい新しい発明だった。

ついでながら、熱心なルーテル派の信者だったクヌースは、TEXを使って聖書研究書の組版もした。*3: 16 Bible Texts Illuminated*〔3章16節の聖書本文解釈〕という本は、聖書のほとんどの巻ににある第3章第16節の文、59種についての注釈だ（クヌースがとった聖書をスライスするような研究方式は、「横断法《クロスセクション》」と呼ばれている）。私のような、教義に関してはリチャード・ドーキンス（イギリスの進化生物学者で無神論者）の側に立つような者にとってさえ、クヌースの本はおもしろい。そこには世界でも最高の装飾文字の名人による贅沢な挿絵が何枚かある。これこそ美術品を組版するTeXだ。

折丁符号

クヌースが1970年代に最初に自作の組版システムを開発したとき、TeXは一種類のフォントで256字を利用できた。その容量があれば、興味深いキャラクタをいくつか含める「余地」は十分にあるように見えた。何と言っても、ふつうの英文を組版するためにあるフォントを使う場合には、実際には256ものキャラクタは必要ない。A–Z、a–z、0–9、それによく使う句読点、ひょっとしたらいくつかのアクセント記号（piñata《ピニャータ》〔メキシコで子どもへのプレゼント入れる壺〕のような単語や、Emily Brontë《エミリー・ブロンテ》のような人名や、les Champs Élysées《レ・シャンゼリゼ》のような地名を書くための）があれば足りる。数学の文書を組版するのはTeXの最も一般的な使用例だったし、数学を組版するのが意図なら、使うフォントは必然的に様々な特殊記号を含んでいなければならない（∮や、√や、±などのキャラクタ一式）。しかし数学にとってさえ、この組版システムは私には十分以上に見えた。1フォント256キャラクタの限界は、wasysym、stmaryrd、pxfonts〔いずれも特殊記号を定義している〕が提供するようなフォントの、変わった驚異のグリフを拾うのにはたっぷりあるように見えた。

時代は変わる。人々はTeXを使って英語以外の言語を組版するようになった。校訂版、楽譜、チェスの解説などを組版するのにも使われた。256キャラクタという限界のあるフォントでは難しいことをしたくなった。もっとも、TeXコミュニティはクヌースの元のシステムに基づいていろいろな方法を構築しており、現代版の各種TEXは、フォントにいくつキャラクタがあってもフルセットで利用できるようにしている。

しかしTEXでも、他のどんな組版システムでも、フォントのキャラクタセット全体のどこを参照すればいいかをどうやって「知る」のだろう。

キーボードの特定のキーを押せば、そのキーに相当するキャラクタ（コンピュータは直接それを扱えない）が数（コンピュータが扱える）に変換される。したがって、特定の数をしかじかのキャラクタに割り当てる、合意された符号化規則がなければならない。しかし英語のような単一の言語についてさえ、様々な符号化規則が用いられていて、それはつまり、異なるソフトウェア間、異なるコンピュータ間で文書を転送する場合には必ず、データが使えなくなるおそれがあるということだ。そして様々な言語を組版するという複雑な必要や、科学、数学、技術用、等々の記号を符号化する必要を検討するようになると、まあ、問題は多岐にわたる。

その解決策がユニコードだった。先にも触れたように、ユニコードの意図は、「あらゆるキャラクタに、コンピュータの機種、用いるプログラム、言語のいかんによらない一義的な番号」を与えることだ。この方式では111万2064キャラクタが符号化でき、本書を書いている段階では、13万5000を軽く超えるグラフィックのキャラクタが実際に符号を割り当てられている。ユニコードのおかげで、初期のTEXの256キャラクタという限界はばかばかしいほど小さく見えるようになっている。

ユニコードのフォント全体を見渡してみると魅了される。本書で取り上げるキャラクタの中には狭い用途しかないものがあると思われるかもしれないが、ユニコードには、実に特殊な記号が入っている。

℺という、「回転した大文字Q」という名がついた、ユニコードでは「U+213A」という指定がある記号を取り上げてみよう。この℺はいったい何を表しているのだろう。

本が純粋に物理的な物体だった時代には、印刷機は「折丁」を印刷した――16頁あるいは32頁をひとまとめにした単位で、これが綴じ合わされて本になる（これは「折本」とか「おり」とも呼ばれる。旧式のハードカバーの本の背表紙を上から見下ろすと、折丁が綴じ合わされているのが見える）。製本処理を容易にして、折丁が正しく合わせられるようにするために、出版社は折丁の最初の頁の下の端に綴じるための記号をつけることが多かった。古い本、とくにイギリスやヨーロッパで印刷された本を注意深く見れば、そのような閉じるための折丁符号が見られるものだ。折丁符号はただの数字や文字のことが多い。最初の折丁なら「A」や「1」とし、二番なら「B」や「2」にして、以下同様となる。しかしときどき、出版社が折丁符号として特殊なキャラクタを使うことがあった。そのような特殊なキャラクタの一つが℺で、これはおそらく、ある誰ともわからない組版職人が拾って横向きにしただけのふつうのQだろう。

℺のようなごく片隅の記号がユニコードに収められているのは素晴らしいことだと思う。しかしまだ100万近くもの区画が使えるので、空きは――本章の最後の二節で述べられるようなものにまでも――まだたくさん残っている。

キアス文字のJ

私はJ・R・R・トールキンの『指輪物語』を5、6回読んだことがあり、せめてあと1回は読めたらと願っている。この三部作は驚異の創作だ。それでも、この作品には——どう言えば、やはりトールキンの大ファンである友人たちを怒らせないですむだろう——まあ、退屈なところもある。念頭にあるのは、人為的な文字で何頁にもわたって書かれた歌、年譜、英雄的行為のことだ。この種のことをむさぼり読む読者もいるが、私はそうではない。良いところは悪いところを上回るどころではないほどあるが、ところによってはこの本は苦痛になる。

そうは言っても、このような神話的物語を、人工的なアルファベットや文体を備えて生み出す資格のある作家がいるとしたら、それはまさしくジョン・ロナルド・ローエル・トールキンを措いて他にはいない。トールキンが『指輪物語』を書いている頃は、最初はオックスフォード大学のアングロサクソン語学教授で、後には同大学の英語英文学教授となった。トールキンは、たとえば古英語文学や北欧神話の世界的な専門家で、いくつかの文明がルーン文字を使う様子を知り尽くしていた（アッシュやソーンの項でも見たように、アングロサクソン人はフサルクというルーン文字を使っていて、そのルーン文字から生まれたいろいろな記号が、比較的近年まで英語に残っていた）。つまり、トールキンは誰と比べても、独自の文字体系を生み出しやすい立場にあった。

『指輪物語』（および関連する『ホビット』や『シルマリルの物語』の）中つ国の神話で、トールキンは人がかつてエルフやドウォーフと生きていたところを描いた。エルフは歴史の始まるときに、筆やペンで書くためのテングワールと呼ばれる柔軟な文字体系を発達させた。私の目には、テングワールはアラビア文字のように見えるが、私より見識のある人々は、この形はおそらく古英語や中英語の文書――トールキンが教授としての能力で読んだであろう資料――で用いられた様々な文字を元に考えたのだろうと論じている。エルフにとってテングワールの問題点は、それでは木や石や金属のような硬い素材には簡単に彫り込めないことだった。そこでトールキンの神話によれば、エルフの職人が直線からなる文字で構成されたアルファベット――ナイフで硬い素材の表面に彫り込めるようなキャラクタ――一式を開発した。このアルファベットはCirth《キアス》（シアスではなく）と呼ばれる。つまり「ルーン文字」ということだ。中つ国のキアスとアングロサクソンのフサルクは同じような要請――すなわち硬い面に彫り込める文字――から生まれたので、両アルファベットは外見も似ており、

私が持っているフォリオソサエティ版の『指輪物語』。トールキンは、この物語を、1937 年に出版した児童小説『ホビット』の続編として書いたが、それははるかに暗い、複雑な作品になった。『指輪物語』は 1954 年 7 月から 1955 年 10 月にかけて３巻本として出版され、今は売り上げ部数第２位の小説らしい（1 位はディケンズの『二都物語』)。(写真―私自身の撮影)

ごつごつとして角張っている。

中つ国の文字体系は現実世界の文字体系とほぼ同じくらいに多様で、トールキンが想像した歴史的事件によって、このルーン文字は、込み入った、それでももっともな形で進化することになった。トールキンが考案した典型的なキャラクタがで、これは英語のJに相当する。私の目には、このルーン文字は古臭く見えるが、それはルーン文字が実際の地球の歴史で古いからだろう。最古のルーン文字の石碑文は2世紀にまでさかのぼる（『指輪物語』の中つ国ではキアス文字は今も使われている）。『指輪物語』でキアス文字を読み通すのは退屈かもしれないが、トールキンの目的には完璧にかなっている。

クリンゴン文字S

イギリスの作家、批評家、編集者のデーヴィッド・ランフォードは『アンシブル』というSFに関する、賞もとったニューズレターを刊行している。その第1号は1979年8月に公開され、過去20年、「アンシブル」はほぼ月刊で発行されている。ランフォードは毎号、「As Others See Us」〔外の人から見た私たち〕という題の短いコラムを入れていて、これはジャーナリストや放送人や知識人が、SFに遭遇した時に見せる、不信や恐怖や広く不快感といった反応を書き留めている。これはお高い言動に対する大笑いの名作だ。

それでも私はときどき、そういう「部外者《アウトサイダーズ》」ももっともなのではないかと思うことがある。『スター・トレック』を取り上げよう。

私の子ども時代は1960年代で、スポック、ボーンズ、スコッティなどUSSエンタープライズの乗組員の冒険とともに育った。私はVHS（若い人のために言うと、これは記憶媒体の一種）で全回を録画して集めていた。ファンの集まりにも出た。私がカーク艦長について知っていて忘れてしまったことは、あなたがこれから知ることより多いくらいだ。だから私はトレッキーズに共感する。もちろんのことだ。しかし本当に――われわれは画面上にしか現れたことのない種族の言語を広め、支援することを使命とするクリンゴン語学院を必要とするのだろうか。クリンゴン語で人を罵る言い方について、本当に案内が必要だろうか（どうやら、'Your mother has a smooth forehead'〔おまえの母ちゃんのおでこはつるつる〕というのは、投げかける侮辱としては強烈な方らしい）。少なくともトールキンによるキアス文字やテングワール文字の考案は、トールキン自身が専門家として研究した実際の歴史上のアルファベットに基づいていた。トレッキーズは生き方を変えるべきではないのか？

ばかにするのは簡単だが（どれほど易しいかは先の As Others See Us が示している）、専門の言語学者がクリンゴン語を考えるのを手伝っていることを知っておく必要もあるだろう。実際、クリンゴン語の大部分は、マーク・オークランドという、アメリカの言語学者でカリフォルニア州の狭い地域で話されたことのある、絶滅した言語の文法をテーマにして博士論文を書いた人物によって生み出されている。パラマウント映画社は、宇宙をめぐる戦士種族のために言語を一つ考えるべくオークランドを雇い、オークランドは、映画の『スター・トレック』第三作で、出演者にこの言語の使い方を教えた。つまり、クリンゴン語には学術的な裏づけがないというのではない（確かに、私が育ったミドルズバラで居酒屋が閉店時間に客を追い出す頃に耳にするような音に聞こえるが）。地球には20人余りの流暢なクリンゴン語使用者がいるかもしれない。古典文学――『ハムレット』、『から騒ぎ』、『ギルガメシュ叙事詩』、『道徳経』――のクリンゴン語訳までできた。

クリンゴン語のアルファベット、pIqaD《ピカド》は、映画の『スター・トレック』第一作で使うために、アストラ・イメージ・コーポレーションによって先に考案されたていた。クリンゴン語の文字は辺と頂点が鋭く、刃物のように見える（キアス文字やテングワール文字のようにトールキンの創作にふさわしいのと同じぐらい、クリンゴン語のキャラクタと考えられるものにもふさわしい）。たとえばSに相当する文字は⧗

と書かれ、私の姓〔Webb〕は 〔この部分は横書き〕となる。クリンゴン語のアルファベットをユニコードに割り当てる案は、ほとんど誰も使わないから──『スター・トレック』ファンでさえ一般にローマ字を使う──という理由で却下されたが、言語学者のマイケル・エヴァーソンは先へ進んで、クリンゴン語をユニコードの私的利用領域に配置した。それによって何人かのフォントデザイナーがpIqaD のフォントを作成できるようになった。架空の言語で遊ぶのがお好みなら、何種類かのクリンゴン語のフォントをダウンロードして使用できる。近年では、pIqaD は復活の兆しを見せている。クリンゴン語がいずれユニコードに正式に加わることになっても私は驚かない。

クリンゴン人の戦士。額には plqaD のアルファベットにある文字のような隆起がある。（図版―Cristiano Betta）

第2章　時代時代の記号

現実の政治や宗教にかかわる様々な領域で、合印《サイン》や象徴《シンボル》が大量に用いられる。これは意外なことではない。信仰や理念を視覚的に表現したものには抗しがたいという人々はいる。また不幸なことに、人々がそれを戴いて進んで戦おうとする宗教的・政治的シンボルにはこと欠かないことを、歴史は繰り返し見せつけている。そうしたわかりやすい印の多くは、大きく一つだけ――プラカードや建物や旗に――描かれるものだ。そのようなシンボルは、ふつうは本書のような書籍で用いられる大きさで組版されるようにはできていない。文字や数字や句読点がごちゃごちゃと並ぶ中では、埋没してしまいかねない。それでも、印や記号の背後にある物語のための本としては、あらゆるキャラクタの中でも強力なものをいくつか取り上げないわけにはいかないだろう。そこで本章では、政治や宗教で用いられるサインやシンボルの中から個人的に選んだものを取り上げる。そのような記号を、様々な時代や土地から八つ見ていこう。読者が自分で選んだとしても、ユニコードに示される、幅広い政治や宗教にかかわる記号から選ぶことができるだろう――☦、☧、☨、☩、☫、☬、☭、☸、等々の記号がある。

テクノロジーもわれわれの生活に衝撃を与える領域で、これは政治家や司祭から出てくる口上よりもさらに根本的に影響するようになりつつある。そこで本章では、テクノロジー関連のキャラクタもいくつか取り上げて解説した。テクノロジーで用いられるたいていの記号は、予想されるとおり、比較的新しい意匠だ――ただし、意外なほど遠くまでさかのぼって系譜をたどれるものも一つ二つはある。ユニコードにはもちろん、テクノロジーに関係するキャラクタが何百と含まれているが、私はこの区分についても、どこにでも見られるがユニコードには入っていない印を二つ――バーコードとQRコード――取り上げる。

多くの人々にとって何より重要なグリフといえば、お札に出ているやつだろう。私がもっと経済学について知っていれば、あるいはもっとちゃんと旅行したことがあったら、ユニコードから、₡《コロン》、₢《クルゼイロ》、

2012年5月、マドリッドで行なわれたデモ。「金持ちを食え」というスローガンに、フォークと鎌の記号が並んでいる。これは共産党のハンマーと鎌の記号☭を元にしている。政治的シンボルやサインの生まれ故郷はプラカードや旗で、プラカードにある同類の明瞭で大胆な外見と比べると、☭もこのキャプションの小さな活字の大きさでは、どれほど目立たないかに注目しよう。（写真―Barcex）

₥《ミル》、₦《ナイラ》、₩《ウォン》、₪《ニュー・シェケル》、₴《フリュヴニア》、₰《ペニヒ》などと、様々な通貨記号を入れることもできたかもしれない。それはできないので、控えめな方式をとって、世界で最も重要な通貨記号――$《ドル》と€《ユーロ》――の話だけにする。

それから、暮らしの中のもっと楽しいことに関係するグリフがある。たとえば、チェスの棋譜を書くのに使う特殊な記号もあれば、クリケットの得点を記録するためのものもある。ごくわかりやすいのはたぶんトランプで用いられるマークだろう。そこで本章ではトランプのマークの一つを表す記号を取り上げることにした。もちろん、音楽の表記にも独自の記号の大集合があるが、ここでは一つ分のスペースしかなかった。

政治と宗教、テクノロジー、通貨、ゲームと音楽――人々はそうした分野で用いるために、変わった見事な記号をいくつも工夫している。本章に収めたのはそのうち20だけだ。ユニコードの表を見ていただければ、もっと多くの記号がある。

スワスティカ

何年も前、古書店を眺めているとき、ラディヤード・キプリングのぼろぼろになった小さな詩集に行き当たった。キプリングの「もし」という詩は好きだったし、値札を見ると小銭で買える程度だったので、私はそれを買った。帰宅して本をきちんと見てみると、自分の中に本能的な反応を引き起こす画像が目に入った。その絵は象の頭の絵で、そのすぐ上にスワスティカがあった。その本はナチスの台頭より何年も前に出た本だったので、私はその本が出た頃の読者にとっては、スワスティカには、今日の人々に呼び起こす嫌悪感を催す含みはまったくなかっただろうということもわかった。しかしスワスティカがナチ体制のシンボルであることを知っている者としては——確かにそれは肉体的な衝撃を伴っていた。

スワスティカのついた象の頭の絵は奇妙で、私はすぐにその歴史を調べることにした。結局この象が表しているのはガネーシャ——何よりも開業の神であり、文字の守護神であり、知恵と先見のシンボル——だった。そのため、ボンベイに生まれ育ったキプリングがインドの幸運のシンボルを自著の冒頭に使うのは不思議なことではない。

スワスティカという記号はさらに古い。キプリングと取引のあったヒンドゥー教徒の貿易商であれば、おそらく毎年、良い年になりますようにと、スワスティカのついた帳簿を新たに開いていただろう。し

ここに出ているスワスティカは、スペインのラ・オルメダにあるローマ時代の館を飾ったモザイクの一部。これよりもずっと前の時期にもこのシンボルの例は見つかっている。（写真―Valdavia）

かしこのシンボルはそれよりもずっと古く、たとえばヨーロッパの石器時代の土器やクレタ島の建築物にも見られる。何千年も前のインダス文明の装飾にも姿を見せる。サンスクリット語での「スワスティカ」は、文字どおりには「良い」あるいは「幸福」といった意味なので、卐／卍はガネーシャのシンボルとなったように、幸運のシンボルとして用いられた。ではナチスがそのような立派なシンボルを汚すようになったのはどういうことだろう。

ナチスは鉤十字《ハーケンクロイツ》――斜めのスワスティカ――を採用し、1920年に公式に党のシンボルに定めた。これを押し通したのはヒトラーであり、ナチスの旗の赤と白と黒という色のデザインをしたのもヒトラーだった。ヒトラーはしかし、それ以前のドイツでスワスティカが「アーリア人種」のシンボルだと信じられた誤った考え方にのっとっていた。ナチスはゲルマン民族の文化的なルーツをインドの古代アーリア人、つまり最初の「白人侵入者」だと見ていた。ナチスの考えでは、アーリア人——そこからゲルマン諸民族が誕生する——は他の民族より「人種的に純粋」であり、したがって優れているとされた。このスワスティカはいろいろな妄信を象徴させられ、1935年9月15日には、斜めのスワスティカ入りのナチスの紋章《エンブレム》がドイツ国旗として採用された。

キプリングはナチスの台頭を嫌悪し、その旗を見るのをいやがって、自著の装本からスワスティカを除くよう指示した——つまり私が買った本はそれ以前のものだったのだ。キプリングが亡くなったのは1936年、古代の幸運のシンボルで表される体制が撒き散らした恐怖をすべてを知る前のことだった。

ピース

　この平和《ピース》を表す記号を、キリスト教原理主義者の人々が、オカルトを連想させ、悪魔主義の響きがある古代の異教の記号だと言って責めるのを聞いたことがある。表し方によっては、この記号は確かに古いルーン文字のように見えるのではないかと思うが、このピースの印は現代になって考えられたもので、この意匠をめぐる事情についてはよくわかっている。

　ジェラルド・ホルトムというイギリスの画家で織物《テキスタイル》デザイナーが、平和主義的な考えを抱いていた。第二次世界大戦では良心的兵役拒否者で、１９５７年には直接行動委員会（ＤＡＣ）――核兵器に非暴力的抗議を行なうことを目的とする団体――に関わった。１９５８年４月、ＤＡＣは、ロンドンから、イギリスの核兵器研究施設があるオルダーマストンまでの抗議デモ行進を主催した。主催者は当然、この催しをメディアに報道してもらいたいと思ったので、行進が目を引くようにする様々な手を考えた。主催者は行進の参加者に「ロリポップ」――木の竿に段ボールの札をつけたもので、写真やニュース映像に映えると思われた――を持たせることにした。ホルトムはそのロリポップに使う平和のシンボルをデザインした。

　ホルトムの当初のロリポップは、黒い正方形の中に白い丸というデザインだったが、考え直して「丸に十の字」に変えた。ホルトムはこのデザインを、ＤＡＣと、『ピースニューズ』（暴力反対を説く

１９３６年創刊のイギリスの新聞）と、ロンドン核軍縮キャンペーン（ＣＮＤ）の結成集会に提示した。十字ではあまりに含みが多すぎるというのが大方の合意だったので、ホルトムは十字の腕の部分を下げ、それで☮の形が生まれた。腕を下げるのは人間の絶望の仕草を示すだけでなく、鉄道の信号ではＮとＤの文字を表す合成文字になることもわかった。☮の記号はＣＮＤにとってはぴったりだったのだ。

抗議行動の人々は行進用に約５００本のロリポップを作った（２５０本は白地に黒、２５０本は黒地に白だった）。白の陶器に☮黒でペイントしたバッジもあった。バッジを作ったのはＣＮＤのメンバーだったエリック・オースティンで、配布にあたってオースティンがつけた冊子では、ロンドンが核攻撃を受けたら、残る人工物はこの小さな焼き物のバッジなどわずかなものだろうと解説されていた。ロンドンからオルダーマストンへの行進は4日続いたが、こんな暗い感じのものをつけていると、抗議行動をする人々には４００日の行進のように見えたにちがいない。

1960年代初めのCNDのピースバッジ。（写真—Gerald Holtom）

直接行動委員会のメンバーは、１９６１年に組織をたたむことにしたが、核軍縮キャンペーンは続いた（今も続いている）。ＣＮＤはオルダーマストンへの行進を１９６３年まで毎年行ない、☮は、イギリスの人々の間で広く認知された。この記号は生まれて間もなくアメリカ人にも知られるようになった。１９５８年、アルバート・ビゲローが、ヨットのゴールデンルール号でエニウェトク実験場へ行って核実験を止めようとしたときには、その船には☮がつけられていた。２年後、アメリカの学生平和連合が、大学のキャンパスで何万というバッジを配った。１９６０年代の終わりには、ホルトムのデザインは平和を表す一般的な印になっていた。

マルタ十字

何世紀もの間に、当惑するほど多種多様な十字形が考えられてきた。斜め十字、総大司教十字、ローヌ十字、カンタベリー十字、コプト十字、二叉十字《クルスフルシェット》、等々。何百種類という十字形があるにちがいない。たぶん驚くことではないのだろう。基本的な十字形は簡単に描けるし、もちろんキリスト教諸国では絶大な意味がある。さらに、追加、模様、修飾がつく。私自身が好きなのはマルタ十字✠で、腕が特徴的なV字形をしている。注意深く見れば、この十字がいろいろなところで使われているのがわかるだろう。

　マルタ十字は、「ロドス及びマルタにおけるエルサレムの聖ヨハネ病院《ホスピタラー》独立騎士修道会」（短縮してホスピタル騎士団）という、当初はエルサレムにあった二つ——男性用と女性用——の病院だったキリスト教徒の団体のシンボルだ。両病院は病気や貧しい聖地巡礼者のケアをするために設立されていた。ブレスト・ジェラルドが男性用病院の院長となり、そこで修道会のホスピタル騎士団を創立した。教皇パスカリス2世がこの団体を修道会として正式に認可したのが1113年2月だったので、ホスピタル騎士団は創立900年を祝ったばかりということになる。第1回十字軍に従軍し、それからだんだん軍事的な団体になって、十字軍が終わってからはその拠点をロドス島、さらにマルタ島に移した。1798年まではマルタ島を支配したが、その年、ナポレオンがこの島を攻略して、修道会は解散させ

1726年の日付があり、第66代ホスピタル騎士団団長アントニオ・マノエル・デ・ヴィレナの統治下で鋳造されたグラノ硬貨（マルタ島の銅貨）。1798年以前は、スクード（＝240グラノ）がマルタの公式の通貨だった。おなじみのマルタ十字が見える。（写真―Classical Numismatic Group）

られた。このホスピタル騎士団とマルタ島の密接な関係が、そのシンボルがマルタ十字と呼ばれる理由だ——またこの十字がマルタ共和国の国のシンボルとなっている理由でもある。

ホスピタル騎士団は1834年、本部をローマに置き、今日まで続いている（騎士団にはパスポートを発給し、切手を発行し、外交使節を接受する権限がある。つまり騎士団は多くの点で独立国として機能している）。ナポレオンによる解団の後、元騎士団員による人道・慈善団体がいくつか発足したが、そうした団体の起源は元をたどればホスピタル騎士団と言える。たとえばイギリスでは、「エルサレムの聖ヨハネの最も尊いホスピタル騎士団」が、「病気と怪我を予防し、軽減して、世界のいかなるところの人々でも、その健康と福祉を増進するために行動する」ことを使命として設立された。聖ヨハネ騎士団は、聖ヨハネ救急隊——イギリスで先頭に立つ救急慈善団体——の組織でよく知られる。これはもちろん、そのシンボルとしてマルタ十字を戴く。実は、合衆国の消防隊や、スウェーデンの勲章など、マルタ十字を紋章に用いている例が世界中で見られる。それにしてもこれはいつからあるのだろう。✠がホスピタル騎士団のシンボルとなったのはいつか。

それが第1回十字軍にまで、あるいはひょっとするとさらに前の、ブレスト・ジェラルドがその病院で働いていた時代にまでさかのぼると想像するのはロマンティックだが、残念ながら、ホスピタル騎士団がこの特定のシンボルを十字軍の頃に用いていたとする証拠はまったくない。硬貨、封印、当時の絵画といった資料からは、ホスピタル騎士団が☦、♱、☩、✠といったシンボルを使っていたことがうかがえる。そこには✱のような形では出てこない。

✱とホスピタル騎士団との最初の明瞭なつながりは、1567年に刻印された硬貨にある（これはマルタで刻印された硬貨なので、この十字を「マルタ」と呼ぶのはふさわしいことの確認になる）。つまり✱はホスピタル騎士団の長い歴史のうち、たぶん半分ほどの間、同騎士団のシンボルだった。

このシンボルについてもう一点。どんなフォントでもマルタ十字を見ると、✱があるべきところには、ほぼ確実に✠があるだろう。こちらはマルタ十字ではなくクロスパティと言う。

Ⓐ アナーキー

私の記憶では、私が育ったイングランドは今よりもずっと対立的なところだった。もちろん記憶には騙されることもあるが、私の記憶にあるイングランドは、頻繁にストに訴える労働組合や、座り込みをかける学生や、政策について本格的で声高な議論を行なう政治家が思い浮かぶ土地だ。この頃は、労働組合も無力化され、学生の主な関心は勉強が続けられるかどうかであり、主要政党の間にもほとんど差がない。暴力が避けられるのは喜ばしいことだが、この国は銀行の30年にわたる破壊的な行動のつけに苦しんでいるのだから、もっとプラカードを掲げるようなことが起きてもいいはずなのに、と思わざるをえない。

Ⓐという記号は、私が若い頃のテレビのニュース番組に挿入されるデモや抗議の画像には頻繁に登場していた。私は当時、この記号の政治的意味を知らなかった。私の世代の少年にとっては、この記号は政治哲学よりも、セックスピストルズなどのパンクバンドの方に関係するものだった。実際、Ⓐという記号が目立つようになったのは、パンクロックの図像が文化の本流に吸収されたことによると私は確信している。それでも、Ⓐには、腐れジョニー《ジョニー・ロッテン》や狂暴なシド《シド・ヴァイシャス》〔いずれもセックス・ピストルズのミュージシャン〕との関連よりも高尚で知的な歴史がある。

Ⓐの中のAは「無支配《アナーキー》」のAだ（元はギリシア語だが、ヨーロッパの主な言語の大半で語形はよく似てい

る）。Ⓐの丸は「秩序《オーダー》」のOを表す。二つ合わせて、「社会の最高度の完成は、秩序とアナーキーの結合にある」という、フランスの政治家で哲学者ピエール＝ジョゼフ・プルードンによる有名な発言を表すと言われる。

1840年代、プルードンはアナーキーを「主人がなく、支配者がないこと」と定義し、「権威なき社会」を唱えた。その作品はユートピア空想小説集ではなかった。念入りに考えた本や冊子を書き、カール・マルクスのような有力な思想家たちとも著作の意味について文通をした。プルードンのアナーキーの概念は、現代で一般に理解されているものとはずいぶん違う。今の多くの人にとって、アナーキーとは反抗的なカオスの一形態のことだが、プルードンにとっては秩序が重要だった。

ピエール＝ジョゼフ・プルードンは、1848年の2月革命の後、フランス議会の議員になり、「アナーキスト」を自称した最初の哲学者だった。その著述には、「財産は窃盗である」という考え方や「アナーキーは秩序である」という有名な概念がいくつも収められている。マルクスはプルードンと文通していたが、後にはプルードンの著述を批判した。（写真—パブリックドメイン）

この思想自体は時代を経たものだが、アナーキー記号はもっと新しい。アナーキストがスペイン内戦で、丸で囲ったAのついたヘルメットをかぶって戦っている写真がいくつかある。それから四半世紀後の1964年、絶対自由主義青年というフランスのアナーキスト・グループがその会報にⒶを使った。この記号はそこから徐々に広まったが、Ⓐという記号が広く知られるようになったのは、パンクロ・ックが人気になってからのことだ。

アナーキーの下位区分にアナルコパンクと呼ばれるものがあり、たぶん、Ⓐの記号はこの動きをいちばんよく表している（ただ、本当にアナルコパンクを象徴させようとするなら、この記号はあまりきちんと描いてはいけない。粗野な、手描きの、素人っぽい作画にすべきだろう）。しかしアナルコパンク運動はアナーキー思想のいろいろな流派の一つにすぎない。アナルコ共産主義、アナルコ自然主義、アナルコ組合主義《サンディカリズム》、エコアナーキズム、アナルコ平和主義、等々があり、そのひたすら多様なところは、宮廷に到着した劇団についてハムレットに対して得意げに話すポローニアスのような感じがする（「悲劇、喜劇、歴史劇、牧歌劇、牧歌劇的喜劇、歴史劇的牧歌劇、悲劇的歴史劇、悲劇的喜劇的歴史劇的牧歌劇」〔小田島雄志訳による〕）。こうしたグループがそれぞれどんな形で抗議と対立をもたらそうと、それは私が若い頃に抗議をしていた団体と比べると、あまり目立ってはいない。

⌘ アップルのコマンド記号

私がアップルのデバイスに惹かれるようになったのは比較的遅くなってからだった。何年もの間、私は蒸気機関のように古いPCと、進化の階梯では糸電話の次の段階に進んだ程度の電話で問題なくやれていた。そんなときに iMac に出会った。今では手許に iPhone、仕事場に iMac、自宅に iPad、移動の途中には iPad mini で、どれもないという生活は想像しにくいし、こうしたデバイスは美しくもある。

しかし初めて iMac に移行しようとしていたときには、アップルのキーボードで苦労した。スペースバーの左にある修飾キー——それが押されているときに別のキーを押すと、その別のキーに通常とは異なる動作をさせるキー——があり、それには⌘のマークがついていた。アップルはそれを「コマンドキー」と呼ぶ。この記号は私が使ったことのある他のキーボードには出てきたことがなく、私はおのずと警戒心を抱いた（それを押したらコンピュータが爆発すると思ったとかそういうことではなく、作業の成果が消えるんじゃないかと心配してそれを使うのをためらったということ）。しかし「わかって」しまうと、アップルのキーボードはPCのキーボードよりも良い、あるいは少なくとも使い方が一貫していることに気づいた。つまり、⌘キーのすることは一つだけだが（キーボード・ショートカットが使えるようになる）、PCでは Alt キーと Ctrl キーがともにキーボード・ショートカットとして働き、私はどちらを押せばいいのかを必ず忘れていた（アップルでも、Alt（option）や Ctrl を使うショートカットはある）。

絵画石碑はバイキング時代の北欧に建てられた装飾入りの石灰岩の石板。おそらく何らかの記念碑だったのだろう。聖ハンス十字で装飾されたこの絵画石碑は、スウェーデン、ヴィスビュー市にあるゴットラント歴史博物館にある。（写真—Wolfgang Sauber）

最初期のアップルコンピュータには、⌘キーはなかった。1984年にマッキントッシュの一連のデバイスが登場する前は、修飾キーにはアップルのロゴがついていた。しかし故スティーブ・ジョブズはデザインにはうるさく、会社のロゴをただのキーにはつけないことにして、デザインの変更を求めた。アップルのデザイナー、スーザン・ケアはシンボルの図集で⌘の印を見て（当時は北欧で「重要地点」を表す交通標識として用いられていて、イギリスでもだんだん使われるようになっていた）、それを開発チームに見せたところ、チームはそれに賛成した。

1984年以来、アップル社製Macにあるコマンドキーには、⌘記号がついている。

この記号にはいくつかの名称がある。ユニコードでは、先述の用法によって、「重要地点《プレイス・オブ・インタレスト》」記号とされる。しかしこの記号は「聖ヨハネの紋所」とも「聖ハンス十字」とも呼ばれ（「ハンス」はヨハンやヨハネスとともに、ヨハネと同根の名）、こちらははるかに古い用法を反映している。こうした名はバイキングの時代からのもので、北欧の人々は夏至を迎える夜を盛大なお祭りで祝う。祭りの間、人々は

「癒し」水を大量に飲む。かくて聖ハンス十字は流れる水を表す。このシンボルの名は、キリスト教徒が後に、異教徒の夏至を迎える夜をキリスト教の聖ヨハネ祭の夜に置き換えたことによるが、祭りや⌘の記号は残された。これはなかなかの考えだった。おかげでバイキングが使っていた記号がコンピュータのキーボードに乗ることになったのだ。

この記号には、ボーウェンの結び目と呼ばれる紋章のデザインとも似たところがある。私の知ったかぶりからすれば、ボーウェンの結び目は、実は位相幾何学的には結び目ではないことを言っておかなければならない。それはほどけている——結び目のまったくない、閉じた輪なのだ。

スマイリーフェイス

ニコニコマーク《スマイリーフェイス》は、サーカスの道化師や腹話術師が使う人形に匹敵するほど不気味だと私は思う（サーカスの道化師や腹話術の人形については、明らかに私だけではない。多くの人々がこちらのことを不気味に思っていて、そういう恐怖心には名前がついている。それぞれ道化師恐怖症《クールロフォビア》、自動人形恐怖症《オートマトンフォビア》という。きっと、スマイリーフェイス恐怖症にも名前があるにちがいない、かな?）。私はあの何も考えていない笑みが私に投げかけられることが、誰かのせいだとは思っていなかった。単純でどこにでもありそうな画像だからだ。とはいえ、スマイリーフェイスには明瞭な歴史がある。

何にでも☺を描きたがる欲求は、１９７０年、フィラデルフィアの二人の実業家、バーナード・スペインとマレー・スペインという兄弟が、売り出して稼げるようなノベルティ・グッズを作りたいと思ったことから始まったらしい。二人は黄色のスマイリーフェイスなら大衆の気に入るだろうと見きわめた。マレーは「Have a nice day」〔ごきげんよう〕という語句を加え、二人はそれをバッジ、ステッカー、ポスターと、売れそうなものには何にでもつけ始めた。つまり、このスマイリーフェイスが出回ったことは大部分がスペイン兄弟のせいなのだ。しかしそれを考えたのはこの兄弟ではなかった。１９６３年に生まれた意匠に二人が影響を受けたのはほぼ確実だ。

１９６０年代の初め、マサチューセッツ州ウースター市のステート生命保険会社が、オハイオ州アクロンにあった同業他社、ギャランティ相互会社を買収した。買収あるいは合併の後によくあることだが、従業員の士気が下がった。ステート生命保険の事業促進部長は事態を改善しようとして、地元のグラフィックアーティストのハーヴィ・ボールに、感じの良い、雰囲気を高めるロゴのデザインを依頼した。ボールは10分ほどで太陽のような黄色を背景にしたスマイリーフェイスを思いついた。

保険会社は当初、１００個のスマイリーバッジを作って従業員に与えた（お客様を相手にしているときは笑顔を、という合図としてだったが、おそらく従業員は私以上に不気味に思っただろう）。しかしバッジが何かの琴線に触れたことは明らかで、すぐに何千と作られた。数十年後、ハーヴィ・ボールによる元のスマイリーフェイス――楕円の目、口の両側にえくぼのある笑顔――は何千万というバッジに印刷されていた。しかし、スマイリーとは正反対の顔を使いたくなるほどのうっかりの例となることだが、ステート生命保険は、☺という記号について、商標登録や著作権を申請しようともしなかった。ボールが稼いだのは、ステート生命が支払った45ドルだけだった。

しかしハーヴィ・ボールが☺をデザインした張本人だったと断言できるだろうか。ひょっとするとボールは、それ以前からあったいくつかの顔の形からアイデアを得たのかもしれない。実際、ボールがスマイリーフェースをデザインする1年前、似たようなスマイリーフェイスがトレーナーにつけられて登場した。さらに10年前にも、ハリウッド映画のポスターにもスマイリーフェイスは登場している。１９３６年には、モンロー・リーフが*Manners Can Be Fun*〔『マナーだっておもしろい』〕という本を書き、その中では、スマイリーフェイスのついた漫画のキャラクターが描かれている（それでも不気味なスマイリーフェイスを作ったといってリーフを責める気にはなれない。子どもの頃、私はリーフが描いた『牡牛のフェルディナンド』という本が大好きで、リーフのしたことは何であれ責めることはできない)。本当のところ、私はスペイン兄弟、ボール、リーフ、それからおそらくそれ以前にもいた人々がみな、ただどこにでもあるシンボルを利用しただけだということを確信している。確かに家に窓ガラスがつき始めて以来、霜の下りた窓に子どもが絵を描くとスマイリー——丸、二つの点、弓形——になるものだ。スマイリーの顔はおそらく何世紀も前から人々に向かって笑みを投げかけてきた。それでもやはり好きにはなれない。

手配写真＝スマイリーフェイス十態。(図版—パブリックドメインのものを加工した自作)

バーコード

若い読者は商品にラベルを貼る値札ガンを持った店員を見たり、間違って安い値段のラベルを貼られた缶詰を見つけて無上の喜びを感じたりすることはもうないのだろうと思う。今や値札はバーコードに置き換わってしまった。スーパーに入って、すぐにバーコードにお目にかからないという事態はなかなかない。買えるものほとんどすべてにバーコードがついているのだ。お目にかかる場所はスーパーだけではない。バーコードは飛行機の搭乗手続きのときに荷物にもつけられるし、ところによっては、霊安室の遺体につけられることもある。バーコードは映画館、劇場、試合などへの入場券の代わりに用いられることが多くなった。運転免許や図書館の本や人工股関節にもつけられるし、書留郵便、商品券、医薬品にも見られる。あの白黒の縞は、西洋文明の証のようなマークだ。

パターンを使って商品の分類や特定ができるという考え方は1948年にさかのぼる。食料品店チェーンの経営者がフィラデルフィアのドレクセル工科大学に、商品情報を販売時点で自動的に読み取るための方法が開発できるか研究するよう依頼したときのことだった。バーナード・シルヴァーとN・ジョセフ・ウッドランドという同大大学院生が策を考えた。

1952年、シルヴァーとウッドランドは、同心円のパターンによるバーコード方式で特許を取った。この方式はしばらく省みられなかったが、1960年代半ば、アメリカ中の食料品店チェーンが自動支払いのためにバーコードを使うという考えを再び取り上げた。１９７０年までには、ある委員会が規格化された11桁のコードを考えていた。これを使えば、どんな商品でも特定できる。コードはシルバー／ウッドランド流の同心円で表された。この円形のバーコードはあまりうまく使えなかったが（この方式が軌道に乗っていたら今の世の中どれほど違っているだろう）、１９７３年には、おなじみの長方形のバーコードが開発された。こちらは確かに機能し、オハイオ州トロイにある、マーシュというスーパーに試作機が設置された。

バーコードが貼られた商品を買った最初の人物という栄誉を受けたのはクライド・ドーソンだった。シャロン・ブキャナンはバーコード付き商品をスキャンした第1号となった。それは１９７５年6月26日午前8時1分のことで、その歴史的商品は、リグリー社製ジューシーフルーツのチューインガム10個パックだった。イギリスのスーパーで初めてのバーコードが読み取られるようになるまでにはさらに5年がかかった。１９７９年10月7日、スポルディングという町にあったキーマーケッツで、ある買い物客が、メルローズ製ティーバッグのバーコードつきの一箱を手渡してスキャンしてもらったときのことだった（最初の商品――アメリカではチューインガム、イギリスではティーバッグ――はそれぞれの国に奇妙にもふさわしいと思わずにはいられない）。

今や様々なタイプのバーコードが存在する。１９７０年代当時に売られていたガムやティーバッグの包装についていて、今でもふつうにスーパーで見られるバーコードは、共通商品コード（ＵＰＣ）と呼ばれる。ＵＰＣは12桁の数字によるコードで、それで10^{12}（1兆）通りのパターンを指定することができる。欧州商品番号（ＥＡＮ）は、略号こそＥＡＮを維持しているが、今は「国際商品番号」と呼ばれ、

UPCの12桁にもう一桁つけて、ありうるパターンの数を10倍に増やしている。数字だけでなく文字も使えるバーコード方式もある。たとえば上に掲げたバーコードは、物流業界で広く用いられるCode 128を用いて、私の名〔スティーヴン〕の文字を表している。

バーコード自体は「スキャナー」——最も単純で安価な形では固定された光源と1個の光センサーで構成されている装置——で読み取られる。スマホもしかるべきアプリと連動する内蔵カメラを使って、バーコードを読み取れる。たとえばそれを使って食物の摂取を記録できる。食べている食物の包装にあるバーコードをスキャンするだけで、アプリが栄養に関する情報を読み取れる。

バーコードはあたりまえと思うのは簡単だが、われわれの世界に深甚な影響を及ぼしている。製造時点から配送、最終的な販売まで、物流を管理しているのだ。それがなければ、われわれが楽しむ、あるいは少なくともせざるをえない買い物体験は、まったく成り立たないだろう。

QRコード

技術は生活のあらゆる場面に作用する。ハッシュタグという名で育つ子もいるし、亡くなった人も今では墓石にQRコード〔Quick Response code =素早く反応するコード〕がついていることもある。子どもにハッシュタグ（あるいはリツイート、あるいはニュースフィード、あるいは@Reply《アットリプライ》）という名をつけるのが賢明かどうか、私にはよくわからないが、自分の名が残ることが重要なら、双方向的墓石というのはその目的には役立つかもしれない。今日の墓地を歩き回れば、古い墓石では名前や生没年や短い碑文が消えかかっているものがあるだろう。墓石にQRコードを刻んでおけば、あなたの安息の場を歩き回る子孫も、あなたについて語られていることをすべて読み取れるかもしれない。

バーコードは細い光線、今日ではたいていレーザーでスキャンされる一次元のコードだった。QRコードの方は二次元のコードで、黒い正方形のブロックが白地に並んだパターンを、デジタルカメラで画像にして、小さなコンピュータチップで解読する。チップはコードの左上、右上、左下にある三つの正方形に「ロックオン」し、右下の隅を視角の補正に用いる。そうしてパターンにある他のブロックを、計算用の二進数の言語に変換する。

当然、二次元で符号化できるパターンの数は、一次元のバーコードに可能な組合せよりもはるかに多い。予定、メールアドレス、電話番号、文章も符号化できるだろう。たとえば本節の冒頭に掲げたQR

コードは要するにハイパーテキストのリンクの文字で、スマホのQRコードリーダーで読み取れば、私のウェブサイトに飛べる〔本訳書では青土社のページに飛ぶ〕。

QRコードの考案は1994年、日本の自動車メーカー、トヨタの子会社、デンソーウェーブが、製造過程で部品に関する情報を高速で読み取れる二次元コードを開発したときにさかのぼる。しかしそのコードの興隆は、スマートフォンの到来によって加速されている。ほんの何年か前だったら、いくつかの特殊な製造施設以外でQRコードを見ることはなかっただろう。今では広告の看板、雑誌の表紙、さらには——冒頭で述べたように——墓石にも貼られている。するとQRコードはバーコードなみの普及水準に達するのだろうか。私の勘ではそうはならない。

QRコードがどう使われてきたか、どう使われているかには少なからず問題がある。多くの会社がそれを使うのは、ただ使えるからというにすぎない。利用者がこの白黒のブロックを実際にどうスキャンするか、その行動をとることから何を得られるかはほとんど考えていない。たとえば、バスの側面にQRコードを置くことにどんな意味があるだろう。バスが動いていれば、そのコードをスキャンすることはできない。バスが停止していることに気づくような関心をバスに抱いているとしたら、おそらくバスの側面をスキャンするより、早くバスに乗って座りたいだろう。あるいは、なぜウェブページに、スキャンしたら当のページに飛ぶだけのコードを載せるのだろう。QRコードが簡単に使えて、それが指し示す内容は価値があると利用者が信じるとしても、その利用者はやはり、わざわざスマートフォンを取り出してQRコードリーダーを起動し、カメラがコードをロックオンする間、スマホを動かないように保持して、コンテンツを待たなければならない……人生はそれほど暇ではない。個人的には、私はQR

コードをわざわざスキャンすることはめったにない。得られる結果にそれほど価値はなさそうだからだ。多くの人にとっても同様ではないかと思っている。そして、人々がこのコードを使わないのなら、企業もいずれそれを作るのをやめるだろう。

このハイテクQRコードは、別の形でも脅かされている。他ならぬ技術による。

QRコードはそれが付与されている対象についての情報を与える。当のデバイスが勝手にそれが見ている対象を認識できるとしたら、何かについての情報をもっと得ようとするために、わざわざコードリーダーのピントを白黒の四角形に合わせたりするだろうか。その水準の技術——周囲を認識できるデバイス——は、まもなく誰にでも利用できるようになるし、すでに存在もしている。2014年には、「グーグルグラス」——頭部装着式ディスプレイ——の試作機が一般の人々に買えて、拡張現実に用いられた。試作品は2015年、販売が中止されたが、「プロジェクト・グラス」は続いている。まもなくQRコードは不要になるだろう。しかしバーコードは、まだしばらく残ると私は思う。

ハッシュ

#記号は、かつて、あるときははっきりと見えるところに（電話のプッシュボタンにあるように）、またあるときは専門的あるいはコンピュータ的用途で（TeXでは、ユーザ定義マクロの引数を表すために使われる）、またあるときは、予想外の場所で（イギリスのテレビの約束事で、流れている歌の歌詞を#でくって示す場合——少なくとも、間違って字幕のボタンを押して見えたのはいつもそれだった）、というように、折に触れて見られるものだった。文章では、#記号は音楽のシャープ記号として用いられることが多い（この用法は本当は不適切だ。音楽のシャープ記号は、五線譜の横線に重なってしまわないように斜めになって——つまり♯となって——いなければならない）。私は#を校正刷りをチェックするときに使っている（単語間や行間の隙間を表すとされる記号で、それを使うと編集者や印刷所は、マークしてあるところをもっと空けて欲しいんだなということを理解する）。#は数学にも登場するし（$\#S$と書けば、集合Sの濃度——要するにその集合にある要素の数——のこと）、チェスの棋譜にも登場するし（チェックメイトになる手を表す）、医師の簡略表記にも出てくる（#は「骨折」を表す）。つまりキャラクタとして見れば、#はあれこれ使える万能選手で、何かを表す単純な記号が必要なときには、ハッシュ記号に目が向けられることが多い。

そこへツイッターが登場した。

ツイッターは話題を特定する手段として「タグ」を用いる。テレビ番組を見るにつけ、ラジオ番組を聴くにつけ、雑誌をぱらぱらと見るにつけ、「ハッシュタグ」を使ったやりとりを求められる。#は大当たりを取った。

この今やどこにでも見られる記号をめぐっては、いくつかの謎がある。たとえばその名称だ。

イギリスでは、#という記号はたいてい「hash《ハッシュ》」と呼ばれるが、これは比較的最近の造語だ。古い辞書では、「hash」を引いてもこの意味は出て来ないし、現代の辞書は、この言葉が１９７０年代か１９８０年代のもので、おそらく「hatch《ハッチ》」の発音を間違えたものだと断言する。これに対しアメリカ人は、この記号を「ポンド」と呼ぶ。これに私はいらっとする（年とともにいらっとしやすくなる）が、少なくともそれを「ポンド」と呼ぶのには立派な理由がある。重さのポンドの標準的な略記は「lb」で、これはラテン語で天秤を意味する「libra《リブラ》」に由来する。ところが、文字「l《エル》」と数字「1《いち》」はときどき間違えられるので、印刷所はしばしばlbの縦線に横線を交差させる。時間が経つうちに、これは今知られている#記号になった。つまりこの記号を「ポンド」と呼ぶのは文句なく筋が通っているが、明らかにイギリス人にできることではない。そんな呼び方をしたら、通貨のポンドを表す£の印とごっちゃになるからだ（しかし別の問題も生じる。なぜアメリカ人はツイッターのハッシュタグをポンドタグと呼ばないのだろう）。

この記号には、広く用いられる名称が他にもある。アメリカでは、#は「番号《ナンバー》」の省略表記として広く用いられている。イギリス人は「ナンバー・ファイブ」を「no. 5」と省略するものだが（no.はnumero（「数」を表すラテン語）の略）、アメリカ人は「#5」と書く。この使い方が広まっているので、この記号を表すユニコードの名称は「ハッシュ」ではなく「番号記号《ナンバーサイン》」となっている。

しかしハッシュ記号にはさらに別の名称がある。

ブリティッシュテレコム（BT）のお客様サービスのメッセージを聞く必要があるときには、この記号が「四角《スクエア》」と呼ばれているのを耳にしたことがあるかもしれない。これは明らかにばかげている。四角のようには見えないからだ。しかしどうやらBTは他の言語にも翻訳がしやすいからということでこの名称を使っているらしい（BTよくやった、マルチリンガルな間違いだ）。オクトソープと呼ぶ人もいる。この使い方は1960年代、ベル研究所のエンジニアが、プッシュトーンによる発信を簡便にするために、電話器に二つのキーを追加したときにさかのぼる。その一つに#記号があって、エンジニアはそれに紛れのない名が必要だと思った。それにしてもなぜ「オクトソープ」なのだろう。接頭辞の「オクト〔8〕」の意味はわかりやすい——中央の菱形から8本の線が突き出ている——が、接尾辞の「thorpe《ソープ》」については数々の物語がある。私がいちばん好きなのは、ベル研のエンジニアが、優れたアスリート、ジム・ソープ——1912年ストックホルム・オリンピックで五種競技などで優勝して金メダルを取ったアメリカ先住民で、プロ野球、プロバスケットボールでもプレーし、アメリカンフットボールも大学とプロの両方でプレーした——を称えて名づけたという話だ。それこそ万能選手ではないか。

⏻

スタンバイ・スイッチ

私は新製品を手に入れると、チンパンジーが蟻の巣に棒をつっ込むみたいに、人差し指でつつき回す癖がある。指でつついてどうなるか、わかってやっているのではないのだが、そうやって新しい仕掛けがどう動くかを知ろうとする。妻は私に取扱説明書を読んだ方が効果的な学習経験だと言うが、私は取扱説明書に書かれている各国語に堪能ではないので、ほとんど助けにはならない。それでもときどき、取説に頼らざるをえないことがある。⏻がどういう意味かを明らかにするのもそういう場合だった。

どういう意味か、さほど難なく察しがつく記号もある。たとえばリモコンに⏩があれば、それを押すとブルーレイプレーヤーがどうなるか、想像はつく。しかし⏻のアイコンにはいつも当惑した。それにつながる装置が起動するだろうと思ってそれを押しても、逆にスイッチを切ったんじゃないかと、よくわからなくなる。妻はかわいそうにという目で私を見て、取説を手渡すが、少なくとも問題の一部は当の記号にあると思うことになる。

旧式の電源スイッチの方がやりやすかった。「Start《スタート》」とか「On《オン》」と書いたボタンがあって、別のボタンに「Stop《ストップ》」とか「Off《オフ》」と書いてあり、私でもどうなるかはわかった。電源がトグルスイッチ〔押すたびにオン／オフが切り替わるスイッチ〕で制御されるようになって、事情は少々複雑になった。英語を使う人々は、これには比較的影響されなかった。「オン」と「オフ」（「スタート」と「ストップ」）がスイッ

チのどちらかの側に表示されていたからだが、もちろんこれは、国際標準の土台にはなりえなかった。その後徐々に、オンとオフなどの単語が二進数の1（オンを表す）と0（オフを表す）に置き換えられた。今でも1と0（あるいはもっと最近には、|と○）が記されているスイッチは多い。

近年では、電源スイッチは1個のボタンで、押せば二つの状態が切り替わる。同じボタンが両方を制御するので、オンとオフの記号を一つの記号に組み合わせるのも理解できる。そこで3通りの明瞭に定義された電源記号ができる。丸でオフを表す。縦線はオンを表す。円の中に縦線という記号は、装置のオンの状態とオフの状態に切り替えるボタンに使われる。すると⏻はどういう場面に登場するのか。

結局、⏻は低電力状態、つまり「スリープモード」を示す。それにつながる装置はまだいくらか電力を使っているが、たくさんではなく、ほんのちょろちょろだ。問題は、いろいろなメーカーがいろいろな装置にいろいろな形でこの⏻の記号を使っているらしいところだ。独自のこと、つまりオンとスタンバイを切り替えるボタンについているものもあれば、独自のこと、つまり押すと装置をスリープモードにするボタンについてることもあれば、トグルスイッチのオンの記号の反対側についていることもある。これは紛らわしい。⏻が引き起こしている問題は他

古き良き日々。単純な電源スイッチ！（写真—Michael Holley）

にもある。この広く用いられる記号は、ユニコード中にこのグリフを搭載しているフォントが（まだ）ほとんどないということだ。ほとんどのフォントがサポートしていないとなると、⏻について文句を言うこともままならない！

€

ユーロ

ユーロは世界でも重要な通貨の一つだ。これは欧州連合（EU）加盟国のうち19か国の通貨で、他の加盟国のほとんども、いずれユーロを採用することになる。現にユーロを使っている19か国は一つのブロック――ユーロ圏――をなす。これは基準によっては世界第2位の経済地域だ。これを書いている時点で、世界第2位の準備通貨であり、第2位の取引通貨、ユーロ紙幣と硬貨の総額は他のどんな通貨よりも大きい。ユーロが世界金融市場で演じる重要な役割を考えると、またそれが生まれたのは比較的最近だったのだから、ユーロを表す記号€の由来は明瞭に語れるはずだと思われるだろう。しかし欧州連合に発する他の多くのことと同様、話はそれほど明瞭ではない。

ヨーロッパ通貨は、1992年、マーストリヒト条約で初めて規定された。通貨の名称「ユーロ」が採用されたのは1995年12月。しかし€という記号が初めて現れたのは1996年12月で、第9代欧州委員会委員長ジャック・サンテールが、提案された通貨記号をそのために設けられた式典で明らかにした。記号の仕様が公開されたのは1997年になってからだった。この年譜によれば、€記号は1992年から1996年にかけての時期のどこか、おそらく終わりの方で考えられた。しかし実際にデザインしたのは誰だろう。

€に対する著作権は欧州委員会（EC）が保有し、ECの公式ウェブサイトによれば、この記号は32

通りの案の中から選ばれたという。応募するデザイナーは、一次選考用の素案を提出する際に三つの基準を考慮するよう求められた。

第一に、意匠はヨーロッパのシンボルであることがわかりやいこと。第二に、意匠は見ればすぐ通貨記号であることが明瞭にわかるよう、既存の通貨記号にも連なること。第三に、記号は美的に快く、手で描きやすいこと。

欧州委員会の公式ウェブサイトによれば、一次選考での32案が10案に絞られ、世論調査で二つの候補に絞られた。そうしてこのその二つから、ＥＣが優勝案を選んだ。選ばれた€という記号は、確かにＥＣが定めた基準を満たしていると言えるだろう。第一の基準に関しては、€の形は文句なく適っている。「Europe《ヨーロッパ》」の頭文字を思わせるだけでなく、ギリシア文字のϵ《イプシロン》にも似ていて、ヨーロッパ文明のゆりかごを思わせる。この記号は今や世界中で見られるし、すぐにそれとわかる。第二の基準も満たしている。２本の平行線は様々な通貨記号――$、₤、¥など――にも登場するし、おそらく通貨の安定性も保証する（２００７年の金融破局以来起きてきた出来事や、ギリシアの負債危機や英国ＥＵ離脱方針《ブレグジット》によって引き起こされたユーロ圏の緊張からすれば、このことは悪い冗談にも見えるが）。第三の基準は主観的なところもあり、何人かのグラフィックデザイナーはこの記号について否定的な意見を表明している――しかし€記号は確かに手で書きにくくはない。

新通貨を表す記号を採用するための手続きから、完全に適切な選択が得られたのだが、残念なことに、欧州委員会はその手順の詳細を秘密にすることにした。そのため、他の案がどうだったかはわからないし、優勝したデザイナーが誰かもわからない（サンテールは、このデザインを考えたのは４人によるあるチームだと言ったが、この重要な記号の作者はベルギーのグラフィック・デザイナー、アラン・ビリエだという ことで衆目は一致している）。

１９９7年の夏、アルトゥール・アイゼンメンガー——ドイツの画家で、かつて欧州経済共同体（ＥＣ）の主任グラフィックデザイナーを務めたことがある——は、ジャック・サンテールが新しい€の記号を解説しているのをテレビで見た。アイゼンメンガーはそのとき82歳だったが、車いすから立ち上がり、妻に、「メヒティルト、見てごらん、私のＥだ、私のＥだ」と声を上げたという。アイゼンメンガーは、自分がヨーロッパ単一通貨が確立するより四半世紀前に、ヨーロッパを表すシンボルとして€を考案したと主張した。欧州委員会からの公開情報がないとなると、誰が€をデザインしたかについては異論が残る。アイゼンメンガーなのか？　ビリエなのか？　名が知られていないグラフィック・デザインのチームなのか？　それがわかることはないかもしれない。

$

ドル

ヨーロッパ官僚機構に霧がかかっていて、€記号がどこに由来するか、定かにはわからないとすれば、$記号の由来についての理解に影を落とすのは歴史の霧だ。「dollar《ダラー》」〔ドル〕の語源は十分に理解されている。ボヘミア（今のチェコ共和国）にヨアヒムスタール――文字通りには「ヨアヒムの谷」――という温泉町があり、銀鉱山があるこの土地にちなんで1515年から1520年にかけてのどこかで、ボヘミアのある貴族が、銀貨を鋳造し始めた。この銀貨は一般に用いられる中でターレル（ターラー）と呼ばれるようになり、この言葉は十余りの国に浸透していった――もちろん英語では「ダラー」と呼ばれるようになった。言葉についてはそれでいいとして、記号はどうか。

ドル記号の由来に関しては、長年にわたっていくつもの説が出されている。2本線の$記号について言えば、もっともらしく思えるのは、合衆国（US）造幣局の貨幣袋に印刷されていたUとSの合字という説だ。Uに重ねてSを書くと、両方の下側の曲線が一緒になり、Sに2本の縦線が通っているように見える。少なくとも、この説の支持者はそう説くが、私がUに重ねてSを書くと、ぐちゃぐちゃになる。加えて、これは記号の起源の説明ではありえない。1770年代の初めの手紙にもこの記号は出てくるからだ――US建国〔1776年〕以前のことだ。

ドル記号の由来について流布している説明には、今度は1本線の$だが、「八つ一組」が何組と表すために数8に1本線を通すという慣習に由来するというのもある。この「八つ一組《ピースオブエイト》」、つまりスペイン語形にすると peso de ocho《ペソ・デ・オチョ》は、メキシコドル銀貨を表す言葉だ。この銀貨は8レアルに相当するのでその名がついている。この案は本当かもという感じはするが、それを支持する確固とした証拠はほとんどない。

他にも様々な説が$記号の起源を説明するために立てられたが、最も広く受け入れられているのは、ただの手抜きの結果としてそうなったという説かもしれない。スペイン語の「ペソ・デ・オチョ」貨幣は初期のアメリカでは広く出回っていただろうし、金銭にかかわる文書を書くときには、ペソはPの字で省略されていたことは知られている。複数ペソを指したいときには、P^Sという省略が用いられた。たとえば、イギリス系のアメリカ植民者が、スペイン系アメリカ植民者とのやりとりで、P^Sを何十回も書かなければならないとしてみよう。この説は、PとSが融合して、今日知られている記号が、1785年に合衆国がドルを採用する前から使われていたとする。

€と$の由来については、£について知られているほど知られていないというのはおもしろい。とくに、€がヨーロッパ諸国の過半数によって採用された後となっては、イギリスのポンドは今でも用いられる世界最古の通貨だとなれば。われわれが英ポンドとして使う記号は、つまるところ、アングロサクソン王国の一つ、マーシアを757年から796年まで支配した君主、オファ王に行き着くので、英ポンドは大英帝国——それ以前にイングランド——が形成されるよりも前からあるということになる。オファはその治世の間に240ペニーで1ポンドとなるペニー銀貨を発行した。つまり「ポンド」という言葉はもともと重さを指していて、英ポンドにつきものの「スターリング」〔英貨〕の名は、高純度の銀に関係する（ついでながらこの銀貨の実物は残っていて、関心のある人々のために言うと、オファ王の髪にはたくさんのカールがあったことは、この銀貨から知られる）。いずれにせよ、ポンドの記号は元はただのL、つまりラテン語の「Librae」――重さを量る「秤」あるいは「天秤」を表す単語に由来する重さの単位――の頭文字だ。時代とともに、Lは筆記体の大文字£となり、これは2本の横棒を得て、さらに今日用いられている1本棒のL、つまり£となる。

マーシア王オファの肖像付き１ペニー銀貨。王の髪にはカールがたくさんあるところを見せている。（写真―Classical Numismatic Group）

♠

スペード

トランプの四つマーク——♠、♡、♢、♣——は国際標準になっている。確かにこれはあたりまえなので、私はかつて、それがはるか昔、ひょっとするとモーゼが銘板に書かれた十戒を受け取ったのと同じくらい昔からあったものだと思い込んでいた。私の妻はドイツ人だが、その妻がマークが違うトランプ一組を見せてくれたときの私の驚きを想像していただきたい。ハートは微妙に違っていたものの、あるにはあった……が、他の三つはダイヤの代わりに鈴、スペードの代わりに木の葉、クラブの代わりにどんぐりだった。明らかにドイツには、今でもこの変わった組合せを使っているところがあるのだ（石、紙、はさみ〔じゃんけん〕もやり方が違う。ドイツでは第四の区分——井戸——があって、これでおなじみのじゃんけんは成り立たなくなる〔紙は石と井戸に勝ち、井戸は石とはさみに勝つが、石ははさみにしか勝てず、はさみは紙にしか勝てないので、勝てる確率に格差ができる〕）。結局、トランプのマークは私が思っていたほど標準的ではなかったらしい。

トランプ遊びは中国の発明で、ヨーロッパに登場するのは14世紀になってからのことだった。ヨーロッパでトランプが行なわれていたことの最初の証拠は、1367年のスイスはベルンで発布された、それを禁止するお触れだ。しかし1380年代には、ヨーロッパ大陸中でトランプ遊びが行なわれていたのは明らかだ。このヨーロッパでの初期のトランプの組は、杯、剣、金貨、棒——おそらくエジプトか

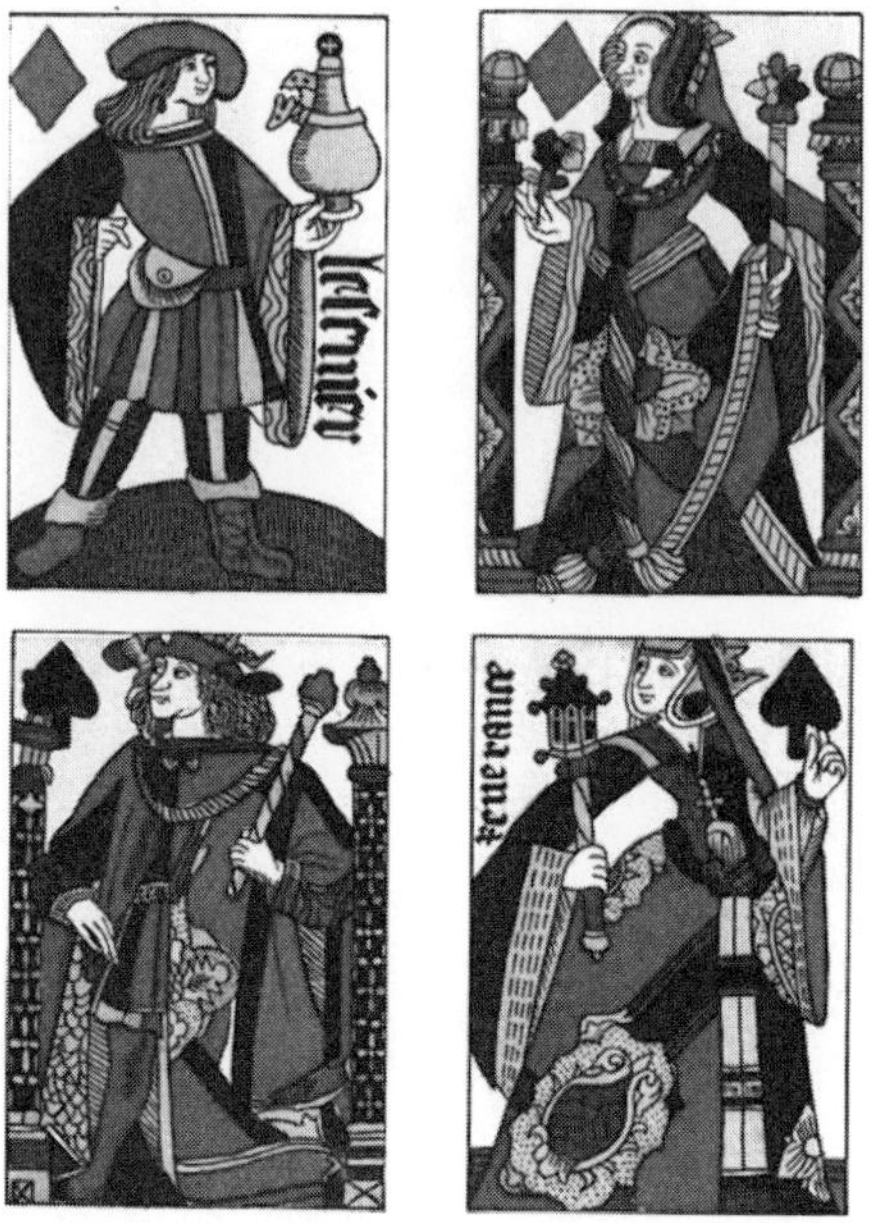

16 世紀のフランス式トランプの 4 枚。ここに示したカードはスペードとダイヤから。明らかに今日用いられているのと同じ形をしている。(図版―パブリックドメイン)

ら輸入された札のデザインをまねた記号――だった。このいわゆるラテン式は今でも、とくにスペインとイタリアの一部地域では使われている。しかしデザイナーが違えば用いる組も違う。スペインのデザイナーは細身の剣のようなデザインを変更して、ローマ風の、重い、諸刃の剣にし、細い棒は太いごつごつした棍棒《クラブ》になった。次にドイツ式が登場し、心臓、鈴、木の葉、どんぐりとなる。さらに1480年代、フランスのデザイナーが、心臓、タイル、クローバー、矛――おなじみ、ハート、ダイヤ、クラブ、スペード――を考えた。

　このフランス式はずばぬけて広く用いられている。実際、♠、♡、♢、♣はほぼ国際標準になっている（妻が指摘したとおり、完全にではないが）。この世界的に認知されているマークを考えたのは誰か。キャサリン・ハーグレーブが著書の *A History of Playing Cards*〔トランプ遊びの歴史〕に書いていることによれば、この意匠を世に出したのは、百年戦争の時代に生きていたフランスの騎士、エチエン・ド・ヴィニョールと、その友人のエチエン・シュヴァリエという、国王シャルル7世とルイ11世に仕えた官吏だという。ハーグレーブが正しければ、この意匠は1430年頃のものとせざるをえない。

マークに強弱が付与されているゲームでは、スペードが最強とされる傾向がある（英語で、何かが「in spades」で起きると言えば、豊富に生じるという意味で、これはトランプのスペードと関係している）。スペードに続くのが、少なくともマークに意味があるゲームでは、ハート、ダイヤ、クラブとなる。つまり強い順に♠、♡、◇、♣となる。スペードのエースは死のカードとも呼ばれることがあり（日本では「オールマイティ」とも呼ばれる）、どのカードよりも強い。

高音部クレフ

娘は面倒な年齢になってきた。学校の宿題についてあれこれ聞いて私の手を止める。私がいちばん不安を感じる科目は音楽で、この先、娘がフランス語の練習を一緒にしようとねだり始めるまでそれが続くだろう。娘はギターのレッスンが始まっていて、音楽の教科書にある、あの線と符号を見ると、自分が子どもの頃、音楽の表記で苦労した当時のなまなましい記憶がどっと甦ってくる。その表記は筋が通っているのを理解はしている。この表記が何世紀もの間に進化すればこそ、音楽はそういうふうに見えるということも。しかしその理解はそれを読もうとするときに感じる不安を軽くはしない。

たとえば高音部クレフ〔事実上「ト音記号」のこと〕を考えよう。𝄞という記号が表しているのは単純なことなのだが、その渦巻やひげのせいで、ばかばかしいほど複雑に見える。その手の込んだ装飾はいったい何に由来するのだろう。

現代の表記では、音符は5本の横線からなる譜面つまり五線譜に置かれている。その線と、隣り合う2本の線の間が特定の音程を表す。音程が高い音ほど五線譜の上の方にある。そこまではわかりやすい。ただ、五線譜に何も書かれていないと、どの音がどの線あるいは線間に対応するかがわからない。たとえば、バスとソプラノの歌手が使う楽譜は違う。五線譜にある音符が自分用に適しているかどうか、どうすればわかるのだろう。そこでクレフが登場する。

クレフは、フランス語で「鍵」を意味する単語が元で、五線譜上の基準になる音を定めている。クレフが置かれると、その五線譜上での他のすべての音が決まる。クレフは五線譜のいずれの線、いずれの間に置いてもよく、歴史的には実際、様々なクレフがいろいろな位置に置かれてきた。しかし今では恒常的に使われるクレフは少しだけ——中でも高音部クレフと低音部クレフの使われる頻度が飛び抜けている。現代の西洋音楽のほとんどが、この二つのクレフを使うことによって表せる。

高音部クレフはそれを表す𝄞の記号とともに、バイオリン、サキソフォン、コルネット（学校時代の私の敵）、バグパイプ（きっとどこでも誰にとっても敵だろう）、ギター、フルート、オーボエ等々、多くの楽器用に使える。最も広く用いられているクレフだ。現代の音楽では、高音部クレフは必ず、この記号の渦巻が五線譜の下から二本めの線を囲むように置かれる。これがGの音（中央のCの上の）を定め、それを基準として他の音が定められる。厳密に言うと、𝄞はGクレフ（ト音記号）だ……それが第二線をGの音と定めるときにかぎり、高音部クレフとなる——しかし今は必ずそうなるので、「高音部クレフ」と「Gクレフ」は同じことになる。この記号がGの音を定めていることが、その形を決めている。𝄞という記号は、Gの筆記体に長年の間にいくつかの装飾がついたものに他ならない。

同様にして低音部クレフ𝄢はFクレフ（ヘ音記号）で（それの位置が中央のCの下のFの音を定める）、これが結果として第四線に置かれている。こちらはチェロ、ダブルベース、チューバなどの楽器用に用いられる。今ではふつうに使われるのがこれなので、「低音部クレフ」と「ヘ音記号」は同義語となる。また低音部クレフを表す記号は、Fの字の手の込んだ筆記体が元になっている。

現代音楽では第三のクレフが使われることがある。𝄡の記号を使うCクレフ（ハ音記号）だ。これが使われるとき、𝄡はたいてい五線譜の第三線に置かれるか（この場合、「アルトクレフ」と呼ばれる）、第四線に置かれる（この場合は「テナークレフ」となる）。𝄡はCの字には見えないが、この記号は確かにこの文字の進化論的変化の結果だ。

個人的には楽譜には𝄢と𝄡より単純なGとFの字がついているときの方がうれしいが、それはおそらく私だけだろう。娘は現行どおりの記譜で問題なくやっている。そこで私は、娘に置いて行かれないように、キーボードを覚えようとしている。

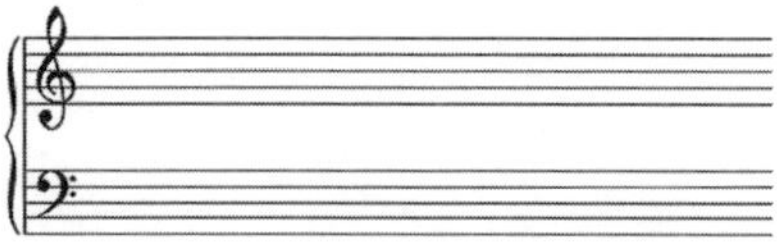

大譜表。たとえばピアノ用に用いられる。上段の五線譜には高音部クレフが、下段の五線譜には低音部クレフがついていて、中央のC音は両者の中間に置かれる。（写真―私自身の撮影）

リサイクル記号

それは地球ではやたらと目につく記号の一つで、この40年の間に人々に資源のリサイクルを奨励してきた。♲だ。この記号は商標登録もされず、パブリックドメインにあるが、非常によく知られるようになったので、製造業者は（少なくともイギリスでは）正式の承認を受けないとそれを包装に表示することはできない。

この万国共通のリサイクルを表す記号が登場したのは1970年のことだった。その時に至るまでの年月の間に、欧米では環境問題がますます論争の的になっていた。私はその少なくとも一部はアポロ宇宙船から撮影された地球の写真のせいだと思いたい。初めて一般の人々がこの星の小ささを見て、われわれの故郷はその地球にしかないことを認識したのだ。ある環境災害、つまり1969年のカリフォルニア州での原油流出事故に促され、米の上院議員、ゲイロード・ネルソンは、「地球の日《アースデイ》」――国をあげて環境問題について学ぶ日――の創設を求めた。第1回のアースデイは1970年4月22日に催された。何百万というアメリカ人が、健康で持続可能な環境を支持することを平和的に訴え、アースデイは少なくともある程度は成功した。それによって直ちに米環境保護庁が設立され、いくつもの重要な環境関連法が成立することになったのだ。

一部にはこの第1回アースデイを称えて、また一部には一般の環境問題への意識を高めようとして、

ゲアリー・アンダーソン（右）が1970年に考えた当初のリサイクル・ロゴの図案について説明しているところ。（写真―Gary Anderson）

コンテナ・コーポレーション・オヴ・アメリカ〔アメリカ容器会社〕——再生資源でできた段ボール箱のメーカー——が、リサイクル処理を象徴するロゴをデザインする、「地球愛」コンペを告知した。コンペは学生のみを対象にしており、審査には500件以上の応募があった。ゲアリー・アンダーソンという、南カリフォルニア大学建築学研究科の大学院生で、コンペの当時は23歳だった人物が、三つの似たような図案を提出した。審査員はその中の最も単純な図案、♲を最優秀に選び、♲を考えたアンダーソンは2500ドルの賞金を得た。それはまもなく世界的なリサイクルのシンボルとなり、今では製品別にいくつかの形もある（紙用、プラスチック用、鉛電池用など）。たとえば⊛は再生紙による製品を示す記号、⊛は一部が再生紙の製品を示し、「平べったい」二次元の図案、♺は汎用の資源のリサイクル記号、♳から♹までは、7種類のプラスチック用のリサイクル記号で、リサイクル業者が資源を分別する助けとなる。

ごく単純なデザインながら、♲は実に絶妙だ。

学生のとき、アンダーソンは数学専攻でない学生向けのトポロジーの授業を取ったことがあった。したがって「メビウスの帯」と呼ばれるトポロジーの珍品について勉強したことがあっただろう。1858年にアウグスト・フェルディナント・メビウスが発見した図形だ（それとは別に同じ頃、ヨハン・ベネディクト・リスティングも発見した)。メビウスの帯は簡単に作れる。細長い紙をひねって半回転させ、端を貼り合わせて輪にする。しかし作りやすいのと裏腹に、多くの変わった性質を見せる。最もよく知られているメビウスの帯の性質は、それには片面しかないということだ。それを明らかにするには、メビウスの帯を作って、その中央に1本の線を引けばよい。鉛筆は紙の表面から離れることなく出発点に戻ってくるだろう(メビウスの帯のコンベアベルトがあったら、従来のコンベアベルトの2倍長持ちする。消耗の量は同じでも、ベルトの裏表すべての表面積で消耗を負担することになるからだ)。この出発点に戻ってくる片面しかない形は、リサイクルの概念を表す見事な像となった——そして♲の記号を仔細に見れば、アンダーソンの図案がメビウスの帯を生かしていることがわかるだろう。

点字の合字TH

最近私はいくつかの場所で点字を見ることがあった。パラセタモール〔解熱鎮痛の風邪薬〕を一箱買ったとき、外箱についていたのが点字の製品情報だった（というか、その情報は製品に関するものだと思うが、私は点字は読めないので、定かではない）。エレベーターのボタンにも、たいてい点字のパターンがついているし、ATMにもついている場合が増えている。公衆トイレのドア、メニュー、電子レンジで温める食品でも見たことがある。元をたどればナポレオン符号という秘密の通信方式だったが、それが見事に表舞台に出て来た。

ナポレオンの方は、兵士が夜でも、灯りなしで、声も出さずに通信できるようにする方式を求めた。フランス軍のシャルル・バルビエ・ド・ラ・セール大尉が、夜間筆記と呼ばれる方式を考案して最高司令官の求めに応えた。バルビエ方式は、厚紙に打ち出した点によって文字や音声を表す符号に基づいていた。この方式は36種類の文字あるいは音素を6×6の格子上の位置一つ一つに割り当てる。たとえば文字「a」は第1行第1列、文字「r」は第5行第4列などのように配置される。この格子上の位置が、2列に並べて打ち出した点で表される。第1列には1個から6個の点が並び、その数で格子の行位置を表す。第2列にはやはり1個から6個の点が並んで、その数で格子の列位置を表す。つまりバルビエ方式では、「a」の字は1列に1個ずつ隣り合った二つの点で表され、「r」の字は5個の点の列の隣に4

個の点の列が並ぶ、といった具合だ。

バルビエにとってあいにくなことに、その夜間筆記方式はナポレオン軍の兵士には難しくて習得できなかった。フランス軍は、これは優れたアイデアだが推進できる案ではないと見きわめをつけた。一方、1821年、バルビエはパリの国立盲人協会を訪ね、この方式について講演を行なったところ、その聴衆の中に12歳の生徒、ルイ・ブラーユがいた。

ブラーユは3歳のとき事故で視力を失っていたが、聡明な子で、自分の置かれた状況と素早く折り合いをつけて、その状況に熟達するようになった。ブラーユはバルビエの講演を聴いて、すぐにその主要な欠陥を理解した。指先では一度で記号全体を感じ取れず、したがって「読者」は文字を次々と移動して読むことができないのだ。3年もしないうちに、ブラーユは単純化した改良方式を開発した。そこでは各文字がせいぜい六つの点のパターンで表される。ブラーユの一マスは小さくなり、そのため「読者」はそれぞれの文字を指で触れれば一度で認識できたし、符号そのものもバルビエの方式よりも覚えやすかった。ブラーユはこの方式を1829年に発表し、それ以来、世界中の言語用に手直しされている(ブラーユ方式はバルビエの夜間筆記よりも覚えやすいのは明らかだが、私は人が指先を使って字を読めるというのにはやはりびっくりする。私がパラセタモールを一箱買ったとき、目をつぶって一字ごとの違いを感じ取ろうとしてみた。点字を知っていたとしても私の指先は鈍感で、ぜんぶ同じでこぼこに思えた。私の場合は点字を識別するのに苦労すると思う)。

点字の使用はこれまで以上に広まっているようだ。目が見えなかったり視覚障害がある人々にとっては頼りになるにちがいない。ところが意外にも、点字を読める人は減少しており、しばらく前からそうなっているらしい。この一見すると矛盾と思われる事態はどう説明できるだろう。一つの理由は、視覚障害を持つ人々が情報にアクセスするため選択肢が増えてきたということではないかと私は思う。たとえば画面読み上げによってウェブページの言葉を耳で聞くことができるのだ。技術が進むにつれて、ブラーユ方式がいつまでもつだろうかと思ったりする。

ATM のキーパッドに用いられる点字。
（写真―redspotted）

月と星

私は今ポーツマス大学に勤務していて、面接のためにこの大学を初めて訪れたとき、街じゅうで月と星の紋章☪を何度も見たことに驚いた。道路の名称表示にも、市議会の建物にも、正規のタクシーにもあり……さらには地元のサッカーチームのシャツにもあった。この紋章が目を引くのは、これを回転した記号☪が典型的なイスラム教のシンボルで、トルコ、アルジェリア、チュニジアなどの国旗を飾っているからだ。イングランド南岸にしては場違いな感じがしたのだ。「ポーツマスへようこそ」のウェブサイトは、星なしの三日月のシンボルはビザンチウム（後のコンスタンチノープル、今のイスタンブール）の旗にあると説く。伝説では、紀元前339年、この都市は包囲されていた。船に乗った軍勢が夜間の奇襲攻撃をかけたが、戦闘の末、ビザンティウムの軍勢がそれを退けた。この都市の人々は守護神たる女神に感謝し、そのシンボルの一つで、三日月を表すとされる☽を採用した。ローマ皇帝コンスタンティヌスが後にコンスタンティノープルをローマ帝国の首都にしたとき、市旗に聖母マリアの印である星を加えた。するとこの物語によれば、星と月のシンボルは西暦330年までさかのぼることになる（これは私には遅いように見える。このシンボルはそれよりずっと早いマケドニアの硬貨にも登場する）。それがポーツマスに関係するようになるまでには、さらなる展開がある。

1192年、リチャード獅子心王の妹と婚約者が乗った船がキプロス島付近で難破し、キプロスの太

ポーツマスのサウスシー野外演奏場。この町では、いろいろなものに月と星のシンボルがついている。（写真—Chris Gunns）

守、イサキオス・コムネノスに捕らわれた。リチャードは快く思わず、十字軍遠征の途中、時間を割いてキプロス征服に向かった。現地でリチャードは月と星の紋章に遭遇した。コムネノスはビザンチン皇帝の親戚で、それを一族の紋章にしていたからだ。数年後、リチャードはポーツマスに初めて町としての認可状を与えたので、町はリチャードを称えて月と星を採用したのだという。その話の真偽はともかく、17世紀以来、ポーツマスの代々の市長がこのシンボルを使っていることが知られていて、おそらくそれより何世紀か前から使っていたのだろう。

月と星がイスラム教を連想させるようになったのは、たぶんもっと単純なことだ。1453年、トルコがコンスタンチノープルを征服したとき、トルコ人はこの都市独自の紋章を採用したが、新月に向かって欠けていく細い月（北半球に暮らしている人々が見た）であることを明瞭に表すために、その向きを変えた。つまり、シンボルは☾になったということで、その後になってから星が加えられ、シンボルは☪となった。おなじみの五芒星形の星は20世紀初頭までには一般的になっていた。星の五つの先端は、イスラム教の五本の柱を表すと言われた。

シャハダー　信仰の告白
サラート　礼拝の実行

ザカート　困窮者を助けるための救貧税を払うこと
サウム　ラマダン月に断食を行なうこと
ハッジ　メッカへの巡礼

☪の記号は世界中の旗や紋章や軍服に様々な形で登場する。三日月の向きは少しずつ違う。たいていは新月に向かう月だが逆向きのこともあり、場合によっては、実際の三日月では誰も見たことがないような形になっていることもある。星の先端の数も異なる。たいていは五つだが、六つも珍しくなく、ときには八つというのもある。それでも、いずれも同じシンボルであることがわかる形をしている。また、たいていは天文学的にはありえないという点で共通の形をしている。つまり月がなす円盤の影の部分に星があるのだ。これでは月よりも星が近いことになるが、そんなに近い星はない。

☥

アンク十字

アンク十字は現代世界ではよく目にする記号だ。多くのセレブがタトゥーにして体を飾っている。宝石商の間でも人気のデザインであり、テリー・プラチェットの見事なファンタジー小説『ディスクワールド』シリーズにも登場する――アンク・モーポーク市の紋章を確かめてみよう。アンク十字が「はやり」の記号という地位にあることは、これがとうに滅んだ文明とほぼ同義であることを考えれば、一見すると意外に見えるかもしれない。アンク十字を手にする人物を描けば、見る人は描かれているのが古代エジプト人だと思うだろう（もちろん、描かれたのが、ピカソが描いたような横顔と正面から見た姿が組み合わさったものなら、なおのことそうなる）。初期のアンク十字にはそれでも深遠な意味があった。そのためにこの記号は5000年の歴史を経ても人気を維持している。

古代エジプト人が神々を描くときには、ファラオの鼻先にアンク十字をつきつけるように描くことが多かった。神々はアンク十字を通じてファラオに生命を吹き込むのだ。たとえば有名な「少年王」、ツタンカーメンを取り上げよう。このファラオの神聖文字《ヒエログリフ》〔碑銘などの象形文字〕での名はトゥト・アンク・アムンで、「アムンの生きた似姿」という意味になる（アムンはテーベ地方の神だったが、全土に進出して繁栄をもたらし、全エジプトの最上位の神となった）。かくてアンクに対応する神聖文字上のキャラクタは、永遠の命の概念を表すようになった。そうなると、アンクがシンボルとして高い価値を得て、十

ハトシェプスト（紀元前1508～1458）は比較的数少ない女性ファラオの一人で、たぶん権力の座に就いた最初の女性だった（歴史家が知っている中で）。事績は多く、プント〔今のソマリランド〕との交易路を開拓するなどのことをした。ハトシェプストはプントへの探検をデル・エル・バハリの埋葬殿で後世に伝えた。ここに示した像は、その埋葬殿のもので、アンクを保持しているのが見える。（図版―パブリックドメイン）

トトメス３世は、叔母にして継母のハトシェプストとともに、22年間共同統治を行なった。埋葬殿のカルトゥーシュ〔ファラオの名を囲む枠〕にアンクが描かれている。（写真―Hedwig Storch）

字架に匹敵するほどになったとしても意外ではないのかもしれない。

アンク十字の起源には異論がある。ビクトリア時代のエジプト学者、トマス・インマンは、アンク十字は女性のアコーディオン〔ひだひだのもの〕と男性のぶらぶらしているものを表すものとして始まったと説いた（インマンはビクトリア時代の人として、これよりずっとを雅《みやび》な言い方と文章で言表しているが）。もっともな話に見える。しかしインマンと同等の名声のある他のエジプト学者も、アンク十字は神々が着るガウンを綴じるのに用いられる結び目を表すとか、かかとにひっかける輪のついたサンダルのひもだとか、昇る太陽を表すとか、牡牛の胸椎のこととか、ナイル川を表す（楕円形の部分がナイルの三角州で、縦線はナイル川そのものを表す）とか、様々なことを論じている。おそらく、確かなことはわからないだろう。

陰陽

陰陽（太極）の記号は簡単に作図できる。円を描いて直径上に二つの点を、どちらの点も中心から円周までの半分のところにあるように打つ。この各点を中心にして、それぞれ元の円の半分の半径の円を描く。それぞれの点で二つの小さな円ができる。こうしてできた円の下半分を消し、もう一つの円の上半分を消す。それから半分を中心の小さな丸を白に残したまま黒に塗り、残り半分は白のままで、小さな丸だけ黒くする。本書でも有数の、優雅で、流れるような記号だ。

中国哲学についての知識は事実上まったくない私でも、は相反する二つのもの、雄／雌、熱／冷、明／暗、心／身、拡大／縮小、等々の闘争、融合、共存を表しているとされることは知っている（どちらが陰ででどちらが陽かかは私にははっきりしないが）。

このシンボルの起源について広く合意される説明は見たことがないが、私がいちばんうれしく思ったのは、天文学に由来するとする説だ（私は中国哲学より天文学の方が知っていることが多いので、それはうれしいのだ）。残念ながら、後でいくつか挙げる理由で、その説明は間違っていると私は思うが、少なくとも興味深い可能性ではある。

夏至と冬至、春分と秋分の日を計算できる能力を有することは、古代中国人にとっては、エジプト人やストーンヘンジを築いた人々など、他の古代民族と同様、重要なことだっただろう。古代中国天文学者は、グノモンを利用して地球の年周期を研究した（グノモンと言うと珍しいようだが、地面に垂直に突き立てた長い棒にすぎない）。日光はグノモンに影を落とさせる。中国の天文学者は、ほぼ15日ごと、同じ時刻に、グノモンが落とす影の長さを測っていた。最も短い影は夏至の日にできる（太陽が空の最も高いところにある）。冬至の日の影が最も長くなる（太陽が空の最も低いところにある）。そこで、☯のシンボルは、地球が太陽の公転軌道を描く間に生じる季節変化と連動していると説かれる。

この説は、古代中国の天文学者が円を描いてそれを24個の扇形に分け、それぞれの扇形を、影が測定される15日ほどの間隔の一つに当てるということだった。冬至から始まり、夏至まで進みながら、影の長さに対応する線を引く。線は円の中心から周へ向かって引かれる。夏至からも同じように始め、冬至まで進むが、今度は線を周から円の中心に向かって引く。こうすると、点と点を結んで最後には現代の陰陽のシンボルのように見える分割された円ができる。明るい方に対応する領域が陽（太陽）と呼ばれ、暗い方に対応する領域が陰（太陰＝月）と呼ばれる。この解釈の下では、当初の☯の意味は明／暗、あるいは日／月となる。

あいにく、この解釈には問題がある。たとえば、今述べた手順に従うと、得られる図は観測を行なう緯度によって異なることがわかる。北極点に住んでいる人が描く図と赤道に住んでいる人の図とは全然違う。中国に一般的な緯度で暮らす人にとってさえ、描かれる図は陰陽のシンボルと同じにはならない。つまり、私にとっては、この説明はこじつけに思える。

☯は古代に発するのではなく、最初の陰陽のシンボルが描かれたのは、14世紀（西暦による）の学者、趙撝謙によって描かれたのが最初と説く資料もある。言い換えれば、この記号はできてまだ六百年ほどかもしれない——すると本書に出てくる他の多くの記号よりも起源はずっと新しいことになる。注釈家の中には、☯によく似た記号が、ローマの軍団の記章にも現れることを指摘する人々もいる——すると、ひょっとして真相は、単に☯は描きやすい、流れるような記号だということにすぎないのだろうか。もしかすると人々がこの記号に付与した深い哲学的な属性は、それが描かれた後につけられたのかもしれない。

五芒星形

五芒星形《ペンタグラム》はきわめて古いシンボルだ。学術的には、紀元前3000年頃とされるシュメールの文書に五芒星形が見つかっている。古代ギリシアのピュタゴラス教徒は五芒星形を用いて、それを数学的完全さの象徴と考えた。その中に、正五角形、10個の二等辺三角形など、いくつかの異なる形が収まっているからだ。さらに、あちこちの線の比が黄金比Φになっている（こうしたことはピュタゴラス教徒にとっては重要だった。ここではこの方面には深入りしないが、後のφについての節でもう少し述べる）。

中世には、ドイツのオカルト文筆家のアグリッパが五芒星形を魔術の象徴として広めた。神学者が針の先端に何人の天使が乗れるかについて論争したことがあるのと同じように、オカルト主義者も後には五芒星形の正しい向きについて論じるようになり、結局、上には先端が一つで天を指す⛤が良いということになった（この解釈は、キリスト教の間で五芒星形はキリストの五つの傷を表すと信じられるようになって勢いを得た）。他方、上に二つの先端がある⛧はひどく邪悪であるということになった。おそらくそのために悪魔崇拝者は、この倒立した五芒星形を使うのだろう。五芒星形内に山羊〔キリスト教文化では悪魔の化身とされる〕の顔が収まるように描くこともある（てっぺんにできる二つの三角形には山羊の角、最下段にできる一つの三角形には口と鼻が収まるように）。20世紀には、アレイスター・クローリーという驚くほど影響力のあったイギリスのオカルト主義者が、「ペンタグラム」という詩を書いて、熱狂

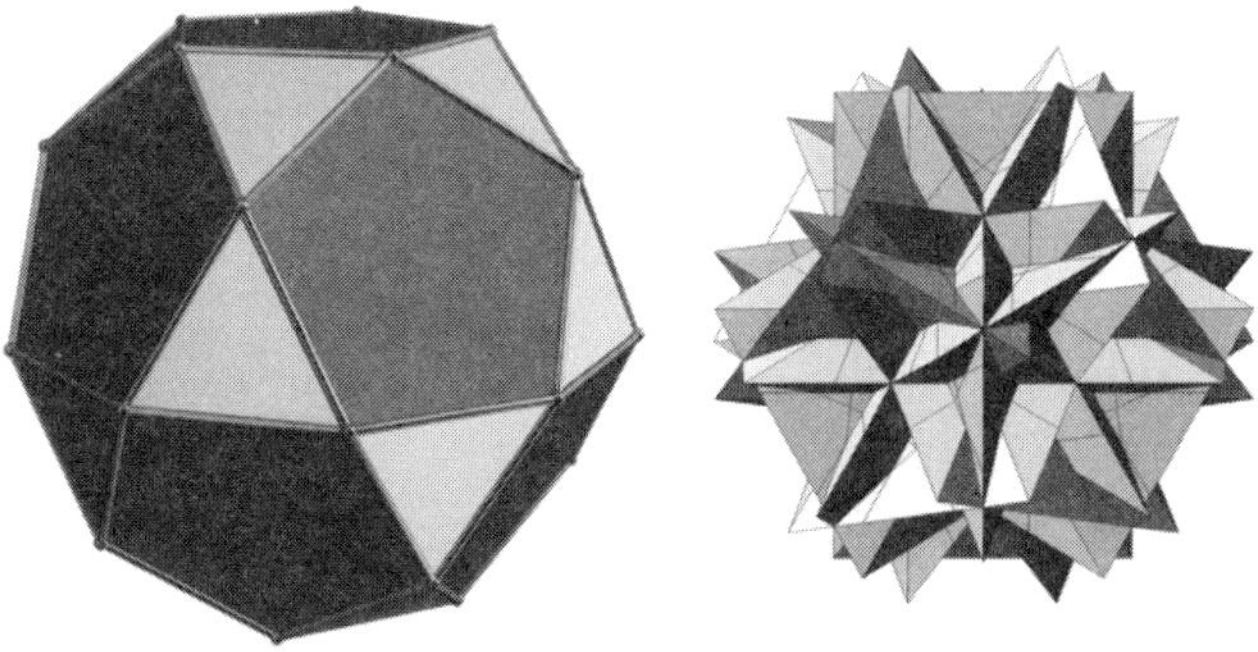

左—20、12面体、右—その12番の星形化。（図版—Tom Ruen）

的な文章全体に自在にこのシンボルをちりばめた。

しかし五芒星形は悪魔崇拝やオカルト主義だけで使われるのではない。イランの新興宗教、バハーイー教の公式シンボルにもなったし、モルモン教の教会でも見られることがあり、ウィッカ教徒〔古代ヨーロッパの信仰を復活させる新興宗教〕はキリスト教徒が十字架を使ったり、ユダヤ教徒がダビデの星を使ったりするのと同じように、円に囲まれた五芒星形を用いる――アメリカでは円に内接する五芒星形は、アーリントン国立墓地で認められた宗教的シンボルとなっている。

つまり五芒星形はどこでも見られる記号だ。五千年前にもありふれていて、それ以来ずっとそうであり、先に触れた今も続く宗教的用法に加えて、宝飾デザイン、フリーメイソンの式服、意外なほど多くの教会の建築的装飾にも見られる（このシンボルが長くオカルトを連想させたことからすると、少なくとも私は意外に思う）。しかし私の考えでは、ピュタゴラス教徒は正しく理解していた。五芒星形の数学的特性こそがおもしろいところなのだ。

五芒星形はわかりやすい手順を使って作図できる。単純に正五角形を描いて、各辺を2本が交わるまで延長すればよい。この多角形の辺（あるいは多面体の面）を、新しい多角形ができるように延長する（あるいは多面体の面を拡張する）手順は星形化と呼ばれる。つまり、五芒星形は五角形の星形化であり、実際には五角形の唯一の星形化である。

現代のコンピュータの処理能力があれば、今挙げた例などの単純な処方箋に従い、五角形よりも複雑な図形に適用することができる。たとえば、図に示したのは、20・12面体（20個の三角形の面と、12個の五角形の面をもった三次元の立体）と、その12番の星形化を示している。

第3章　印と驚異

実に古い記号もある。ほんの何画か筆を揮えば、古代ローマの占い師や、古代ギリシアの天文学者や、粘土に刻み目を入れるのが仕事だったバビロニアの書記にもそれとわかったであろうキャラクタが書ける。たとえば空の金星を表すために用いられる印《サイン》は、ピラミッドなみに古いかもしれないというのは、やはりすごいことだと思う。

天体を表す印には、歴史の夜明けにまでさかのぼるものがあっても意外ではないはずだ。古代人には空を細かく調べる立派な理由があった。たとえば古代エジプト人は、天球上の太陽、星々、惑星の位置を調べることによって、季節の変化を理解し、ナイル川の氾濫を予想し、祭祀の日を決めることができた。そういうことは古代エジプト人にとって重要だったのだ。天体が重要となれば、それを表すために使う印も重要になった。

今日の天文学者も様々な天文符号《サイン》を大いに使っていると思われるかもしれないが、本章で取り上げる記号には、プロの天文学者でも多くの人はなかなか区別できないものがあるだろう。本格的な天文学の学術誌を開いても、大量の数学記号はあるだろうが、古くからの天文符号はほとんどない。理由は当該の節で取り上げるが、地球を表すために用いられる⊕や、太陽を表すために用いられる◉に出会うことはあっても、たとえば惑星を表す符号、あるいは獣帯〔空の太陽の通り道=黄道を中心とする一帯〕にある星座を表す符号を見ることはなさそうだ。今でもそうした古い符号に遭遇することがある理由は、天文学《アストロノミー》よりも占星術《アストロロジー》に関係している。

過去何世紀にもわたり、人々は恒星や惑星の位置が地上の暮らしに影響すると本当に信じていた。たとえば、シェイクスピアはきっと占星術に通じていて、天体が人事に影響することについて論争する登場人物がいる芝居がいくつかある。たとえば『終わりよければすべてよし』の第1幕第1場では、ヘレナがペーローレスに、「あなたは慈悲深い星の下に生まれた」と言い、それから二人は「火星の下に」生まれることの意味について議論を交わす。『リア王』の第1幕第2場では、グロスターが「最近の日食と月食は良くない兆しだ」とぐちる。もちろん、シェイクスピアのこと、本人が占星術の概念を信じていたかどうかはわからない。同じ場では、エドマンドに痛烈な占星術批判を行なわせている。「そんなものは実にばかげたことで、運が悪ければ、たいていは自業自得なのに、災難を太陽や月や星のせいにする。まるで自分が悪人になる定めで、天に強いられて愚かになり、天球の支配によってごろつきで泥棒で謀叛人になり、惑星の影響にむりやり従わされて酔っ払いや嘘つきや姦通をはたらく者になり、自分の中にある悪はすべて天が押し込んだみたいに言う」と。シェイクスピアはエドマンドのような悪役に真実を語らせることが多いのは知られているが、シェイクスピアがどちらの側に立っていようと、観客はどちらの登場人物が言っていることも理解できるのを承知していればこその台詞だ。占星術——中世には天文観測と数学とでたらめが奇妙に入り混じったものになっていた——は栄えた。科学がとっくに占星術の概念のばかげた本質を明らかにした今日でさえ、西洋諸国では人口の約25パーセントが何らかの形で占星術を信じていることを認めている。つまり、惑星や星座を表すために用いられた古い記号は、天文学ではもう広く用いられているわけではないのに、その外の広い文化では、まだよく見られるということだ。そこで本章では、太陽系にある天体を表すいくつかの印と、星座を表す二つの印とを見る。

また、天文学者が宇宙を科学的に研究するときに用いる方の符号もいくつか見る。たとえばH_0やzは、宇宙論学者が宇宙の今の最善の理解を記述するときに登場する。宇宙は138億年前に始まったとか、それは膨張して冷えたとか、膨張の速さは増していて、その膨張によって他の銀河はいつか――はるかかなたの未来――地平線の向こうへ去ってしまい、見えなくなるとか。それこそが、占星術学者がひねり出すことよりずっとおもしろい天の眺めだ。

☉ 太陽

一般に受け入れられている太陽を表す記号は☉で、科学者でない人々がふつうに使い、かつ、プロの天文学者が今も恒常的に用いている数少ない記号の一つだ。この記号がまだ科学で使えるのは、天文学者が宇宙の様々な物体の大きさを太陽の大きさと比べる場合が多いことによる。「太陽の10倍の質量があるブラックホール」とか「太陽の500倍の半径がある赤色巨星」とか、「太陽の0・01倍の明るさの白色矮星」といった天体についての論文が書ければ、天文学者はうれしい。「太陽の〜倍」という言葉を繰り返すよりも、関係する量に太陽を表す記号を添え字として加える。つまり先に挙げたブラックホールの質量なら$10M_\odot$、赤色巨星の半径は$500R_\odot$、白色矮星の明るさは$0.01L_\odot$となる。易しく、単純で、すっきりまとまる。しかしこの記号はどこに由来するのだろう。

中央にドットがある丸の記号は古くからある（ついでながら、私が知るかぎり、この記号には公式名がない。ダン・ブラウンは『ロスト・シンボル』〔越前敏弥訳、角川文庫〕で、登場人物の一人に、☉は丸で囲った点《サーカムパンクト》と呼ばれると言わせているが、その言葉は私が調べた辞書にはないし、私はブラウンの歴史研究をまったく信用していない。とはいえ、ブラウンが書いているのは小説であって、この記号について名前も勝手に当てているだけだとすれば、この用語はそんなに悪い選択ではない）。ともあれそれがどう呼ばれようと——サーカムパンクトでも中央にドットがある円でも——この記号は少なくとも古代エジプトにまでさかのぼり、そこでは太陽神ラーのシンボルの一つとなっている。太陽がラーだというエジプト人もいれば、太陽はラーの眼だというエジプト人もいた。そこでエジプト人は、ラーを円で表すこともあれば、中央にドットを打った円を用いることもあった――ドットはラーの眼の瞳というわけだ。エジプトで「太陽」を表す神聖文字《ヒエログリフ》は、縦線とその上の丸で囲った点だった。占星術師が――その後天文学者が――このシンボルを使って太陽を表したことにはあまり驚きはない（錬金術師もこのシンボルを利用して黄金を表した。たぶん、この金属の光沢と色のせいで、太陽を思わせたからだろう）。

私の考えでは、太陽を表すシンボル⦿は、太陽系の現代的理解に照らしても、文句なくふさわしい。古代エジプト人にとって、太陽、月、惑星は崇拝されるべき神々だったが、現代のわれわれは、太陽系のことを、中心にごくふつうの星があり、そのまわりを、要は石ころが公転しているものと理解している。太陽系の質量全体のうち約99・86パーセントが、太陽と呼ばれる水素とヘリウムの巨大な球にある（太陽にある水素は核融合を通じてヘリウムに変換され、その副産物としてエネルギーが放出される。これがわれわれに幸いした。この反応に由来するエネルギーが、この小さな惑星上の生命を維持しているのだ）。太陽は地球の約33万3000倍の質量で、最大の惑星、木星と比べても1000倍の質量がある。八つの惑星とその衛星、知られている五つの準惑星、多数の小惑星が太陽を公転している――そしてその圧倒的多数は、基本的に黄道面と呼ばれる同じ平面上で公転している。

黄道面が存在するのは、おそらく、太陽系そのものができたときの様子を受け継いでいるからだろう。天文学者は太陽系の惑星が、濃いガスと塵による薄い原始惑星系円盤からできたと思っている。黄道面はその当初の円盤がなす面の名残だ（太陽系には無数の彗星があることも言っておくべきだろう。海王星軌道よりも向こうにある、いわゆるカイパーベルトには、直径が１００キロを超える彗星が10万以上あると天文学者は考えている。カイパーベルト天体は、惑星と同様、だいたいは黄道面に近いところにある。しかし天文学者は、それよりさらに大きな彗星の巣――もしかすると１兆個以上の彗星がある――があると思っている。これはいわゆるオールトの雲にあり、こちらの彗星は黄道面を公転していない。オールトの雲は太陽系の外縁にあって太陽を中心とする球をなす)。

つまり⊙という記号は、太陽系を完全に表してはいない――が、中央の点が太陽を表し、円が黄道面を表すと考えても、まったくの間違いとは言えない。

⊕

地球

地球を表すために一般に使われている記号は二つある。天文学でよく用いられるのは、丸に十の字の⊕だ。この古くからある記号はいろいろな文化で様々な目的に用いられてきた。これは太陽十字、車輪十字、オーディン十字、ウォーデン十字とも呼ばれている。新石器時代の落書きアーティストはこの記号を石に彫っていた（われわれの祖先がそのような記号を彫っていたとしても意外ではない。私もときどき、曇ったガラスに同じモチーフを指で描いている。それに深い意味はない）。ともあれ、天文学者は⊕を使って地球を表す。⊙を使って太陽を表すのと同じことだ。たとえば天文学者が太陽系外惑星について書くときには、この記号を短縮表記として用いることができる。「新発見の系外惑星の半径は地球の2倍、質量は地球の4倍」と書くのではなく、$2R_{\oplus}$、$4M_{\oplus}$と書けば、同じ情報が伝えられる。

地球を表すもう一つの記号は、円の上に十字を置く♁だ。これは様式化された*globus cruciger*《グロブス・クルシゲル》――字義通りには「十字を載せた球」〔日本語では「宝珠」などと言われる〕――を表し、何世紀にもわたってキリスト教のシンボルとして用いられてきた。それ以前には、この記号はローマ時代の図像に用いられていた。たとえば、ハドリアヌス帝の治世の硬貨には宝珠が描かれたものがある。宝珠を手にした神々や皇帝が描かれることも多かった。明らかに、世界を手中にして全権を握る個人を示す意図の図像だ。

古代の人々は大地《アース》が平らだと信じていたという神話が広まっていることからすると、球が大地のシンボルとして遠い昔から使われているのは興味深いが、実際には、球形の大地〔＝地球〕という概念は、ギリシア天文学ではあたりまえだった。何と言っても、大地が球形であることを指し示す明白な手がかりはいくつかあり、ギリシア天文学者がそれを見逃すことはありえなかった。たとえば、月食のときには地球が月に弧を描く影を落とす。船が水平線の向こうまで航海するときは、船体が見えなくなっても、しばらくは帆柱が見えている。南の町で、夏至に太陽が真上にあるときにも、何里も北にある町では真上にはない。こうした観測結果を、球形の大地に訴えないでどうやって説明できるだろう。

今述べた太陽の位置に関する観測によって、ギリシアの天文学者エラトステネスは、地球の周長を推定することができた。エラトステネスは、夏至の日の正午、アスワンの太陽はまったく影を落とさないことを知った。そのときアスワンの北にあるアレクサンドリアでは、太陽は天頂から7度12分南にあり、したがって影を落とす。いくつかの単純な前提を立て、基本的な三角法を当てはめることによって、エラトステネスは地球の円周を計算し、その誤差は数パーセントという正確さだった〔用いた距離の単位の大きさによって、2パーセントか16パーセントとなり、歴史家は今なお

帝国宝珠、デンマーク王の王冠の一部。これはキリスト教の十字に支配される地球を象徴化している。記号♁はこうして地球を表すようになった。しかし天文学の世界では、⊕の方がよく用いられる。（写真―Ikiwaner）

この点について論争している）。エラトステネスがこの成果をあげたのは、キリスト誕生より2世紀以上も前のことだった。

つまり中世ヨーロッパの学者は大地が球形であることを知っていて、したがって⊕や♁のような記号を使って地球を表すのは、この時代でも理解できることだった。理解できないのは、大地は平らだと信じる人々がまだいるということの方だ。1881年、サミュエル・ロウバザムは*Zetetic Astronomy: The Earth Not a Globe*〔懐疑の天文学――球ではない大地〕という題の本を書いて、大地は平らな円盤であると論じた。ロウバザムは出版の3年後に亡くなったが、その考え方はそれで消えることはなかった。1956年、サム・シェントンは「平らな大地協会《フラットアース・ソサエティ》」を設立した――それは今も会員がいて、インターネットの片隅に潜んでいる。

月

月はわれわれの目を引く。夜空で最も明るい——最も明るい恒星、シリウスの約2万5000倍も明るく見えることもある——だけではなく、その外見と位置が夜ごと変化する。ただ、その変化は予測できる。さらに、重力による潮汐力で何億トンもの海水を絶えず動かすことによって、月は地球のわれわれに直接に影響を及ぼしている。そういうことを考えれば、最古の文明が月を調べたのも意外ではない——そして、この古代の天文学者は、月の動きの根底にある理論は得ていなかったとしても、地球の空に浮かぶ衛星がいつどこにあって、満ち欠けがどう変化するかを予測する方法を知ることになった。ギリシア時代にもなると、天文学者は月に満ち欠けがある理由を明瞭に理解していた（月が潮の満ち引きにどう作用するかはそれよりずっと難しく、潮汐の問題が解決するのは、ニュートンが登場してからのことだった）。

月の満ち欠けを最初に説明した古代の天文学者の名は知られていないが、紀元前500年の段階では、ギリシア人は、球形の月が地球を周回する系での太陽、地球、月の相対的な位置が、われわれの見ている月の満ち欠けをもたらすことに気づいていた。

太陽は月の球の半分を照らし、太陽と月が地球の同じ側にあるときに新月になる（これについては記号●が使える）。月が軌道を巡るにつれて、月の照らされた面のうち地球から見える部分が増え、三日月

夜明けに見える、これからさらに細くなる月の美しい写真。チリのラシージャにある、MPG/ESO 2.2m 望遠鏡で撮影された。この月の月齢は 24.3 日で、新月の 5 日前。（写真—ESO）

が見える（この場合は記号☽となる）。それから月は表面の半分が照らされている上弦の半月になり、凸月となって満ちていく。最後に太陽と月が地球を挟んで正反対の位置になると、満月が見えることになる（これを表すには、○の記号が使える）。それから月は欠け始め、夜ごとに明るい部分が少なくなる。こうして、欠ける凸月、下弦の半月、二十六夜月（これを表す記号が☾）となる。最後に挙げた☾は、月を表すのに一般に用いられる記号で、夜空を見上げたことがある人にはわかりやすい選択肢だ。新月が周期を始めて一か月後、あらためてまた新月になる。

ギリシアの天文学者は、月の満ち欠けを丹念に調べることによって多くのことを導き出した。たとえば、満月のときには月食が見られることがある。これは月が地球の影を通過するということだ（月の軌道は地球の軌道に対して傾いているので、月食は毎月起きるわけではない。地球の影の上側を通過することもあれば、下側を通過することもある）。アリスタルコスは、月食の持続時間を測定することによって、月までの距離が地球の半径の何倍かという形で月の大きさを推定することができた。また、半月を観測することによって、太陽までの距離も、やはり地球の半径の何倍かという形で推定できた。その推定は現代の水準からすれば正確とは言えなかったが、紀元前２５０年に行なったということを考えれば、やはり見事な成果だ。

☿

水星（マーキュリー）

人類は、太陽にいちばん近いところにある惑星、水星を、少なくとも紀元前14世紀から知っている。そのことがわかるのは、無名のアッシリア人天文学者が水星の観測記録を粘土板に残していて、その粘土板が今も残っているからだ。大英博物館に行けばそれを見ることができる（水星が見えるのは一定の時期に、様々な条件が満たされたうえでのことなので、こうした古代の天文学者が水星をそれと認識していたのはきわめて立派なことだと私は思う。水星を見たいと思うなら、北半球にいる場合、春の夕方か秋の明け方が最も可能性が高い）。アッシリア人はこの惑星の名を楔形文字で書いた。学者はそれを「飛び跳ねる惑星」と訳している——そう呼ばれるのは、この惑星の空で見える位置が太陽の一方の側から反対側へ素早く移動するからだ。その何世紀か後に観測をしていたバビロニア人は、これをナブという、知恵と文字の神の名で呼んだ。古代ギリシア人の方はこの惑星に二つの名をつけた。宵の空に見えるときはヘルメスといい、明け方の空に見えるときはアポローンという。ギリシアの天文学者がこの二つの天体が実は同じ惑星であることを把握したのは、紀元前4世紀になってからのことで、それ以後はヘルメスの名が選ばれた。ローマ人はこの惑星を、ギリシアのヘルメスに相当する神、「メルクリウス」〔英語形で「マーキュリー」〕の名で呼んだ。ローマ人が選んだその名はどこから見てもふさわしかった。伝令と旅人の神メルクリウスは、翼のついた靴で素早く移動するからだ。水星もまた他の惑星より素早く空を移

この古代ギリシアの陶器はケーリュケイオン（ラテン語ではカドゥケウス）という杖を持ったヘルメスを描いている。カドゥケウスのてっぺんの部分がメルクリウスのシンボルとなる。この壺はレキュトスと呼ばれ、おそらく画家のティトノスの作、紀元前480年から470年ごろのものとされる。油の壺だったのだろう。レキュトスは未婚の男性の遺体を油で清める儀式で用いられた。（写真—David Liam Moran）

動する。

この惑星を表すシンボルは、その名と同じように遠い昔までさかのぼる——少なくともギリシア時代までは行くし、ひょっとするともっと前までさかのぼるかもしれない。

ギリシア神話では、ヘルメスはたいてい、カドゥケウスという短い棒を持っているように描かれる。棒には2匹の蛇が巻き付いている（後の節で当のカドゥケウスのシンボル⚚を解説するときにヘルメスの姿がこうなる理由を説明する）。カドゥケウスの様式化された描き方☿が当の神を表すようになり、後には惑星を表すようになった。

水星は極端な環境にある惑星だということがわかっている。太陽系の八つの惑星の中では最小で、表面はクレーター——過去数十億年の間に小惑星や水星が衝突してできた孔——によるでこぼこだらけだ。水星の夜は極寒で、温度は摂氏マイナス173度まで下がり、日中になると、今度は427度にも達する。そこは行ってみたいと思うようなところではないし、実際、そこを訪れた例はあまりない。本書を書いている段階では、この惑星には2機の探査機が接近して観測したことがあるにすぎない。それでも2024年には、第三の探査機ベピ・コロンボが水星に到達する予定になっている〔打ち上げが2018年10月20日まで延期された結果、到着予定は2025年になった〕。

♀ 金星（ヴィーナス）

金星は美しい。月を除けば、夜空で最も明るい天体は金星で、太陽を除けば、他のどんな恒星よりも明るく輝く。金星は地球よりも太陽に近いので、空に見える金星は太陽からあまり遠く離れることはない。金星が西の空で太陽に近いところにあれば、日没の空で明るく輝く。金星が東の空で太陽に近いところにあれば、日の出前の空で明るく輝く。ギリシア人は当初、この二つの姿を二つの天体として記述していた――「宵の明星」はヘスペルス（「西」を意味する）、「明けの明星」の方はポスポロス（「光をもたらすもの」という意味）と呼んだ。しかし、紀元前1581年のものとされる粘土板からすると、バビロニア人はおそらく、宵の明星と明けの明星が同じ天体だということをすでに認識していたのは明らかであるようだ。

金星はずっと、女性に結びつく概念に対応させられてきたらしい。その理由は歴史の奥に紛れてわからなくなっているが、バビロニア人がこの惑星を、豊穣、性、愛を司る女神、イシュタルの名で呼んでいたことはわかっている。ギリシア人は同じ天体が明け方にも宵にも見られるという考え方を理解すると、この惑星を「アプロディーテー」――先と同じことを司る女神――と呼んだ。現代英語では、アプロディーテーに対応するローマ人の神、ウェヌス（英語では「ヴィーナス」）の名で呼んでいる。これは太陽系で唯一の女性名がついた惑星だ。

金星のシンボル♀は、他のいくつかの概念にも対応している。たとえば女性も表すし、化学元素の銅も表す。しかしなぜ、♀が女性や銅を表すことになるのだろう。その理由は紀元前４０００年にまでたどることができる。メソポタミア人の職人が銅を磨いて鏡にしていた頃だ。手鏡の図を描こうとしたら、今でもおそらく♀に似た形ができるだろう——円が鏡本体を表し、十字部分が握り部分を表す。つまり♀は手鏡の様式化した描き方で、鏡がガラスよりも金属でできていた時代の銅のシンボルになったというのは大いにありうる。またアプロディーテーはしばしば鏡に映った自分の美しさに見とれるように描かれるので、この記号は女性を——ひいては金星《ヴィーナス》を表すようになったのだ。この筋書きは成り

このレキュトス、つまり油壺は、紀元前470～460年のもので、現代では「画工サブロフ」と呼ばれている人物が描いた。これのような赤絵式の瓶50点以上がサブロフ作とされている。この絵には鏡を手にして座る女性が描かれている。鏡の部分と金星の記号との類似に注目のこと。（図版—Marsyas）

立つ。少なくともそう見える。

2012年、地球から見た金星が円形の太陽面を横断するところが観察され、あらためて金星と鏡の縁がつながった（この現象は次は2117年まで起きない）。ハッブル宇宙望遠鏡は、この恒星面通過を直接には観測できなかった——そんなことをしても近くの太陽が明るすぎて何も見えなかっただろう——そこで、金星を観測するための鏡として月が用いられた。月から反射してくる金星ごしの日光を検出するということだ。いつかこの手法が、遠くの恒星を公転する惑星大気について教えてくれることになるかもしれない。

♂

火星（マーズ）

太陽の第四惑星には、肉眼でもわかる明瞭な色がある。血の色だ。古代ギリシア人がこの惑星に、戦争の神、アーレスの名をつけたのは、たぶんそのためだろう。それに対応するローマの神の名が、もちろんマルス〔英語ではマーズ〕だった。

マルス神を表すシンボルは楯と槍で、それぞれ円と矢印で表され、そこからこの惑星を表すシンボル♂が得られる。金星を表す♀というシンボルが女性を表すのと同じく、火星のシンボルは男性を表す記号にもなっている。どちらの記号も、あからさまな性差を示しているが、今でもその記号は残っている。

この楯と槍の形の記号♂は、確かにこの惑星にはふさわしいのだが、そう言える理由は古代天文学者には知りようがなかっただろう。人類は火星探査に何台かのロボットを送り込んだ（本書を書いている段階では、ファミリーカーほどの大きさのロボット車両であるキュリオシティという地上探査車《ローバー》がゲール・クレーターを探査しているが、キュリオシティそのものは、それまでの探査活動に基づいて作られている）。こうしたロボット探査車は、火星表面を覆う赤っぽい塵による薄い層を分析した。風に吹き飛ばされて希薄な火星大気に混じる塵で、この惑星を赤い、血の色のような外見にしている。歴代の探査車は、この塵が鉄の酸化物――要するに錆《さび》――の粒子でできていることを確認した。つまり火星は鉄で覆われており、かつての錬金術で鉄を表すシンボルはと言えば……♂だった。

火星の赤錆の色をもたらすのが鉄であるだけでなく、他ならぬ血の色をもたらすのも鉄だというのも興味深い。われわれの赤血球はヘモグロビンという、体じゅうに酸素を運ぶ役割を担う分子を保持している。ヘモグロビンは鉄を含み、酸素原子はそれにくっつく。このヘモグロビン分子での特定の原子の組合せが青や緑の短波長の光を吸収し、長い方の波長の光は散乱され、血液に特徴的な赤い色を生み出

マルスの絵。楯と槍を持って台座に立っている（ポンペイの「ウェヌスの家」にあるフレスコ画）。ローマ人はマルスに対して、ギリシア人がアレースに向けたよりも肯定的な目で見ていた。ギリシア人は戦争が断絶と暴力によってもたらされると信じたが、ローマ人にとって戦争は国の平和を守る手段だったのだ。実際、ローマ人はマルスを敬い、称えて、一つの月をマルスの月——マーチ〔現代では3月だが、古くは年初の月〕——とした。（図版—Carole Raddato）

す。この鉄と赤のつながりも、古代天文学者は知らなかったのだが。

赤い惑星は今なお戦争を連想させる。ローマ人がこの惑星にマルスの名を与えてから二千年以上経っても、西洋文明はウェルズの『宇宙戦争』などの小説や、『マーズ・アタック』、『火星からのインベーダー』〔邦題は『スペースインベーダー』〕などの映画を楽しんでいる。とはいうものの、もっと穏やかな連想もある。マルスはローマ人の戦争の神であるだけでなく、農業の神でもあった。火星を地球化《テラフォーミング》して人間の移住に適したものにするのを支持する人々は、この穏やかな方の記号の意味を好むかもしれない。そしてあのロボット探査車は、かつて火星を水が流れていたことを示す証拠を見つけつつある。いつか人々がそこで作物を育てることになるかもしれない。

♃ 木星（ジュピター）

歴史を通じて各文明が太陽の第五惑星――堂々として、大きさも質量も太陽系最大の――に、その文明の最高神にちなむ名をつけてきたのは、たぶんふさわしいことだろう。古代バビロニアの天文学者には、この惑星のとてつもない大きさのことは思いも寄らなかっただろうが、それでもその神殿の中でも最も重要な神、マルドゥークの名をつけている。後のギリシアの天文学者はゼウス、つまり「神々と人々の父」でオリュンポス山を支配する神の名をつけた。ゼウスに対応するローマの神がユピテル〔英語ではジュピター〕で、われわれはこの惑星をその名で呼んでいる。

木星は♃という記号で表され、その由来については、長年の間にいろいろな人々がいろいろな説明を与えてきた。たぶんこの記号についてお目にかかる中で最も流布している解釈は、これが稲妻を表しているとする説だろう。

ギリシア神話によれば、キュクロープス族の3体の巨神――アルゲース、ブロンテース、ステロペース――は、人類が生まれるよりもずっと前のティターン族との戦いという、神々の二つの集団の間で行なわれていた争いのとき、ゼウスにその戦いで使うための武器として、稲妻を与えたという。稲妻、あるいは稲光は当のゼウスのシンボルとなり、ギリシアの絵描きはゼウスを、右の拳を上げて稲妻をつかみ、大股で進む姿に描くことが多かった。ローマ人はこの神話を喜び、それに少し手を加え、キュクロープスが稲妻を自分たちの神であるユピテルにも与えたことにした。そこで、♃は稲妻の光を様式化して表したものだという話になる。もっともらしいが、様式化されていようとそうでなかろうと、♃に稲妻らしいところは（少なくとも私の目には）何もないように見える。

♃がギリシア文字のζ《ゼータ》、つまりゼウスの頭文字を表すという説の方がもっともらしい。この説には、ζがあまり♃には見えないという難点がある……ギリシア人がゼウスを表すためにζの文字を使いたかったのなら、きっと当のζを使ったのではないだろうか。しかし、時間が経つうちに書写が不完全になり、ζが♃に変化したのかもしれない。

さらに♃という記号が鷲《わし》を表すという説もある。ゼウスは巨大な金の鷲の傍らに立っているように描かれることが多い。相棒でもあり、私的な伝令としても用いられた鳥だ（ハリー・ポッターの白い梟《ふくろう》のヘドウィグと同じようなことではないかと私は思う）。この鷲は神聖な鳥で、星座とすることによって称えられ、ゼウスの鷲は「わし座」になっている。ともあれ、この鷲がゼウスと木星両方のシンボルになった――しかるべき光を当てて、目を見開けば、♃が猛禽類の姿に似てなくもないと納得できるのかもしれないが……。

もう一つ。♃の記号が4の様式化された形だと論じられるのを聞いたことがある。♃は確かに数字の4に見えるが、この説の根拠らしきところはそこまででしかない。古代の天文学者がたとえローマ数字のⅣではなく、アラビア数字の4を知っていたとしても、4のどこが木星に関係するのだろう。天文学者が地球は太陽系の一惑星だということを理解する前は、木星は太陽の第四惑星とされていただろうと論じられることもある。それでもあいにくだが、それはあらゆる解釈の中でも最も無理と言わざるをえない。

もしかすると、最初の解釈が正しく、♃は、実はユピテルが腕で稲妻を握りしめているところなのかもしれない。そうだとすれば、この記号は結局はぴったりだったことになる。

木星について、ほとんどの人が聞いたことがある事実が一つ。そこには大赤斑と呼ばれる嵐が渦巻いている。この巨大な高気圧は地球3個を軽く呑み込むほどの大きさで、少なくとも350年は吹き荒れている。しかし木星大気には、大赤斑だけでなく、もっと多くの見ものがある。たとえば、地球の望遠鏡や木星へ送られた探査機は、大赤斑ほど大きくもなく、寿命も短い嵐が数多く存在することを明らかにした。そうした嵐はふつう、直径が800キロほどあり、数日から一か月ほど続く。このような木星の嵐には、必ず稲光が伴う。木星で閃く稲光は地球で経験するものと似ているが、エネルギーの点では何倍にもなる。3体のキュクロープス族――アルゲース、ブロンテース、ステロペース――によって作られた稲妻など、木星の嵐が解き放つスーパー稲妻に比べると微々たるものだった。

♄

土星（サターン）

土星は古代の天文学者に見えた五つの惑星のうち、最も遠くにある。それでも、その黄色っぽい光は十分に明るく、それが空を巡る動きを、バビロニアの天文学者は詳細に記録することができた。バビロニア人は、この惑星をニヌルタという農業の神に対応させていた。ギリシア人もこの惑星に農業の神、クロノスの名を与えた。ローマ神話でクロノスに対応するのがサトゥルヌス〔英語形は「サターン」〕だった。

クロノスは感じのいい奴ではなかった。この神はティターン族で、ウーラノス（天）とガイア（地）の息子だった。この両親は、ガイアが産んだ別の二組の子を、ウーラノスの方がタルタロスという恐ろしい拷問を行なう地下室に閉じ込めた結果、不和となった（たぶんウーラノスはただ子どもの外見が気に入らなかったのだろう。一方のヘカトンケイルには百本の手があり、もう一方のキュクロープスの眼は額に一個だけだった）。ガイアは反撃するためにアダマスという硬い物質による鎌を作り、その鎌でウーラノスを去勢するという自殺行為のような任務への志願者を求めた。この難題を引き受けるほど勇敢だったのは、クロノスしかいなかった。クロノスはウーラノスを待ち伏せし、鎌で攻撃して父の睾丸を海に放り込んだ。すばらしい。ウーラノスには司るべき持ち分がなくなり、クロノスがそれを手中にした。また、ヘカトンケイル族とキュクロープス族を解放したが、その後まもなく、歴史上の独裁者と同様、考えを

環のある惑星（左）とクロノス／サトゥルヌス神。トレードマークの鎌を持っている。（図版―写真はNASA、図はパブリックドメイン）

変えて、両族を再びタルタロスに幽閉した。しかしクロノスは報いを受ける。クロノスは自分が父親を打倒したように、自分の運命が息子によって覆されることを知り、予防策を取った。妻（でありかつ妹）のレアーがデーメーテール、ヘスティアー、ヘーラー、ハーデース、ポセイドーンを産むと、それを食べてしまった。しかしレアーは六番めに、密かにゼウスを産んだ。クロノスには、おくるみに包んだ石を渡し、クロノスはそれを（石と筋書きの両方を）飲み込んだ。ゼウスは成長すると、父にきょうだいを吐き出させた。ゼウスはヘカトンケイル族とキュクロープス族を解放し、その助けを借りてクロノスを追い落として、こちらをタルタロスに幽閉した。

　クロノスはほとんどいつも鎌を持って描かれているが、これが父の去勢を思わせるためのものか、農業の神という立場をふまえてのことかは、私にはわからない。いずれにせよ、クロノス――ローマ神話ではサトゥルヌス――は鎌で象徴されるようになった。そしてこの去勢器／刈り取り器を様式化した記号♄が土星を表すようになった。

土星は壮大なリング構造のおかげで、おそらくどの惑星よりも姿を見分けやすいだろう。この環を最初に見たのはガリレオだった。ただし本人はそれを環とは認識していなかった。ガリレオが手製の望遠鏡を土星に向けたのは１６１０年７月25日で、そこに見えたもので頭を悩ませた。当時の原始的な望遠鏡では、環は惑星の両側にある二つのこぶのように見え、ガリレオは当然、それを衛星と考えた。しばらく時間をおいて後であらためて観測すると、環の向きが変わって真横から見ることになり、「衛星」と思ったものは見えなくなる。ガリレオは神話を思い出して、「もしかして土星《サトゥルヌス》は子を食べてしまったのかもしれない」と言ったと伝えられる。

⛢

天王星（ウラノス）

本章でこれまでに取り上げた天文学にかかわる七つ——太陽、地球、月、水星、金星、火星、木星、土星——の記号と比べると、天王星（Uranus《ウラノス》）を表す記号の発祥は比較的新しい。どうしてもそうならざるをえない。天王星は古代に生きていた人々にはまったく知られていなかったのだ。天王星は１７８１年３月13日に発見された。イギリス西部のバースにあるニューキング街19番地の家の裏庭でのことだった。このとき、有史以来始めて、天文学者が惑星に名をつける——加えてそれと一体となる記号を選ぶ——自由を得た。

太陽の第七惑星を発見したのはウィリアム・ハーシェルだった（ついでながら、ニューキング街の家屋は、今や訪れるに値する博物館になっている）。天王星は、ハーシェルが見たときよりずっと前に見られてはいたのだが、誰もそれが惑星だとは夢にも思わなかった。たとえば初代王室天文官のジョン・フラムスティードは、１６９０年にはそれを見ていた——しかし自分ではそれがただの恒星だと思ったので、おうし座34番星と呼んだ。ハーシェルの発見は、自身が設計した望遠鏡で空を調べていたときにもたらされた。その３月の夜、ハーシェルは、当初は彗星か星雲に見えた小さな光の斑点を捉えた。しかしその後の観測から、すぐにその天体はまったく異なるものとせざるをえないことが明らかになった。古代人には知られていなかった新しい惑星だったのだ。国王ジョージ３世は、未曾有の発見に対してハーシェルに年俸200ポンドを与え、ハーシェルはお返しに、文字どおり天文学的な追従《ついしょう》として、この天体を「ゲオルギウム・シドゥス」、つまりジョージの星、あるいは今の言い方なら「ジョージの惑星」と名づけた。言うまでもなく、他の国々はハーシェル案をあまり快く思わず、何人かの天文学者が別案を唱えた。

フランスの天文学者、ジェローム・ラランドは、見事なほどの想像力のなさと言うべきか、この惑星に当のハーシェルの名をつけることを唱えた。これに対応する記号は♅――球と、その上にハーシェルの名字の頭文字を置いたもの――とされた。この記号は今でもときどき占星術で用いられることがあるし、どういうわけかユニコードでは、ただ「Uranus」と言うと、この記号のことになっている〔「正式の」記号の方は、Astronomical Symbol For Uranus（＝天文学での天王星の記号）と呼ばれる〕。

スイスの数学者ダニエル・ベルヌーイは、ヒペルクロニウスという不格好な名を持ち出し（これがそれなりに意味をなす理由については「土星（サターン）」の節を参照〔字義どおりには「クロノスの向こう」という意味〕）、他の様々な科学界の権威が他のいくつかの名を提示した。しかしドイツの天文学者ヨハン・エレルト・ボーデが、その後の代々の生徒たちに笑いのたねを提供する名を提案した〔現行の「Uranus」の英語読み「ユリナス」は「おしっこかけて」（Urine us）と同音になる〕。

ボーデは、サトゥルヌス（太陽の第六惑星）がユピテル（第五惑星）の父だったように、第七惑星はサトゥルヌスの父を表すべきだと論じた。さて、前節で見たように、サトゥルヌスはギリシア神話ではクロノスと呼ばれ、やはりギリシア神話によれば、クロノスの父は空の神、ウーラノスだ。新惑星の名をウーラノスとするボーデ案はすぐに支持を集めたが、天文学界でこれが惑星の名とする合意ができたのは、ハーシェルの発見から70年後だった。

名前についてはそこまで。記号についてはどうか。

1785年、ヨハン・ゴットフリート・ケーラーという、いくつもの星雲を発見したドイツの天文学者が、その頃の科学的新発見——つまり金属のプラチナの発見——を表すための記号を考えた。ケーラーの記号は♁のような外見で、これは錬金術の鉄を表すシンボル（♂）と黄金を表すシンボル（☉）を合わせた記号だった。プラチナは鉄との混合物の形で発見されたからというのがその理由で、新しい金属は「白金」とも呼ばれた。ボーデがその記号に少し手を入れて、まもなくそれが天王星を表すようになった。

注意深い読者ならすでに、黄金を表す錬金術のシンボルが太陽を表す占星術のシンボルと同じであることに気がついているだろう。さらに、錬金術で鉄を表すシンボルは、占星術で火星を表すシンボルだった。そこで天王星を表す記号には別の話を読み込むこともできる。古代ギリシア神話では、ウーラノスは空の神だったので、それは太陽（☉）の「光」と戦いの神マルス（♂）の「力」との組合せによって表してもよいだろう。そのようなナンセンスを信じる人々にとって、♁は悪い選択ではない。

♆

海王星（ネプチューン）

ハーシェルが天王星を発見してから65年後、フランスの天文学者、ユルバン・ルヴェリエが太陽系に第八惑星が存在することを予測した。そして冥王星が残念ながら惑星の仲間から外されて以来、ルヴェリエは太陽を公転する惑星を発見した最後の人物ということになっている。

ルヴェリエの発見は、天王星の軌道上の動きをニュートンの万有引力の法則に基づいて解析することによってもたらされた。天王星はニュートンの理論がここにあるはずと教える場所よりも少し遅れていた。ルヴェリエは、だからニュートンの法則は間違っているのではないかとは言わず、未知の惑星による質量が天王星の軌道に影響しているにちがいないと論じ、その惑星とされるものがどこになければならないかを計算した。ベルリン天文台の天文学者がそれを探す初回の観測で（１８４６年9月23日）、惑星があるはずだと言われたとおりのところに見つけた。何とも見事な予測ではないか（天王星の場合と同じく、天文学者はそれ以前にもそうとは知らずにこの惑星を見たことがあった。たとえばガリレオは１６１２年に見ているが、それは恒星だと思っていた）。

新しく発見された惑星の方はどう呼べばいいだろう。

ハーシェルとは違い、ルヴェリエは何らかの名士におべっかを使うことはなかった。命名の作業については同僚のフランソワ・アラゴーに任せたが、こちらが提案した名は……ルヴェリエだった（フラン

これはタバコの箱のラベルで、1866年、J. L. アダムズ社製。２体の妖精と、海上のネプトゥーヌスを引く２頭の馬が描かれている。ネプトゥーヌスの三叉がはっきりと見てとれる。ローマ神話では、ネプトゥーヌスは三叉を使って新たな海域を生み出した……怒ったときには大地に三叉を突き立て、地震を起こしたという。（図版—Library of Congress, https://www.loc.gov/item/2001697765/）

スの暦を書いていた人々は、天王星にハーシェルの名を付けることには反発していたが、考えを変えて、第八惑星にルヴェリエの名がつけられるなら、第七惑星をハーシェルにしてもいいと言い出した）。ベルリン天文台の天文学者で、実際に新惑星を惑星と知って見た最初となったヨハン・ゴットフリート・ガレは、ヤヌスの名を提案した。この神には二つの顔があり、太陽系のはずれにある〔内側に照らされる面、外側に暗い影の面を向ける〕惑星という立場を意味することになるだろう。しかしルヴェリエは別の名を唱えた。それがネプチューン〔海王星〕だった。これはすぐに天文学界に採用されたし、それ以来、惑星はそう呼ばれている。

　ネプチューンという名を選んだことには、他の惑星が〔地球を除いて〕すべてギリシア・ローマ神話の神々の名がついていて、まだ栄誉を与えられていない重要な神がネプトゥーヌス〔英語形で「ネプチューン」だったこと以外、とくに理由があったようには見えない。ただ、それは適切な選択だった。現代の望遠鏡で見ると、海王星は濃い青色——海の色のような——を見せていることがわかったからだ。

海王星の記号は♆で、これはわかりやすく、海神ネプトゥーヌスにおなじみの三叉を様式化したものに他ならない。

P

冥王星（プルートー）

私は子どものころ、宇宙開発競争に熱くなって、宇宙関連の事実を漁っていた。中でも、太陽系には惑星が九つあるというのは、押えておくべき重要な事実だった。私のお気に入りの惑星は──たぶん最も遠くて最も謎だったからだが──冥王星だった。だから、2006年8月、国際天文学連合が惑星を定義して、⑴太陽を公転する軌道にあり、⑵ほぼ丸い形をとれるだけの質量があり、⑶その軌道の近辺を圧倒できるだけの大きさがある天体、としたときほど面食らったことはない。この気持ちは理解していただけるだろう。結構な定義だと私は思う。ただ、この定義では冥王星は惑星に入れられない。冥王星はもう惑星ではないのだ。

こんな宇宙的破壊活動が行なわれるのは、天文学者に立派な理由があってのことだった。とくに太陽系では、冥王星程度の大きさの天体がいくつか見つかりつつあるところだった。冥王星が惑星なら、おそらくその見つかりつつあった他の天体も惑星ということになるだろう。それよりも、新しく発見されていた天体すべてを「準惑星」とし、冥王星をその地位に降格する方がわかりやすかった。かわいそうな冥王星の公式名は、今や「小惑星134340」となった。感傷にひたるのはそこまで。かくて太陽系の惑星は八つとなった。太陽に近い岩石惑星が四つ、その外側の巨大ガス惑星が四つ。準惑星は惑星より多いものと予想されるが、今のところ準惑星として認知されているのは、エリス、冥王星、マケマ

冥王星の高解像度写真。ニューホライズン探査機のカメラで撮影。2015 年 7 月 14 日。ニューホライズンが通過する前は、この準惑星についてはほとんど何も知られていなかった。こうした画像で、大きさが 1.3 km ほどの細かい地形までわかる。残念ながら、近い将来には、再び冥王星を訪れる計画はない。（写真―NASA/Johns Hopkins University/SRI）

ケ、ハウメア、ケレス（大きさの順）だけだ。

しかし私にとって冥王星がどうでもよくなったわけではない。これは1930年2月18日、アリゾナ州フラグスタッフのローウェル天文台で、クライド・トンボーによって発見された。トンボーは1年かけて、数日おきに撮影された夜空の2枚一組の写真を見比べていた。2枚の写真を素早く入れ替えることによって、地球に近い天体が検出されるのを期待していたのだ。恒星は数日では位置を変えないが、たとえば惑星なら、その間に位置を変えるだろう。果たして、2枚の写真乾板には、位置を変える光の斑点が見つかった。ローウェル天文台は、その区域の夜空をさらに撮影して惑星の存在を確認し、そうしてその発見を世界に発表した。

もちろんこの発見は新聞の見出しになったし、新惑星に対して千通り以上の名が提案された。天文台の裕福な創始者だった夫を亡くしたコンスタンス・ローウェルは、ゼウスの名を提案した。さらに夫の名パーシバルも挙げた（天王星や冥王星の代わりに、ジョージとかパーシーとかの名がついていたことを考えてみていただきたい)。またコンスタンスは、だめもとでコンスタンスという名も出してみたが、そうした案は丁重に断られた。１９３０年３月14日、イギリスのオックスフォードにいた11歳の小学生、ヴェネシア・バーニーがこの発見のことを祖父から聞き、プルートーの名を提案した。祖父がそれをある天文学の教授に伝え、教授はそれをローウェル天文台の同業者に大西洋越しの電報で知らせた。天文台では全員がその名を気に入った。ふさわしくも古典的で(プルートーは地下世界を司る神で、ネプトゥーヌスやユピテルの兄弟)、最初の二文字は天文台の創立者(パーシバル・ローウェル)の頭文字だった。これで決まった。その名は６週間後に正式に採用された(ヴェネシアちゃんもその仕事で稼いだ。祖父が５ポンドという、当時としては相当の額をくれたのだ)。

記号についてはPとLを一文字にまとめた単純な合字♇だ。占星術の世界では、冥王星には別の記号が好まれているらしい。準惑星に格下げになった冥王星がまだわれわれに影響を及ぼしていると、占星術師が信じているかどうか、私は知らない。残念ながら、おそらく信じているのだろうとは思うが。

⚳ ケレス

冥王星の降格によって、太陽系にある惑星は八つだけになった。しかし惑星型の軌道をたどる、惑星より小さい天体はたくさんある。たとえば小惑星を取り上げよう。

最初に発見された小惑星は岩と氷の塊で、直径はおよそ大ブリテン島の縦〔約1000キロ〕ほどもあった。確認されたのは1801年、イタリアの司祭で天文学者のジュゼッペ・ピアッツィによる。最初、この天体は「足りない《ミッシング》」惑星ではないかと考えられた（天文学者のヨハン・ダニエル・ティティウスとヨハン・エレルト・ボーデは、各惑星と太陽の距離について見事に成り立つ「法則」を考えた。しかしそのティティウス＝ボーデの法則は、火星と木星の間の軌道に惑星があってこそ成り立つ。後に、この仮想の惑星は「パエトーン」という名を与えられた）。ピアッツィの天体は確かに適切な隙間を埋めた――しかし天文学者はすぐに、これは惑星と呼ぶには小さすぎることに気づき、またまもなく、似たような軌道をとる、もっと小さい天体が数多く見つかった。今では、火星と木星の間の一帯に岩石型天体が無数にあることがわかっている。そうした天体は小惑星と呼ばれ、ピアッツィの天体はその中でも群を抜いて大きい。そこには小惑星帯にある質量の約三分の一が集中している。実は、この天体は大きいので、今では冥王星とともに準惑星に分類されている。

ピアッツイは、自分が発見したものに名をつける権利を行使したとき、それをケレレ・フェルディナンデアと呼ぶことを提案した。ケレレはローマ神話の農業の女神、ケレスによる呼称で、フェルディナンデアの方は、イタリアのシチリア王の名だった（ピアッツイは、天王星のエピソードから、実在の人物名をつけようとすべきではないことを学んでいたんじゃないのかと思われたことだろう。そんなことをしても通用しないのに）。そして名前の後半は静かに消え、この天体はケレスと呼ばれるようになった。記号については、ドイツの天文学者、フランツ・クサーヴァー・フォン・ツァッハが、その記号は「ケレスが穀物と耕作の女神なので、鎌を表すのがよい」と唱えた。もっともなことに見えるし、実際、鎌はケレスの記号⚳となった。

しかしこの命名と記号の与え方には一つ問題がある。

ケレスが発見された翌年、別の小惑星、パラスが発見された（ギリシアの女神パラス・アテーナーによる）。2年後、第三の小惑星ジュノー（サトゥルヌスの娘で、ユピテルの妹――にして妻――でもある）が見つかった。さらに3年後、第四の小惑星ヴェスタ（ローマ神話の家庭と炉の女神による）が出てきた。つまり、小惑星が四つ、名前も四つ、記号も四つということになる。

ケレス ⚳　パラス ⚴　ユノー ⚵　ヴェスタ ⚶

問題というのは、小惑星が増えると、天文学者はさらに記号を考えなければならなくなったことだ。名声のある『天文学ジャーナル』誌を創刊して編集もしたベンジャミン・グールドは、1852年にこの問題について述べている。その頃には15番めの小惑星が発見されていた（ギリシア神話の四季と自然な時間の分割を司る女神の名によって、エウノミアと呼ばれる）。論説にグールドはこう書いた。「既知の小惑星の数が増えるにつれて、これまで用いられてきたのと同様の記号表記の不都合は、古代神話から適切な名を選ぶのが難しくなるだけのことにとどまらない。提案される記号の多くが、それが略記するはずの名を示唆する効率が悪いだけでなく、中には天文学者が必ず、あるいは一般に身につけているよりも高い芸術的能力がないと描けないものもあるからである。たとえばイレーネ（14番めに発見された小惑星で、ギリシア神話の平和を擬人化した女神の名による）に提案された記号はまだ姿を見せていないだけでなく、それが実際に描かれたのを私は知らない」。

『ベルリン天文学年報』の編集人、ヨハン・フランツ・エンケもこの問題に気づいていた。エンケはこの学術誌のために小惑星用に、丸の中に小惑星の発見順を示す番号を入れるという単純な記号体系を考え出した。つまり、ケレスの記号は①となり、パラスは②、ジュノーは③、ヴェスタは④となった。しかし今では、天文学者は記号そのものを使わない傾向にある。小惑星の軌道が確認されると、一つの数字が与えられ、名前をつけてもよい。こうして今の天文学者は「1ケレス」、「18メルポメネ」、「433エロス」などと呼んでいる。

♈

春分点

地球が毎年太陽をひと回りするとき、太陽の方が天球を巡るように見える。1年が進行する間に、地球が公転軌道を回ることによって、空に太陽が通る道筋が描かれ、その経路は黄道と呼ばれる。もちろん、地球は1日に1回、自転もする。地球の自転軸が黄道に対して垂直なら――つまり、天の赤道（地球の赤道を天球に投影したもの）が黄道に一致していたら――昼と夜の時間はずっと一定になるだろう。しかし地球の自転軸は黄道に対して23・5度の角度で傾いている。この軸の傾きのおかげで四季がもたらされる。夏には昼が長くなり、冬には夜が長くなる。

年に2回、太陽の通り道が天の赤道を横切る。この2回の交差のとき、地球での昼と夜の長さは同じになる。「等しい」を表すラテン語「*aequus*《エクウス》」と「夜」を表すラテン語「*nox*《ノクス》」から、*equinox*《エクィノクス》〔分点〕という用語が得られる。バーナル、つまり春の分点通過は3月21日頃にある。それから6か月後の9月22日頃には、秋の分点通過がある。この二つの分点は、西洋ではそれぞれ春と秋の始まりとなるので、古代の天文学者、実際には古代社会全般がこの日を祝うことになったのは意外ではない。今でも、ドルイド〔古代ケルトの伝統を引き継ぐ神官〕がストーンヘンジで春分を祝うという、少々変わった演目に案内されることがある（実は、分点とは昼夜の長さ云々よりは、特定の時刻――地球が公転軌道の特定の点に達する瞬間――のことを言う。昼と夜の長さが同じになる日は等分の日とでも言った方がふさわしい。等分の日は春分／秋分の日の数日前か後に来る。もっとも、これはただの重箱の隅だ）。

紀元前45年、ユリウス・カエサルはユリウス暦を定め、春分の日をマルスの月〔3月〕25日と定めた。ユリウス暦は太陽が空を巡る見かけの動きと密接に関係していたので、この暦はそれまでのものよりはずっと良かったとはいえ、問題点もあった。地球の自転軸は23・5度傾いていて、また自転によって惑星は「首振り」――それを表す専門用語は「歳差運動」――を行なう。歳差運動は、回転するコマで見られる周期的な首振りと同じようなことだ。地軸の傾きがぶれることで、北極星――天の北極に最も近い星――も変化する。現時点では「ポラリス」だが、3000年前にはコカブという星だった。約1万2000年後にはベガになるだろう。首振りによって、分点もゆっくりと空を移動する。400年が経過するごとに、春分の日は約3日移動する。1582年の教皇グレゴリウス13世の頃には、春分点は3月11日に移動していた。私には（それが復活祭の日付と関係するということ以外は）よくわからない複雑な神学上の理由のせいで、グレゴリウス教皇は10日を「飛ばす」ことにして、春分の日を3月21日にすると定め、同時にユリウス暦を改訂して、暦の日付と太陽の動きがもう少し長い間実態に合うようにした（大英帝国はグレゴリウス暦を1752年まで採用しなかった。この頃には「飛ばす」長さを11日にしないと、春分点が収まるべき日付にならなかった。英国では1752年9月2日水曜日の次が、9月14日木曜日となった）。グレゴリウス暦は西洋世界では今でも使われていて、非常に有効に機能している。

暦をいじっても、分点が歳差で移動するという事実を隠すことはできない。そのため、春分点を表す記号がまったく適切でなくなっている。ヒッパルコスなどの古代ギリシアの天文学者が夜空を観測していたときには、春分点はおひつじ座〔占星術では「白羊宮」〕にあり、そのため春分点には別の名がついていて、「白羊宮の原点」という。白羊宮の記号♈は、羊の長い顔と2本の角を表している（ギリシア神話によれば、これは金の空飛ぶ羊を表す。これは犠牲としてゼウスに捧げられるきょうだいを救い出した）。こうして白羊宮の原点、つまり春分点を表す記号は♈となった。しかしユリウス・カエサルが改暦をしようとしていた頃さえ、白羊宮の原点は実際にはうお座に移っていた。今から約500年後には、分点はみずがめ座に移る。実は♈つまり白羊宮の原点が実際におひつじ座にあったのは紀元前100年頃までのことだった。

☊

昇交点

小さい物体が大きい物体を公転するとき——人工衛星が地球を回ったり、地球が太陽を回ったりすることを考えよう——たいていの場合、軌道は楕円形になる。人工衛星業に携わる人々にとっては、この楕円を正確に特定せよという明確な要請がある。何と言っても、通信、GPS、測地などの衛星は、それが空のどこにいるかがわからなければ役に立たない。特定の時刻(あるいは天体物理学者の言い方では「元期《エポック》」)に軌道を特定するために必要な要素は六つあることがわかっている。

楕円の全体的な形を表す要素が二つあり、一方の半長軸 a は楕円の大きさを定め、もう一つの離心率 e は形状を決める。第三の近点《ペリアプシス》 ω は、小さい方の物体が公転軌道で公転する物体に最も近づくところを定める(太陽を中心とする軌道については、近点よりも近日点《ペリヘリオン》と言われる。地球中心の軌道では、近地点《ペリジー》の方がおなじみだろう)。第四の軌道要素は元期での平均近点角 M_0 で、これは特定の時刻あるいは元期に、小さい方の物体が軌道上のどこにあるかを示す。第五の要素、軌道傾斜角 i は、基準面に対する軌道の向きを示す。太陽が主たる天体とすれば、適切な面は黄道面だが、通信衛星の所有者にとっては、適切な平面は地球の赤道面を広げた平面となる。残った一つは、六つの軌道要素の中で最もごちゃごちゃした名がついていて、「昇交点赤経(right ascension of the ascending node)」という。

二つの軌道要素——昇交点赤経と軌道傾斜角——は、軌道の向きを特定するためにある。この二つの数値が必要なのはなぜか。人工衛星が地球を回っているところを考えよう。軌道傾斜角が0度なら、衛星は赤道に近いところにあって、参照面は地球の赤道面を広げたものとしているので、衛星は赤道軌道にあるということになる。軌道傾斜角が90度となると、衛星は南北極の上空を通り、極軌道にあることになる。その軌道は赤道と2点、つまり二つの交点《ノード》のみで交わる。しかし、この場合ありうる軌道面の数は無限にある。その2交点は赤道上のどこにあってもいいからだ。面を完全に特定するには、赤道上のどこにその交点があるかを言う必要がある。実際には、交点の一方を特定するだけでよい。慣習によって、天文学者はこの昇交点を☊という記号で表している。これは衛星が赤道面を南側から北側へ横切るところのことだ。降交点の方は衛星が赤道面を北側から南側へ交差するところのことで、記号☋で表される。こちらは☊が特定されれば決まる（西洋の古い暦では、☊と☋はそれぞれ「竜頭」、「竜尾」と呼ばれていた。両交点は日食や月食の時期を計算するのにかかわる。名称に竜がつくのは、食は天にいる竜によって起きるという古い信仰による）。

衛星の☊の位置を特定する最も簡単な方法は、日常の緯度と経度を用いることだろう。しかしそれはできない。地球が自転をしていて、天球には地球の緯度と経度はあてはまらないからだ。そこで天文学者は赤経〔right ascention＝右側の上昇〕と赤緯に基づく、地球と一緒に回転しない座標系を用いる。

赤緯は地球の緯度に似ている。「右側の上昇〔赤経〕」とは妙な言い方だが、実際には地球の経度のようなものを天球に設定しているにすぎない。さて、経度については東西の角度を測定する基準点を定める必要がある。慣習的には基準は経度が0度となる本初子午線で、これはロンドンのグリニッジ天文台を通っている。同様に、赤経についても角度を測るための基準を定める必要がある。空の赤経0度は春分点♈で定められる。前節で述べた春分点は、太陽の軌道の昇交点に他ならない。太陽の場合、昇交点赤経は0度となる――そこが他の昇交点を測定するときに照合する基準と定められるからだ。つまり、衛星の昇交点赤経と言えば複雑な感じがするが、意味は単純で、太陽の軌道が天の赤道を下から上へ横切る場所と、衛星の軌道が点の赤道を下から上へ横切る地点との角度を地球の中心で測定した値を意味している。

♓ うお座

黄道についてはすでに何度か触れた——地球が公転軌道を一年で進む間に太陽が天球をたどるように見える通り道のことだ。古代の天文学者は黄道を30度ずつ、12のサイン〔宮《きゅう》〕という区画に分けることにした。これを獣帯《ゾディアック》〔黄道帯とも〕という。この判断がずっと尾を引いて、今でも獣帯がある。区画は等分されているので、太陽はそれぞれの宮に、等しい時間——だいたい30日と10時間——ずついることになる。獣帯にある各宮は慣習的に特定の星座に対応させられているが、宮と星座はぴったり重ならないので、星座にはほとんど意味はない。両者は重なりようもない。星座は空を勝手に区切って星のパターンをとったもので、黄道に占める範囲もばらばらだ。たとえば、太陽は星座のさそり座（占星術師は天蝎宮と呼ぶ）には8・4日しかいないが、星座のおとめ座には44日もいる。そういうふうになっているとしか言いようがない。

獣帯の十二宮は、白羊宮（おひつじ座、シンボルはすでに見たように♈）から始まって、金牛宮（おうし座、♉）、双児宮（ふたご座、♊）、巨蟹宮（かに座、♋）、獅子宮（しし座、♌）、処女宮（おとめ座、♍）、天秤宮（てんびん座、♎）、天蝎宮（さそり座、♏）、人馬宮（いて座、♐）、磨羯宮（やぎ座、♑）、宝瓶宮（みずがめ座、♒）、双魚宮（うお座、♓）となる。

多くの新聞雑誌が星占いの欄を設けていて、獣帯にあるそれぞれの宮は、ほとんど誰でも、私のよう

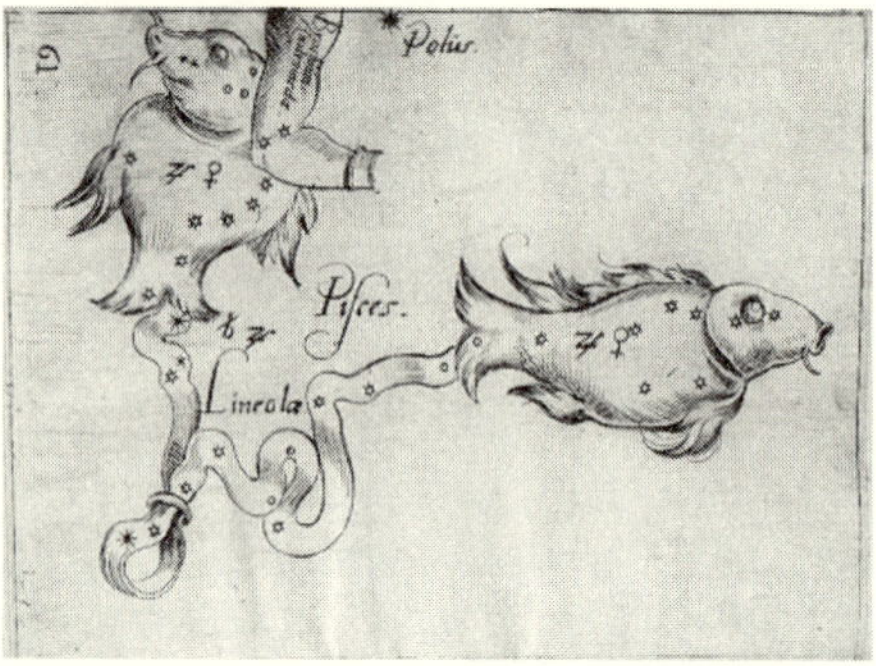

これはプトレマイオスが記載した48の星座の星図を1596年に出版したドイツの地図制作者、ツァハリアス・ボルンマンが描いたうお座の図。各図は16.5 cm × 13 cmの銅版画。（図版—パブリックドメイン）

に占星術など大嫌いと思っている人々でさえ、知っているのではないかと思う。私でさえ自分の「宮」は知っている——双魚宮だ。占星術で用いられる星座の記号は科学者には何の意味もないが、世間には広まっているので、シンボルを取り上げる本としては一つくらいは取り上げてしかるべきだろう。そしてこれは私が書く本なので、代表として♓を取り上げることにした。

　では、この♓は何に由来するのか。

　♓という記号にはいくつかの可能性があるが、よく知られているのは、ギリシア神話の怪物テューポーン、女神アプロディーテー、その息子エロースが関係する話に依拠している。それはこんな話だ。テューポーンはゼウスと争った後、オリュンポス山に降りて、そこに暮らす神々を脅した。大半の神々は姿を変えて逃げ出した（テューポーンはものすごく背が高く、百の竜の頭を持ち、下半身は巨大な蛇のとぐろになっている。その場に居合わせれば、誰でも逃げ出しただろう）。ところが、アプロディーテーとエロースは逃げるのが遅すぎた。テューポーンは二人がユーフラテス川の堤にいるのを見つけ、追跡した。

　そこで物語は「読者選択型」になる。ある話では、アプロディーテーとエロースは魚に姿を変え、はぐれないように口と口をひもでつなぎ、安全なところを求めて川に飛び込んだという。別の話では、二匹の魚が二人に近づき、川に飛び込んで難を逃れるよう勧めたという。さらに第三の話では、二人は二匹の魚に変身し、別の二匹の魚が安全なところへ導いたとする。いずれにせよ、この出来事を記念して、当の二神であれ、それを助けた魚であれ、二匹の魚が空に配置されたということだ。双魚宮は、ひもでつながった二匹の魚を表し、♓はそれを図像的に表している。

どうやら、うお座の男性はこんな人らしい。力強い情緒と直観力があり、うお座ではない人々が見逃してしまうようなことを感じ取るでしょう。敏感で、最も魅力的な性質は謙虚さやロマンス好きなところではないでしょうか。私は妻にそう言ってみたが、その反応をここに書く気にはなれない。

⛎ へびつかい座

私は、日々の新聞が、今も星占いの欄を載せて紙面とインクを（オンライン版なら画面の画素とスペースを）無駄遣いしているのは驚きだと思う。占星術の予測がたわ言であることの証拠が必要なら、占星術師は獣帯にある宮は何かについてさえ合意できていないという事実を考えよう。

おさらいすると、太陽は空を毎年一周して、黄道という道筋をたどるように見える。古代の天文学者は黄道を等間隔に30度ずつ、12の区画に分けた。これが獣帯で、それぞれの区画が宮と呼ばれる。ここまでは単純な話だ。

天球には星がちりばめられていることが事態を複雑にする。黄道十二宮を定義したのと同じ古代の天文学者が、星でできるパターンも特定したからだ。そのパターン、つまり星座はまったくの恣意——熊に見えると言われるものもあれば、弓の射手に見えると言われるものもあるなど——で、文化が異なれば空に見える星座のパターンも異なる。星座に根拠となるような意味はなかったが、それが一般に用いられるようになり、今もそれが残っている。いずれにせよ、黄道は星座を横切って走るので、獣帯の各区画、つまり宮は特定の星座に対応させられるようになった——宮と星座はほとんど無関係なのに。一つの宮は黄道のちょうど30度ずつを占めるが、星座の大きさも形もまちまちで、したがって、黄道上で占める大きさもまったく異なる。さらに、分点の歳差運動が宮も移動させる。たとえば白羊宮の原点は、先の節で述べたように、今はうお座にあり、西暦２６００年頃にはみずがめ座に移ることになる。こんな混乱から占星術師が未来をどう見通せるかというのは私にはわからないが、少なくとも宮の数は決まっているのではないか？　実はそうではない。

１９３０年、国際天文学連合は星座の境界を定め、この定めによって、へびつかい座――有名なギリシアの天文学者プトレマイオスが2世紀に定めた48の一つだった大きな星座――が獣帯の星座になった。太陽は11月29日から12月17日までへびつかい座にある。つまりへびつかい座は他の12の星座と同じく獣帯の一部となるということだ。獣帯の宮からすれば問題にはならない。そもそも12の等間隔の宮があるというのは定義で、実際の星座とは無関係だし、それで事は終わるはずだ。ところが、一部の占星術師は逆算をしたらしく、獣帯に星座が13あるなら、宮も13なければならないと論じる。占星術師が黄道に宮が12あると考えようと13あると考えようと、占星術はでたらめだが、基本的な数についてさえ合意がないというのは興味深い。ともあれ、一部の占星術師は一三番めの宮を表すシンボルを考えついて、それがどういういきさつか、ユニコードにも収まっている。⛎だ。

へびつかい座を表すのにもっとふさわしく、ときどき⚕という記号も使われることがある。Ophiuchus《オフィユークス》、つまり「蛇使い」は、ギリシアの医学の神、アスクレーピオスのことだとローマ人は特定した。カドゥケウスの項で述べるように、アスクレーピオスの杖――蛇が１匹巻き付いている１本の棒――は伝統的に医学のシンボルとされる。それはこの星座を表すのにもふさわしい記号だろう（記号が必要なら）。

そもそもどうして空にアスクレーピオスがいるのだろう。

アスクレーピオスはアポローン神と、人間の女性の間の息子だったが、女性は出産で亡くなった。アポローンは生まれた子をケンタウロス族のキロンに育てさせた。キロンはその子に医療の術を教え、アスクレーピオスが成長すると、イアソンが黄金の羊毛を探しに行ったときに使った船、アルゴー船に船医として同乗した。アスクレーピオスは、不幸な結果に終わるとはいえ、実に優れた医者になった。治療が上手で、死んだ人々を甦らせることもできた。地下世界を司るハーデースはこの領域の侵犯を喜ばず（何と言っても仕事をなくす可能性さえあるのだ）、兄のゼウスに苦情を申し立て、ゼウスはただちにアスクレーピオスを雷の一撃で倒した。良い方の面では、ゼウスはアスクレーピオスにへびつかい座として空に位置を与えた――そして今日に至るまで、占星術師に対する難問としてそこにとどまっている。

ブラックムーン・リリス

へびつかい座の獣帯での地位によって生じた混乱（前節）は、突出してばかげた歴史上の一節だったというわけではない。ここでは、たとえばブラックムーン・リリスを取り上げてみよう。

月は宇宙での隣人で、地球に最も近い（ときどき月よりも近いところを通過する、いわゆる地球近傍天体――軌道が乱されて地球に近づく彗星や小惑星――もあり、もちろん、ときどきそれが地球に衝突もするが、それはみな一過性の天体だ）。天文学者は何世紀にもわたって月を調べてきて、観測機器もどんどん精巧になっている。科学と技術は、一部の陰謀説を唱える人々が言うのとは違い、月に人を降ろして帰還させてさえいる。科学者は地球・月系を詳細に理解している。つまり地球にはもう一つ、月と質量は同じだが、表面が暗《ダーク》いので見えない衛星があると考えるのは、ただの与太話だ。しかし現実にそういうことが言われている。この仮説上の、まったくありえない天体は、「暗い月《ダークムーン》」リリスと呼ばれている。

話は１８９８年、ドイツのハンブルグにいたアマチュア天文家ゲオルク・ヴァルテマートが、地球を回る第二の月を観測したと唱えたときに始まる。ヴァルテマートはもちろんそんなものを観測したわけではなく、一致する観測結果がまったくないことから、科学界はその主張をまともに取り上げることはなかった。それにもかかわらず、ウォルター・ゴーン・オールドというイギリスの占星術師は、この謎の天体が太陽の正面を横切るのを見たと言い張った。オールド、あるいは本人が占星術界で好んだ通称で言うセファリアルは、この新発見の地球の衛星に「リリス」という名をつけることにした（中世ユダヤ人の民話によれば、リリスはアダムの最初の妻だった。かわいそうにアダムは捨てられた。この世にたった一人の男だったというのに。キビシイ）。セファリアルはダークムーン・リリスを自身の占星術の「計算」に取り入れ、どうやら一部の占星術師は今もそうしているらしい――実在しない天体を含む無意味な計算を理性的な人間が信用することになるいきさつは、私にはわからない。

話をややこしくすることに、他にも、リリスに関連するある概念を用いる占星術師がいる。こちらは月が地球を回る軌道は楕円で、楕円には二つの焦点があると論じる（このことは正しい）。一方の焦点は地球の奥深くにあるが、もう一方は宇宙空間にあって、これが「ブラックムーン・リリス」と呼ばれる。こちらのリリスには記号まであり、ユニコードにも入っていて、⚸となっている。言うまでもなく、この数学上の点には物理的な意味はない――それが人間に影響を及ぼせる理由もわからない。

セファリアルのダークムーン・リリスは存在せず、ブラックムーン・リリス⚸は、数学的に立てられるものにすぎない。それにしても天文学者が地球は他に自然の衛星がないと言うのは確かなのだろうか。もちろん確かだ。地球を回る無視できない大きさの天体はない。小さな岩ほどの大きさの天体がある可能性はもちろんあるが、それはまだ探知されていない。確かに、地球といくつかの軌道特性を共通にしていて、もっと大きな天体というのはある。たとえば地球には少なくとも一つのトロヤ群小惑星がある「トロヤ群は、惑星の公転軌道上、その惑星の前後60度の位置を保つ天体のこと」。この２０１０ＴＫ７は、地球と同じ公転軌道で太陽を回っている――しかし軌道の力学からすると、これはつねに地球から何千万キロも離れている。他にも、いわゆる「疑似月」というのもある。３７５３クルースンという天体は、地球と共鳴する軌道〔公転周期が簡単な整数比になっていて、重力の作用のしかたが周期的になる〕で太陽を公転している。しかし3753クルースンは重力で地球に拘束されているのではなく、地球を公転していないので、これは月ではない。地球の衛星は月しかない。

実際には存在しない天体はリリスだけではない。科学者は長年、太陽系に様々な天体が存在することを仮定してきた。たとえば、海王星がありそうなところを最初に予測したルヴェリエは、水星の運動に見られる異常を説明するためにバルカンという惑星の存在を仮定した。ルヴェリエの計算では、バルカンが太陽に近いところを公転する小さな天体だとしたら、それが水星の軌道に影響を及ぼすが、探知はきわめて難しい（だから見えない）ことになる。しかし水星軌道の異常は、別の惑星の存在によるのではなく、アインシュタインの一般相対性理論によって説明がついた。バルカンは存在しない。天文学者と占星術師のふるまい方の違いに注目しよう。天文学者はバルカンを否定した。占星術師はリリスを捨てられないでいる。

″ 秒角

天文学は最古の科学だ。そして天文学で最古の部門は天体の位置や動きを精密に測定する分野で、天体測定学という。この天体測定学は宇宙に関するわれわれの理解が発達するうえで、要になる役割を演じてきた。ヒッパルコスやプトレマイオスなど、ギリシア時代の大天文学者が星のカタログを編纂するときには、天体測定を行なっていた。その星のカタログによって、地球の歳差運動――星の位置を徐々に変える地軸のわずかな「首振り」――のような現象を発見することができた。望遠鏡が発明される直前の１６０１年に亡くなったティコ・ブラーエは、星の位置について、肉眼の天文学者としては誰よりも精密で正確な測定を行なった。ブラーエは自らの星のカタログによって、今では「超新星《スーパーノバ》」と呼ばれる「新しい星」が大気中の現象ではないのを明らかにすることができた。それが地上から近いところでの現象なら、視差――一つの天体を異なる視点から見たときの見かけの位置のわずかなずれ――を見せるはずだし、それがない以上、それは遠いところの現象とせざるをえない。それによって、天球は不変という、アリストテレス以来、当然とされていた信仰が打ち砕かれた。１８３８年にもなると、天文学者は星の位置を測定する精密な装置を用いて、初めて星までの距離を計算していた。

天体測定学の鍵は、角度を精密に測定する能力にある。空での星の位置は、天の赤道からの南北いずれかの角度（赤緯）と、春分点を基準点として用いた天の赤道上での東西への角距離（赤経）で定めることができる。角度はもちろん「度」で表され（後の節で述べるように記号は「°」）、３６０度で一周となる。しかし天体測定では、度という単位は粗すぎる。状況によっては日常生活でも粗すぎることがある。たとえば視力１・０の人なら、１度の1/60を識別できる。このような場合、「分角《アークミニッツ》」（記号は「′」）が適切な単位となる。円全体では３６０×60＝２１６００分あり、１分角は２１８メートルの距離でテニスボール見込む角（対象の幅と視点でできる三角形の視点にできる角）に相当する。これは小さい。

天体測定ははるかかなたの物体を調べることなので、角度は分でさえ適切でなくなるほど小さいことがある。天体測定には、「秒角《アークセカンド》」（記号は「″」）の単位がふさわしい。秒は1/60分のこと。これは本当に小さい。３月に地球に近い恒星を観測し、同じ星を地球が公転軌道を半周した9月に観測すると、見かけの位置がずれていることがわかる（丁寧に観測すれば）。視差の効果は、鉛筆を顔の前に保持してまず左目で見て、それから右目で見たときに現れる。視点が変わるせいで、鉛筆は背景に対して移動しているように見えるということだ。しかし星は鉛筆よりもずっと遠くにあるので、視差によるずれははるかに小さい。最も近い恒星でも年周視差は０・７７秒にすぎない。最も近い恒星でさえ、視差は１秒にもならないのだ。秒より細かい大きさは天体測定やそれに類する研究ではよく出てくるので、天文学者はミリ秒角《ミリアークセカンド》（milliarcsecond＝mas）——あるいは小数点の上に秒を表すダブルプライムを置いた形からできた記号——を用いることが多い。たとえば最も近い恒星、プロクシマ・ケンタウリの視差は７６８ミリ秒角となる——これは５・３キロ離れたところにある１ペニー硬貨（直径２・５センチほど）を見たとき程度の角度に相当する。

現代の技術は進んでいるので、ミリ秒角の単位でも扱いにくいことがある。2013年、欧州宇宙機関はガイア探査機を打ち上げた。ガイアは恒星の視差を1秒角の百万分の10、つまり10μas単位の精度で測定する。ものすごいことだ。

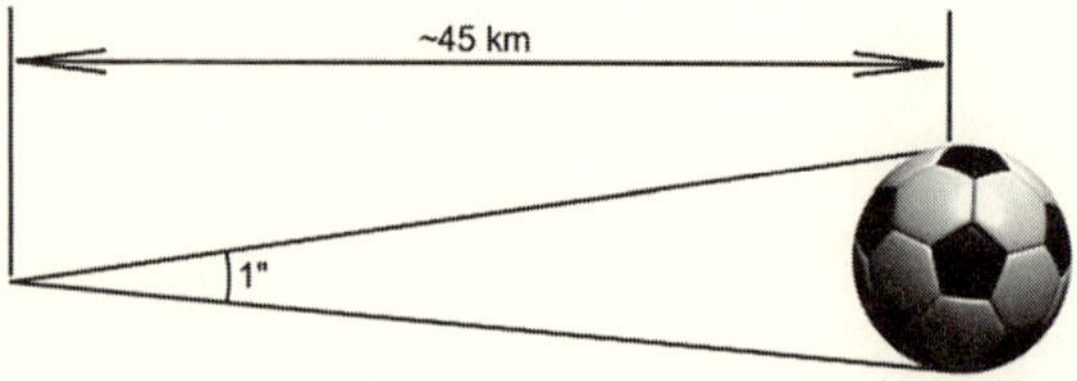

約 45 km 離れたところから見たサッカーボールを見たときにできる角度が 1 秒角。（図—パブリックドメインのものに手を加えた）

Z 赤方偏移

ドップラー効果がどういうものかについては聞いたことがあるだろう。緊急車両が近づいてサイレンの音が大きくなるとき、音源が近づいてくるときの方が遠ざかるときよりも増す。車両が通過するとき、サイレンの音程は下がる。どうなっているかというと、接近するときは、サイレンから出る音の波の出発点も近づく。一つ一つの波が届くのにかかる時間は短くなるので、聞こえる音の周波数は、サイレンが静止しているときよりも高くなる。同様にサイレンが遠ざかるときは、隣り合う音の波の出発点も遠ざかる。それぞれの波が届くまでの時間は長くなるので、聞こえる周波数は静止しているときよりも低くなる。同じことだが、聞こえる音の波長は、サイレンが近づくときは静止しているときよりも短くなるし、遠ざかるときは長くなる。

そこでこんな巧妙な技ができる。サイレンが出す音の本来の周波数がわかっていれば、実際に聞こえる周波数を測定することによって、サイレンが近づいたり遠ざかったりする速さを計算できるのだ（道路で用いられる速度測定用のカメラも同様のことをする。カメラは周波数がわかっている電波を動いている車両に当てて跳ね返らせる。反射した波がカメラに戻ってくるときは周波数が違っている。周波数の差を測定すれば、車両の速さが計算できる）。

天文学的な観測でも、細かいところには少々違いがあるが、要するにドップラー効果が生じる。星のような光源が一定の波長の光を発するとしても、地球にいる天文学者が観測する波長は、地球と光源との相対運動によって決まる。地球と光源が互いに近づくように動いていれば、観測される波長は短くなり、スペクトルの青側へずれる（つまり青方偏移する）。地球と光源が互いに遠ざかるように動いていれば、観測される波長は長くなり、スペクトルの赤側にずれる（つまり赤方偏移する）。

ドップラー効果は天文学者に貴重なツールをもたらす。原子が出したり吸収したりする放射の波長は明瞭で、よくわかっているからだ。原子が発する放射は原子の種類に特徴的で、原子によって放出されるいろいろな波長の組合せは、原子の「指紋」と考えられる。つまり、ある星について、特定の原子の特徴となる波長が機器で検出されれば、天文学者はその特定の化学元素が存在すると推定できるだけでなく、その放射がどれだけ青方偏移あるいは赤方変移しているかを測定することによって、その星がわれわれから見てどれだけの速さで近づいているか、遠ざかっているかを求めることもできる。

１９２０年代から１９３０年代にかけて、何人もの天文学者が遠くの銀河からのドップラー偏移を測定し始めた。その作業といえば、まず浮かぶのが、アメリカの天文学者エドウィン・ハッブルの名だ。ハッブルらのチームはきわめて奇妙なことを発見した。ほとんどすべての銀河が赤方偏移を見せたのだ——つまりほとんどすべての銀河がわれわれから遠ざかっていることになる。さらに、銀河が遠ざかるほど、赤方偏移も大きくなる（つまり遠ざかる速さが大きくなる）。この発見は、宇宙が膨張していると見ないことには合理的に理解できなかった。時間が経過するとともに、時空の生地が延び、それによって電磁波も間延びするということだ。波長は長くなったように見え、赤方偏移が測定される。

赤方偏移は $\delta\lambda/\lambda$ と定義される。光の波長の変化（$\delta\lambda$）を、その光が出たときの「静止」座標系での波長（λ）で割って得られる値だ。ところが、観測される銀河が増えると、赤方偏移という言葉はあたりまえになり、あちこちで使われるようになったので、いちいち $\delta\lambda/\lambda$ と書くより、独自の記号を与える方が扱いやすいということになった。ハッブルとアメリカの物理学者リチャード・トルマンは、1935年の論文で、赤方偏移を表すために、z という項を導入した。その後、他の天文学者も $\delta\lambda/\lambda$ よりも z を使って赤方偏移を指すようになり、この記号が定着した。それは今や天文学で最も広く用いられる記号になっている。ハッブルとトルマンはなぜ他の文字ではなく、z を選んだのだろう。私にはわからない。ただ二人は赤方偏移《レッドシフト》を表すわかりやすい候補、r は使えなかったことだけは言える——そちらはその論文ですでに、他のことを表すために用いられていたからだ。

H_0

ハッブル定数

前節で概略を述べたエドウィン・ハッブルは、銀河の距離に対する銀河の赤方偏移をグラフにしたことで有名になった。そのグラフは、赤方偏移する銀河と同じくらい青方偏移をする銀河があるような散布図になってもよかったのに、実際には直線的なグラフになり、銀河が遠くなるほど、赤方偏移も大きくなることを示していた。これは宇宙が膨張しているとした場合に観測されると予想される結果だ。

天文学者は、赤方偏移と距離の関係――発見から4年後にはハッブルの法則と呼ばれるようになった関係――が宇宙論的な対象に成り立つことを認めたうえで、すぐにハッブルのグラフにある直線の傾きを推定しにかかった。傾きが重要なのは、それによって宇宙がどれだけの速さで膨張しているか、また、遠くへ進むごとに観測される後退速度の増分はどれだけか、がわかるからだ（宇宙論的な距離はMegaPerseC《メガパーセク》、つまりMpcという単位で表されることが多い。パーセクとは３・２６光年のことなので、１メガパーセクは３２６万光年、だいたい３０００万兆キロメートルに相当する）。

１９３８年、ハッブル自身は*K*で表したこの直線の傾きは、「ハッブル係数《ファクター》」と呼ばれるようになった。１９５１年、あるドイツの天文学者がこれを「Hubbleeschen Expansions-Konstante《ハブレッシェン・エクスパンシオンスコンスタンテ》」〔ハッブル膨張定数〕と呼び、１年後、それに相当する英語「Hubble constant《ハッブルコンスタント》」〔ハッブル定数〕が初めて登場した。そして１９５８年、当初の発見から約30年後、アメリカの物理学者ハワード・ロバートソンが、このハッブル定数を表すために、当然そうなるHを初めて用いた。Hの値は時間とともに変化するので、天文学者はたいてい、下付文字0をつけてH_0とし、それが現在のハッブル定数の値だということを明示する。

おさらいすると、ハッブル定数H_0の値は、銀河が1メガパーセク（Mpc）遠ざかるごとに、どれだけ速く（km/s）遠ざかるかを表している。これは天文学でも有数の重要な記号だ。

ハッブル自身はこの宇宙の膨張を表す定数を、メガパーセクあたり秒速500キロ〔500 km/s/Mpc〕と推定した。今ではハッブルの当初の推定より大きく外れていることがわかっているが、当初の誤差は意外ではない。ハッブル定数を求めるには、多くの銀河までの距離を正確に知らなければならないからだ（そしてその距離を、当の赤方偏移以外の手法を用いて測定しなければならない）。やっかいなことに、距離の決定という問題は天文学で最も難しい。昔のテレビドラマ『テッド神父』には、テッド神父が恐ろしく鈍感なドゥーガル神父にプラスチックのおもちゃの牛を見せて、それを外の牧場にいる本物の牛と比べるところがある。テッドは「いいですか？これっきりですよ。あれは小さいけど、遠くにあるやつです。小さい……遠い……ああ、めんどくさい」。天文学者はもちろん、ドゥーガル神父ほど鈍くはないが、天文学者が突き当たった問題は、自分が観測する天体の本当の大きさや絶対光度を前もって知らないということだった。星が明るいのはそれが実際に明るいからか――それとも近くにあるからか。銀河には中央に大きな領域があるが、それはそこが本当に大きいからか――それが宇宙的には近くにあるからか。

ハッブルの手法に基づいて何十年もの困難な作業があって、宇宙的距離を十分な正確さと精密さで求め、H_0の値が特定された。もっと時代が新しいところでは、プランク衛星がまったく別の、もっと現代的な方法を使ってH_0の値を推定した。その結果はというと、プランクはH_0を、メガパーセクあたり67.8 ± 0.9 km/sとした。つまり、地球から銀河までの距離が百万《メガ》パーセク増えるごとに、銀河が遠ざかる速さは秒速68キロずつ増えるということだ（ハッブル宇宙望遠鏡による近年の測定は、もっと伝統的な方法を使ってハッブル定数を計算し、メガパーセクあたり73.2 ± 1.7 km/sという値に到達している。この二つの値は似ているように見えて明瞭な差がある。プランク衛星によってH_0に許容される上限は、ハッブル宇宙望遠鏡によって許容される下限よりも小さいのだ。今のところ、このずれが何によるのかは誰も知らない）。

天文学者がH_0の値を知れば、関心が向けられる他の値も決められる。たとえば、天文学者は今、宇宙の年齢を、私が学生だった頃には考えられないほどの精密さで知っている。今のところ、宇宙の年齢は１３８億年（プラスマイナス３７００万年）となっている。

第4章　ちんぷんかんぷん（ギリシア語みたいに）

科学者は一種の符丁《コード》、つまり関心を向ける様々な量を書きやすく、計算しやすくする符号として文字や記号を用いる。たとえば、「物体に作用する力《フォース》はその物体の質量《マス》に加速度《アクセラレーション》をかけたものに等しい」といった文よりも、$F = ma$ の方が、ずっと書きやすい。さらに、$F = ma$ のような式を使うと、そこにかかわる様々な量を操作しやすくなるだけでなく、他の量との間にありうる関係も探しやすくもなる。実際のところ、科学者が記号を使わなければ、科学的に何かを調べるというのも難しいことになるだろう。

しかし、このように文字を記号として用いて物理量を表すことには、ある明白な難点がある。

式 $F = ma$ の場合には、文字の使われ方に複雑なところはない（少なくとも英語圏の人々には）。F が表すのは force〔力〕、m は mass〔質量〕、a は acceleration〔加速度〕だ。やっかいなことに、ローマ字のアルファベットの文字数は数が限られているが、科学は数多くのことに関心を向ける。力と質量と加速度がかかわる問題では、摩擦係数《フリクショナル・コエフィシャント》、磁束《マグネティック・フラックス》、角速度《アンギュラー・ヴェロシティ》などがからむこともある――こちらについても F、m、a を使いたくなるところだが、そうすると紛らわしくなる。どうすればいいだろう。

単純な解決法としては、ローマ字との違いが十分にあるキャラクタから成る別のアルファベット体系を使い、必要な場合には同じ式に両方を使っても混乱が生じるリスクがないようにすればよい。この観点から最もよく使われるのがギリシア語のアルファベットだ（科学でギリシア文字を使うのが広まった理由は、おそらく、ルネサンス期に科学的発見を発表する際、最古のヨーロッパ語としてギリシア語が使われたということだろう。こうして科学の「符丁」で書かれた多くの式が、英語とギリシア語が混じったものになる。たとえば、言葉で書くと、「波の位相速度《ヴェロシティ》は波の周波数《フリークエンシー》に波長《レングス》をかけたものである」というよく知られた式がある。これをもっと簡便に述べると、式 $v = f\lambda$ となる。v が速度、f が周波数を表すことはすぐにわかるが、記号 λ ギリシア文字のラムダで、これは英語の l に相当し、length〔長さ〕の頭文字の代わりをしている。

私は、どのギリシア文字も、科学の世界のどこかでは、必ず使われたことがあると思う。しかしここでは、そのうちのわずかだけを取り上げる余裕しかない。さらに紙幅に限りがあるために、各記号が使

αA アルファ	βB ベータ	$\gamma\Gamma$ ガンマ
$\delta\Delta$ デルタ	εE エプシロン（イプシロン）	ζZ ゼータ
ηH エータ	$\theta\Theta$ テータ（シータ）	ιI イオタ
κK カッパ	$\lambda\Lambda$ ラムダ	μM ミュー
νN ニュー	$\xi\Xi$ クシー（グザイ）	oO オミクロン
$\pi\Pi$ ピー（パイ）	ρP ロー	$\sigma\Sigma$ シグマ
τT タウ	$\upsilon\Upsilon$ ウプシロン	$\phi\Phi$ ピー（ファイ）
χX キー（カイ）	$\psi\Psi$ プシー（プサイ）	$\omega\Omega$ オメガ

ギリシア語のアルファベット24字の小文字と大文字。ギリシア文字のアルファベットはアルファ、ベータ〔合わせて「アルファベット」〕、ガンマ……と始まり、オメガで終わる〔表中の文字の名はギリシア語読みを主にして、かっこ内に英語読みに寄った慣用を補ったが、本文では慣用読みの方を用いた〕。

われる背後の意味を解説する際にも選択を行なわざるをえなかった。困ったことに、ローマ字とギリシア文字を組み合わせても科学用の記号として十分ではなく、様々な方面で同じギリシア文字が駆り出されることが多い。たとえばギリシア文字λは波長を表すだけではない。場面が違えば、放射性崩壊定数、待ち行列理論での到着率、信頼性工学での故障率（以上には頭文字がlとなる語はない）、longitude（地理でも天体測定でも使われる〔それぞれ「経度」と「黄経」など〕）、融解熱《ラテント・ヒート》、といったことも表すし、他にもいくつもの量や概念を表している。しかしここで取り上げるギリシア文字については、一つの意味だけに注目する。たとえば、ギリシア文字τ《タウ》が最も重いレプトンの名となる理由を解説するが、この記号の他の多くの使い方（時間、トルク、不透明度、剪断応力など）には触れない。

科学でローマ字とギリシア語以外のアルファベットの文字が使われる場合はごくわずかしかない。たとえばキリル文字（ロシア語などで用いられる）の大半は、式に使うとなると、見た目の点でローマ字やギリシア文字と十分な違いがない。キリル文字が大きく異なって見える場合には、使うことはできる。たとえば文字Ш（ロシア語では「シャー」）が使われる式はある。スウェーデン語には、別個の文字Åがあり、これも科学で使われることがある（本章では後でオングストロームという単位の解説で取り上げる）。しかしすでに述べたように、科学ではほとんどの場合、ローマ字とギリシア文字を符丁に使う。

科学関連の記号の中には、ギリシア語の文字でも他の何語の文字でもない場合もあり、本章ではそれも選んで取り上げた。取り上げる記号の中には、度の記号など、日常的に用いられるものもあるが、錬金術で水銀《マーキュリー》を表す記号のように、とうに滅びた表記の回顧にすぎないものもある。

c

光速

科学全体の中でもすぐに認識される式で、教育を受けた人なら誰でも聞いたことがある、たぶん唯一の式、$E = mc^2$ を導いたのはアルバート・アインシュタインだった。この式はアインシュタインの特殊相対性理論から直接導かれるもので、質量 m はエネルギー E に変換できるし、逆も成り立つということを言っている。変換の定数は光速の2乗となる。光速は非常に大きな値（300,000 km/s）なので、光速の2乗はとてつもなく大きくなる。ごくわずかな質量でも、ものすごい量のエネルギーに変換できて、破壊的な結果をもたらす可能性もある——広島や長崎の市民が証言するように。

アインシュタインの式では、エネルギーを表すのに E を選び、質量《マス》を表すのに m を選ぶのはわかりやすい。しかしアインシュタインはなぜ光速を表すのに c を使うことにしたのだろう。なぜ、速度《ヴェロシティ》を表す v でもスピードを表す s でもなかったのだろう。

もっとも、アインシュタインもいつも c を使ったわけではない。

1905年に発表された相対性理論の最初の論文で、アインシュタインは、物理学の法則はすべての「慣性系の観測者」に対して——つまり互いに対して等速直線運動をしている観測者どうしで——同じになるという根本概念を立てた。そしてこの論文でアインシュタインが光速を表すために用いたのは V だった。それは一般の用法に従っていた。マクスウェルが自身の著述で光速を V で表していたのだ。ア

楽園の災難。核実験は $E = mc^2$ を実証する。これはビキニ環礁で1946年7月25日に行なわれたもので、写真は爆心地から5.6 km離れた観測塔から撮影された。爆風がキノコ形の間欠泉のように噴出し、それによって高放射性の物質が環礁に撒き散らされた。（図版―パブリックドメイン）

インシュタインが1907年、$E = mc^2$ の別の導き方を提示する論文を書いたときになって初めて、Vではなくcの表記に切り替えられた。それ以後、光速を表すにはcを使うのが一般的になった。しかしなぜVからcに切り替えられたのだろう。

残念ながら、私が知る限り、アインシュタインになぜ記号としてcを選んだのかと尋ねた人はいない。おそらく変更してよかったのだと思う。物体の速度を表すのにはvを使っていて、従来どおりのVを使っていたら紛らわしかっただろう。しかしcを選んだ理由にはならない。この記号はそれ以前にも同様の状況で使われたことがあった。最初は1856年で、ドイツの物理学者ヴィルヘルム・ヴェーバーとルドルフ・コールラウシュによる論文でのことだった。二人がcで表した量は光速に対応していたが、記号としては「定数《コンスタント》」という意味でしかなかった。つまりcは「constant」のcだった。これもまたドイツの物理学者、パウル・ドルーデは、ヴェーバー＝コールラウシュの定数に基づいて、自身の光学研究で *c* を使って光速を表した。徐々に *c* はいろいろな場面で光速を表すのに用いられるようになり、１９０７年にアインシュタインがそれを選んでも、ごく当然のことだったのだ。

つまり *c* は定数《コンスタント》ということなのか？　実はもう少し先がある。ガリレオまでさかのぼると、科学者は速さを表すのにラテン語の *celeritas*《ケレリタス》を使っていた。今の英語にもこの語の痕跡がある。celerity（素早さを意味する）や acceleration（加速、つまり速さの増大を意味する）の celer の部分だ。こうして後の数学者は *celeritas* の短縮形として記号 *c* を用いて、定数ではない速さを表した。たとえばオイラーは *c* を用いて速さを表している。アインシュタイン自身、定数ではない速さを表すために *c* を用いたことがある。アインシュタインの頭では、*c* が *celeritas* を表していたというのも大いにありうることなのだ。

ℏ

換算プランク定数

古典物理学は見事に通用する。惑星の運動は計算できるし、潮の干満を予想できるし、月へ人を送り込めるロケットを自信をもって建造できる。しかし1900年、マックス・プランクが、古典物理学という構築物全体を揺るがす考え方をもたらした。

プランクは、いわゆる「黒体」を熱するという単純な実験の結果を理解しようとしていた（黒体とは当たった光をすべて吸収し、したがって黒く見えるとされる理想化された物体）。黒体は熱せられると電磁波を放射し、その出し方にもごく単純な特徴がある。黒体が出す電磁放射のスペクトルは物体の温度のみによって決まり、温度が高くなるほど、スペクトル分布の山になる波長は短くなるのだ。黒体放射に明瞭なパターンは、おそらく誰もが自分で見たことがあるだろう。鉄が熱せられると、最初は「赤熱状態」となり、さらに熱せられると光の波長が全体に短くなり、「白熱状態」になる。

しかし当時の物理学者は、古典物理学の考え方を使って黒体放射の特性を説明することができなかった。何十年も説明が試みられながら答えにはたどりつけなかったが、プランクは実験結果を再現するモデルを得ることに成功した。プランクがしたのは、要するに、観測されている黒体のスペクトルを表せそうな式をひたすら手直しすることだった——そうする中でプランクは新しい定数を導入した。この定数を表す文字には何を選んでもよかったのだが、めぼしい文字はすでに他の量を表すのに使われていた。

そこでドイツ語の*Hilfsgröße*《ヒルフスグレーセ》、つまり「補助量」を意味する言葉の頭文字hを選んだ。

プランクがパラダイムを変えるhの根本的な重大性を本当に理解していたかどうか、明らかではない。本人にとっては、モデルを観測されたスペクトルに合わせるために調節すべき数にすぎなかっただろう。しかしアルバート・アインシュタインという特許局の下級官吏は、その重大性を確かに理解していた。アインシュタインは、光が物質に放出され吸収されるときは、「ひと塊」ずつ、つまり量子単位で行なわれると論じた。この場合には、光はあたかも粒子であるかのようにふるまうということだ。ところが光の量子のエネルギーは、hに光の振動数をかけたものになる——振動数と言えば波の特性だというのに。つまり光は粒子であり、かつ波としてふるまう。物理学者は量子という奇妙な世界の片鱗に初めて触れることになった。古典的世界は「なめらか」で、必ず、物体をちょこっと速く回転させたり、質量をちょびっと増やしたり、温度がほんの気持ち下がるよう冷やしたりすることができる。量子の世界ではそうはならない。こちらはつぶつぶの世界で、その粒の大きさがプランク定数hで決まる。定数hはきわめて小さく、そのためわれわれは粒らしいところに気づかない。古典物理学が「なめらかな」宇宙を仮定して、

ドイツの物理学者マックス・プランク（1858～1947）の写真。1930年頃撮影。プランクは黒体放射を量子概念を使って説明したことに対して1918年ノーベル物理学賞を与えられた。（図版—パブリックドメイン）

それが正しいように見えたのもそのためだ。しかし根本的なレベルになると、量子物理学やhがないと世界を理解することはまったくできない。

アインシュタインは量子物理学を築いた一人だったというのに、自分ではその物理が気に入らず、長年、その限界を明らかにしようとしていたが、結局できなかった。また赫々たる成果の一般相対性理論は——それが元になるニュートンの理論と同様——見事に成り立つが、自分が開発に加わった量子の考え方とは対立するところがあるので、おそらく改訂しなければならないだろう。

結局のところ、実際に使う場面では、$h/2\pi$の組合せになっていることが多かった。この式は頻繁に出てくるので、物理学者はそれに$\hbar$（「エイチバー」）という記号を割り当てた。この換算プランク定数$\hbar$は自然の基本定数の一つとなった。

Ψ 波動関数

量子の世界には無数の謎がある。粒子が同時に複数の場所にあり、原子は壁を通り抜けることがあり、そもそも事象はランダムに起きる。つまるところ、われわれが量子力学で観測する奇妙なふるまいは、一つの由来に要約できる。それが波動関数だ。

波動関数は通常、ギリシア文字のプサイの小文字ψか大文字のΨで表され、自然界にあるすべての粒子一つ一つが1個の波動関数で表せる。Ψは（時間、空間、場合によっては他の量の）関数で、波のように進み広がるが、それでも個々の粒子の量子状態を記述している。

ある粒子——たとえば電子——を考えるときは、おそらくビリヤードのボールのようなもので、ただ小さいだけのものが思い浮かべられているだろう。ところが電子は小さかろうと何だろうと、ボールのようなものではない。電子の波動関数は空間全体に広がり、波動関数は波のようにふるまうので、電子はボールではないかのようなことをする。別々の隙間を同時に通過したり、原子核の周囲にあるときには、定まった軌道のいずれかしか占められない（その軌道と軌道の「間」にはいられない）。電子が行なうボールのようではないことには実に奇妙なところがある。たとえば、同時に二つの互いに正反対の向きのスピンの値をとれたりする。さらに、どんなにうまく実験をしつらえようと、個々の電子の未来のふるまいを確実に予測することはできない。Ψには粒子に測定できる情報がすべて入っていて、だからこ

オーストリアの物理学者エルヴィン・シュレーディンガー（1887〜1961）は変わった仕事の流儀の持ち主だった。休暇には愛人同伴だったし、2個の真珠もよく同行していた。考えるときにはそれを両方の耳に一つずつ入れ、雑音を遮断したのだという。（写真—Smithsonian Institution）

そ波動関数は重要なのだが、それは確率しか教えてくれない。粒子の波動関数（あるいはその波動関数の2乗）が教えてくれるのは、粒子が見つかりそうな場所であって、粒子が見つかる場所ではないのだ。

現代デジタル技術の成功は、量子力学が通用することの証拠で、今日便利に使われている電子機器は量子効果に基づいている。しかし量子力学とは何を意味するか、波動関数は実在するか、等々のことを明らかにしようとするとなると、謎や哲学的な難点が残る。記号としてΨが選ばれたことからして謎だ。

オーストリアの物理学者エルヴィン・シュレーディンガーが波動関数の考え方を世に出したのは1926年のことだった。その当時、シュレーディンガーは、スイスのチューリヒ大学の比較的目立たない物理学教授だった。1925年のクリスマス直前、シュレーディンガーは2週間の休暇にアローサへ向かった。妻のアンヌマリを残し、ウィーンにいた昔からの愛人を伴っていた。シュレーディンガーの色恋の相手の多くの名がわかっているが、アローサへ同行した愛人の名は知られていない（シュレーディンガーの人生には多くの恋愛沙汰があり、こうした関係に対するシュレーディンガーの自分本位の姿勢に被害を受けた女性もいた)。シェイクスピアのソネットに出てくる黒婦人《ダークレディ》のようなその女性は、創造的インスピレーションの元だったらしい。クリスマス休暇が終わるときには、シュレーディンガーはΨの概念と、それを決定する波動方程式を得ていた。シュレーディンガーとたぶんアローサのダークレディだけが、Ψが選ばれた理由を知っているだろう。それ以来、ギリシア文字のプサイは科学の刊行物に何十万回となく登場している。

α

微細構造定数

ギリシア語のアルファベットの最初にあるアルファが、科学の世界全体でも有数の重要な数の一つ、微細構造定数を表す記号になるのは、どこから見てもふさわしい。

この定数が世に出たのは、1916年のことで、アルノルト・ゾンマーフェルトによる。ノーベル賞候補になりながら、実際には受賞しなかった回数が最多という不運で有名な人物だ。ゾンマーフェルトはやっかいな観測結果を説明しようとしていた。ガス放電灯から出る光をプリズムに通すと、おなじみの連続的な虹の色に分かれるのではなく、明るい線が何本かしかない放出スペクトルが得られるということだ。このいわゆるスペクトル線の位置は、光が発生する元になっている特定の元素の「指紋」となる。元素が異なれば、できる線の組合せも違う。物理学者は今や、放出スペクトルを量子力学で簡単に説明するが、当時のゾンマーフェルトは、いくつかの明るい線が2本に分かれている、つまりその線には謎の微細な構造があることの理由を理解しようと苦労していた。そこでゾンマーフェルトはこの微細構造を説明するモデルを考え、それを解析するときに、ごく自然に、スペクトル線の分離の量を定める一つの定数——とくに深い理由もなく、αで表された——が現れた。

ゾンマーフェルトが立てた微細構造定数には、いくつかの変わった性質がある。まず、これは無次元数〔無名数。長さ、質量、時間の単位が打ち消されて、ただの数になったもの〕だ。物理学の重要な定数は、単位が違えば別の値を取る（たとえば光速なら国際単位系では299,792,458 m/sだが、かつての英国単位系なら670,616,629マイル／時というように）。微細構造定数はただの数で、実験でどんな単位系を用いても、αは、$7.297352569824 \times 10^{-3}$という値になる（1/137という分数がこの値にごく近いので、物理学者はたいてい、$\alpha = 1/137$という表し方でおぼえる）。微細構造定数は、物理学の他の様々な重要部分をつなぎ合わせるという大事な性質もある。たとえば、換算プランク定数$\hbar$、光速c、電子の電荷e——いずれも自然界の基本定数——を組み合わせて微細構造定数を表すことができる。つまり、微細構造定数が重要だということは早くから明らかだった。しかしゾンマーフェルトも当時の人々も、このαの重要性を本当には理解していなかった。その理解が得られたのは何十年か経ってからにすぎない。αは今でも微細構造定数と呼ばれているが、これは実際には、「結合定数」と呼ばれる、電磁気力の強さを表す値だ。

ドイツの理論物理学者アルノルト・ゾンマーフェルト（1868～1951）は、偉大な物理学指導者の一人だった。指導した博士課程の学生には、ヴェルナー・ハイゼンベルク、ヴォルフガング・パウリ、ハンス・ベーテ、ルドルフ・パイエルスなどがいる。（図版―パブリックドメイン）

量子力学の法則によれば、電子が空間中の軌道を動くとき、いくらかの確率で光子を放出する。その確率はαに直結しており——つまり確率は1/137の程度になり——荷電粒子が絶えず光子を放出したり吸収したりすることが、電磁気力と呼ばれる力をもたらす。つまるところ、自然界にある基本的な過程すべてについて、確率はαなどの結合定数に由来すると言える。αの値が違っていたら、世界の様子も違うことになる。たとえば、αが10倍ほど大きかったらどうなるだろう。つまり、電磁気力が現在の強さの10倍ほどあったらどうなるか。その場合、恒星での核融合は停止し、われわれが知っているような生命はありえなくなるだろう。1/137というαの値が、われわれの存在そのものを左右しているのだ。しかしなぜ、$\alpha \approx 1/137$であって、1/10や10ではないのだろう。他の結合定数もその大きさなのはなぜか。実のところ、誰もその理由は知らない。それは物理学の奥深い謎の一つなのだ。

γ

ガンマ線

電磁スペクトルは様々な領域に分けられる。たとえば可視光の領域というのは、人間の眼が反応する波長に対応するところだ。他の領域はそれほど明瞭に定義されないかもしれない（マイクロ波と呼ばれそうなところでも、私は電波《レイディオ・ウェーブ》と言ったりすることがある）が、少なくとも領域の名称は、誰でもよく知っているだろう——波長が最も短い領域以外は。電磁スペクトルのうちガンマ線の部分は、ギリシア文字によって名づけられている。この電磁波の中の波長が最短、つまり振動数が最大の領域がγ《ガンマ》放射と呼ばれるのはなぜだろう。

この用語になった理由は、20世紀の初頭にまでさかのぼる。物理学者が放射能の正体を理解しようとしていた頃のことだ。１８９６年、アンリ・ベクレルは、ウラン塩が、紙に包んだ写真乾板でも黒く感光させることに気づいた。アーネスト・ラザフォードはこの現象を詳細に調べ、エレガントな実験によって、放射能の秘密を多数明らかにした……放射が発生するのは、化学元素が変換されて別の元素になる際の現象であることを初めて示したのがラザフォードだった。しかしウランに由来する放射を正面から取り扱うのは容易なことではなかった。１８９９年、ラザフォードは実験で「少なくとも二種類の放射が存在する」ことが示されると書いた——「一方は非常に吸収されやすく、これを便宜上アルファ放射と名づけることにする。もう一つはもっと貫通力があり、こちらはベータ放射と名づける」。ラザフ

アーネスト・ラザフォード（1871～1937）は有数の実験物理学者で、原子核物理学の父と呼ばれた。1908年、ノーベル化学賞を受賞したが、疑う余地のないいくつかの成果によって、さらにノーベル物理学賞をもらってもよかっただろう。（図版―パブリックドメイン）

ォードがこの放射をαやβと呼んだことに特別の理由はない。要するに扱いやすいようにAさんBさんと名づけることにしただけだ。この世代の人なら、ラザフォードのようなばりばりの実務的な理系人でも、ギリシア語は勉強していたということにすぎない。

今では、α線がヘリウム原子核（陽子が2個と中性子が2個）のことで、β線が電子のことだというのはわかっている。α粒子は比較的質量が大きく動きが遅いが、β粒子は動きが速く、質量は比較的小さい。

ラザフォードが放射能の現象について、何らかの形で理解を整理しようとし始めたちょうどその頃、ポール・ヴィラールによって、事態が再び面倒なことになった。1900年、ヴィラールはラジウム塩からの放射を調べていた。まず、放射を容器の小さな穴から出して、写真乾板に当てた。もちろん、乾板は黒く感光した。それから薄い、α線を吸収する鉛箔を容器の周囲に置いても、一部の放射は乾板に届くことがわかった。やはり驚くことはない。β放射なら薄い鉛の箔を貫通できる。しかしヴィラールは強い磁場をかけて、β放射が乾板に当たらないようにした。このような障害物――α粒子を遮蔽する鉛やβ粒子をそらす磁場――があっても、ラジウムからは貫通力のある放射が出ていて乾板を感光させた。別のタイプの放射があるとせざるをえない。

ヴィラールはこの第三種の放射に名前をつけることはしなかったので、1903年、ラザフォードはそれを簡単にγ線と呼ぶことにした。ギリシア語のアルファベットの、α、βに続く第三の文字だ。最初、物理学者はγ線もα線やβ線のように粒子でできているにちがいないと考えた。ところが1910年、ウィリアム・ブラッグが、γ線は電磁放射の一種であることを示した。4年後、ラザフォードがγ線の波長を測定して、それがきわめて短いことを明らかにした。実は、γ線に一般的な波長は原子の直径よりも小さい。γ線の波長が短い／振動数が高いということは、そこに大量のエネルギーが閉じ込められているということなので、γ線は多くの点で粒子のようなふるまいを見せていたのだ。

τ

タウ粒子

素粒子が名称と記号を回り道して得ることもある。タウ粒子を考えよう（単に「タウ」と、ギリシア文字τのみで呼ばれることもある。話は１８９７年、J・J・トムソンが、負電荷を持ち、質量が陽子の1/1836ほどの粒子を発見したときに始まる。トムソンはこれを「微粒子《コープスクル》」と呼んだが、今では電子《エレクトロン》と呼ばれている。トムソンはそれが原子の基本的構成要素と信じ、実際そのとおりだった。電子は本物の素粒子だ。つまり、それより小さい構造が特定されたことはない。

トムソンの発見から約40年後、カール・アンダーソンとセス・ネッダーマイヤーは、磁場を通すと電子と同じ方向に曲がる粒子を発見した。どんな速さについても、この新粒子が通る経路は電子の経路より曲がり方が緩く、陽子よりは曲がり方がきつかった。この粒子の質量は電子よりも大きいが、陽子よりは小さいということになる。アンダーソンはその後、この新粒子が電子の約２００倍、陽子の約1/9の質量であることを導いた。その2年前、湯川秀樹が、原子核をまとめる力を伝える粒子があると考え、その質量を予想していた。その質量は電子と陽子の中間にあった。この予想された粒子は中間子《メソトロン》と呼ばれた。*meso* という接頭辞は、ギリシア語で「中間」を意味する単語に由来する。もっともなことに、アンダーソンらの新粒子は最初、この中間子だと思われた。しかし古典的な教育を受けた物理学者は、中間を表すギリシア語の単語には「tr」は入ってないことを指摘したため、「メソトロン」は「メソン」

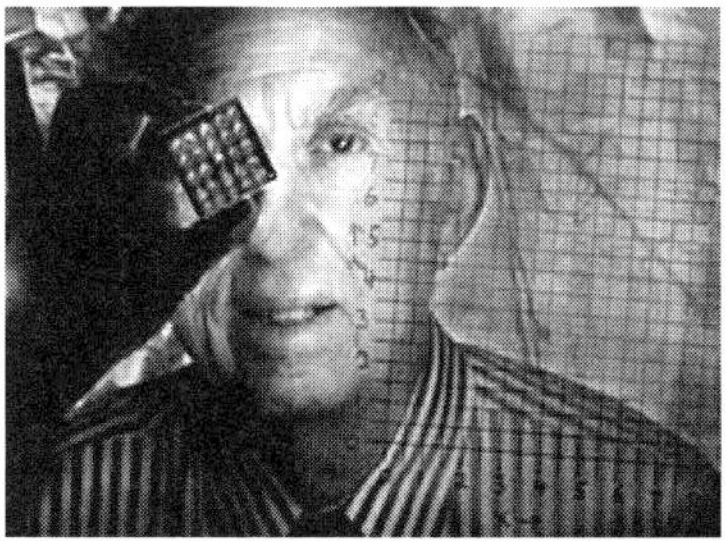

マーティン・ルイス・パール（1927～2014）は、タウ粒子の発見に対して、1995年にノーベル賞を与えられた。（図版―パブリックドメイン）

に縮められた（アンダーソンの発見から半世紀後、ブリストル大学の講師の一人がこの粒子をまだメソトロンと呼んでいた。学生の頃にその名を習って、それを変えなかったのだろう）。

１９４７年、ブリストル大学のセシル・パウエルが率いる物理学者チームが、アンダーソンの粒子と似た質量の粒子を発見して、やはり中間子となった。すると湯川の粒子は二種類あったということか？　それとも何か別のものか？　両者を区別するために、アンダーソンの粒子は「ミュー中間子」と呼ばれ（ギリシア語でｍに相当する文字μによる。メソンのｍのことらしい）、パウエルの粒子は「パイ中間子」と呼ばれた（ギリシア語でｐに相当する文字πによる）。その後、他の多くの中間子が発見され、ミュー中間子は他の中間子とはまったく別のものだということも明らかになった。それは湯川の予想した粒子とは何の関係もなかった。むしろミュー中間子には、電子との共通点の方がずっと多いように見えた。実際、ミュー中間子は、さらに名が短縮されてミュー《ミューオン》粒子となり、基本的に電子の質量を大きくしたものということになった。電子とは違う「ミューオンらしさ」とも言える性質もいくつかあるようだが、電子とミューオンは近い関係にある。それにどちらも素粒子だ。

電子とミューオンはそれぞれ「レプトン」と呼ばれる素粒子の一種をなす。この名はギリシア語で「小さい」を意味する単語に由来する。レプトンという言葉が最初に使われた１９４８年には、知られているレプトンは電子とミューオンだけで、確かにその二つは、陽子など、当時発見されていた他の粒子と比べると、質量が小さかった。ところが1975年、マーティン・パールがタウ・レプトン〔タウ粒子〕を発見した。τは陽子の2倍近い質量があるので、それはいかなる意味でも小さな低質量の粒子とは考えられない。このτは中間的質量の粒子（旧式の用語を用いれば中間子）でさえなかった。レプトンだからといって、質量が小さいとはかぎらなかったのだ。さらに30年後、状況が明瞭になってきている。レプトンという素粒子には三つの「世代」と呼ばれる区分があるということになった。電子は第一世代をなし、ミューオンが第二世代、タウ粒子は第三世代となる。ではなぜ「τ」と呼ばれるのだろう。発見された荷電レプトンの三番めで、タウはギリシア語で「三番」を意味する単語の頭文字だからだ。

【Ξ】グザイ粒子

素粒子物理学——極微の世界についての科学研究——がとことん混乱していた時代があった。物理学者は原子よりも小さい存在を、恒常的に発見していた。変わった名の粒子も何十とある。J/Ψ（ジプシー）中間子（日本では「ジェイプサイ中間子」と呼ばれる）、デルタ共鳴、チャームドシグマ粒子などがあり、他にどれだけあることか。私は学生の頃、素粒子動物園ではグザイ粒子というのがお気に入りだった。他でもない、それを表す記号Ξが好きだったからだ（ついでながら、この記号はギリシア語のアルファベットにある、ローマ字のXで表されるクス／グズの音を表していた。ギリシア語の方言によっては、この音を表すのに、「カイ」の文字を使っていて、これがXと書かれることもあった。イタリア地方に浸透したのがこの使い方で、ローマ字のアルファベットは、アルファベットの第24字にΞではなく、Xを用いるようになった）。

20世紀も終わりの方になってくると、物理学者もだんだん、この野放図な混乱に筋を通すようになった。先に挙げたJ/ΨやΞなどの粒子は素粒子ではないことがわかった。こうした粒子は、クォークという本当の素粒子でできていて、その組合せがそれぞれに異なっているにすぎなかった（私が「本当の素粒子」と言うのは、これまでの実験では、クォークにはいかなる構造も識別されていないことを意味している。クォークがさらに「素」となるもの——人気のある説明は、それが一次元の極微の弦《ストリング》の励起状態とすること——でできているということはありうるが、今のところ、もっと「素」となるものがあるとする説得力のある

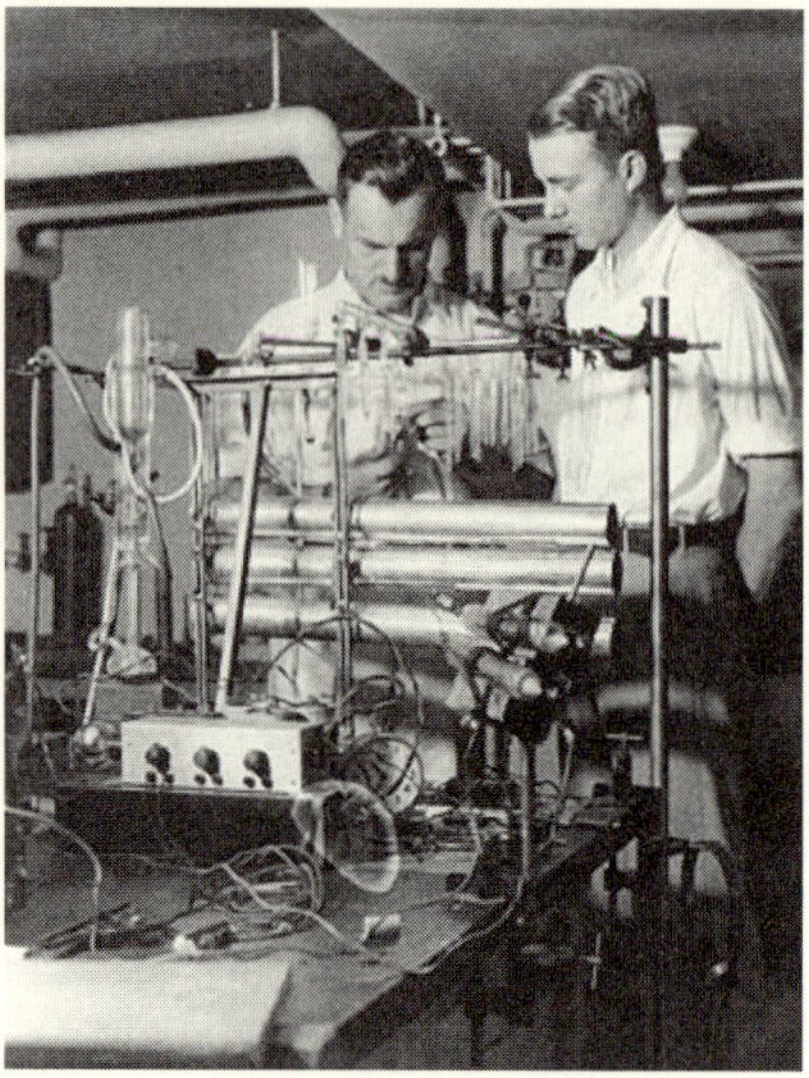

右側の大学院生がルイス・アルヴァレス(1911～1988)。隣は指導教授のアーサー・コンプトン(1892～1962)。コンプトンはこの写真が撮影されるより6年前、1927年にノーベル賞を受賞した。アルヴァレスは後の1968年にノーベル賞を受賞する。二人とも自然界の基本的な部材についての理解に重要な貢献をした。(図版―パブリックドメイン)

実験的証拠はない)。クォークには6種類あり、三つの世代に整理される。u《アップ》とd《ダウン》が第一世代をなし、c《チャーム》とs《ストレンジ》が第二世代、t《トップ》とb《ボトム》が第三世代となる。クォークに三つの世代があるというのはレプトンに世代が三つあることに合致する。

自然界では個々のクォークは観測されない。クォークどうしはきつく結びついて粒子をなし、これが実験で検出される。三つのクォークが結びつくと、バリオンと呼ばれる類の粒子になりうるし、クォークと反クォークの対が結びつくと中間子《メソン》と呼ばれる粒子になりうる。たとえば、先に挙げたJ/Ψ中間子は、cクォークと反cクォークの組合せ($c\bar{c}$)だ。やはり先に挙げたデルタ共鳴、たとえば典型的なΔ^{++}

は三つのuクォークでできている（uuu）。チャームドシグマ粒子（バリオン）は、二つのdクォークと一つのcクォークの組合せだ（ddc）。バリオンとしてたぶんもっとなじみのあるのは、陽子（uud、つまりuクォーク二つとdクォーク一つの組合せ）と中性子（ddu、dクォークが二つとuクォーク一つの組合せ）だろう。陽子と中性子がまた結びついて原子核をなすので、結局、身のまわりに見られる物質のほとんどは、つまるところ、uクォークとdクォークの様々な組合せということになる。

私のお気に入りのΞ粒子はどうなるだろう。電気的に中性の場合には、$Ξ^0$という記号になり、uクォーク一つとsクォーク二つでできている（uss）。$Ξ^0$は捉えにくい存在で、10億分の30秒もかからずに崩壊する。最初に捕捉されたのは1959年で、見つけたのはルイス・アルヴァレスが率いるチームだった（1968年、アルヴァレスはそのような短命な粒子を調べられるようにする研究についてノーベル物理学賞を受賞した。しかしアルヴァレスは、6500万年前に恐竜の絶滅につながった小惑星衝突があったとする証拠を見つけたチームに加わったことの方が知られている）。

σ 標準偏差

石段を見てみよう。長年人々が上り下りした年季が入ったものが良い。石段に足を下ろすたびに石の表面がわずかずつ摩耗する。石の面には、軟らかい石でも何十年、硬い石なら何百年も経てできた摩耗のパターンが見られる。そのパターンは一様ではないこともわかる。中央部分では深く削られ、両端はほとんど削られていない。摩耗のパターンは明瞭な教会の鐘のような形をなす。

この鐘形曲線〔ベルカーブ、正規分布曲線〕は科学を代表する図像だ。ある程度の回数、測定を繰り返すと、その結果の分布は鐘形を描く。ほとんどの測定結果は中央値に近いところにあるが、そこから離れた値もわずかながらある。偏りのない硬貨を何度もはじけば、表の回数の確率分布は鐘形になることがわかるだろう。１００回はじいた結果としていちばん多いのは表が50回だろうが、ランダムな可能性で、45回しかないこともあれば、43回とか、もっと少ないこともある。成人男性１０００人の身長を測定しても鐘形曲線が見られる。アメリカでは平均身長は〔アメリカ人がいまだに使っているフィートとインチを使うと〕５フィート10インチ〔約１７８センチ〕で、ほとんどのアメリカ人男性はそれを中心に数インチの範囲に収まる。例外的に高い、低いという人はいるが、それはまさしく例外的な存在だ。

身長の例をもう少し調べてみよう。男性の平均身長が５フィート10インチなら、半分は５フィート10インチよりも高く、半分はそれより低い。しかしその平均は、集団の中で身長がどう分布するかについては何も教えてくれない。「標準偏差《スタンダード・デビエーション》」という、記号σ（スタンダードのsに対応するギリシア文字シグマ）で表される量が、ベルカーブの幅を表す。ある量がベルカーブに従う場合、そのうち約68パーセントは平均値から±1σの範囲に収まる。たとえば、アメリカ成人男性の身長については、標準偏差は３インチで、これはアメリカ人男性のうち68パーセントは、身長が５フィート７インチ〔約１７０センチ〕

ここに掲げたヨークシャーの裏道にあるような古い石段は、明瞭な教会の鐘形の摩耗パターンを見せる。中央の摩耗が激しく、両端はそれほどではない。そうなる理由はわかりにくいことではない。人々が石段を踏むときには、足は端よりも中央に下ろされる場合の方が多いということだ。時間が経つと、靴で石段の中央の方が摩耗し、端は比較的無傷で残る。（写真—Tim Green）

から6フィート1インチ〔約185センチ〕の間にあるということだ。

数学者は標準偏差を2世紀以上前から研究している（ただし標準偏差という用語や記号σが導入されたのは、1894年で、カール・ピアソンによる）。数学者は、ベルカーブとσについて知るべきことはすべて知っている。たとえばデータの約95パーセントは平均から±2σ以内にあり、約99.7パーセントは平均から±3σ以内にあり、5σになると、約99.999994パーセントが収まる。

5σという数字は素粒子物理学では重要だ。この分野では、あることを発見したと主張するには、証拠はこの水準を達成しなければならないからだ。5σの結果とは、そのような実験結果が偶然のゆらぎで観測される可能性は約200万分の一しかないということを意味する（そして5σの結果であっても、別個に確認される必要がある）。実験にもともと誤りがある可能性がつねにある。たとえば素粒子を発見したのではなく、ヒューズの故障を見つけたのかもしれない。2012年、CERNの物理学者が有名なヒッグス粒子と整合する粒子の発見を発表したとき、そのチームが発見に自信を抱いたのは、2回の独立した実験がそれぞれ5σの水準の確度で検出したからだった。

Λ　宇宙定数

空中に物体を放り出せば、その後の運動は、手を離れるときの速さに左右される。運動には三つの場合がある。ニュートンが最初に明らかにしたことだ。

ケース1　物体は上昇し、地球の重力で一定の割合で減速し、頂点に達すると、地球に引き戻されて落下する。初速が大きいほど、達する頂点も高くなる。

ケース2　物体を地球の脱出速度よりも大きな速度で放出すると、物体は宇宙空間へ飛び出して行く。地球の重力によってだんだん遅くはなるが、戻って来ることはない。

ケース3　物体をちょうどの速さ――脱出速度――で放出すると、地球を回る軌道に入る。地球の重力を振り切ることはないが、戻って来ることもない。

1920年代から1930年代にかけては、科学者は宇宙がビッグバンで始まり、膨張を始めたのではないかと見るようになっていた。アインシュタインの一般相対性理論は、ニュートンの万有引力の法則を修正し、宇宙論学者に宇宙の未来の膨張や運命を論じることができるようにした。その結果、先の三つの場合と同様の三つの可能性があることがわかった。宇宙の膨張はいずれ停止し、逆転するか（この場合には宇宙はいわゆるビッグクランチで終わる)、膨張の速さを遅くしながらも永遠に膨張を続けるか(ビッグフリーズで終わる)、この二つのちょうど境目にあって、膨張が無限の未来で止まるか。

1999年、二つの宇宙論学者チームが、三つの場合のどれが現実を表しているかを判定するために、きわめてエレガントで巧妙な一連の観測を行なった。宇宙論学界はその結果を認め、両チームの代表が2011年のノーベル物理学賞を受賞した。果たしてわれわれが暮らしているのはどんな宇宙だったのか。ビッグクランチか、ビッグフリーズか、両者のちょうど境目にある宇宙か。得られたのはきわめて奇妙な答えだった。宇宙の膨張はその三つのいずれにも収まらなかったのだ。宇宙の膨張は加速している。空中にリンゴを放り上げると、減速するのではなく、どんどん速くなるのを見るようなものだ。

どんな力が宇宙にそんな自らをばらばらにするようなことを起こしているのか、物理学者はまだ知らない。それは「ダークエネルギー」と呼ばれているが、これはわからないところに何かのラベルを貼ったただけにすぎない。とはいえ、ダークエネルギーについて現時点でぎりぎり推測できるのは、それがいわゆる宇宙定数があるためということだ。

アインシュタインが一般相対性理論を考えてまもなく、自らその方程式に、ギリシア文字のラムダの大文字Λで表される追加の項を導入した(Λを使ったことについては深い理由はなく、無作為に選んだだけらしい)。アインシュタインがΛを導入したのは、元の方程式からすると、宇宙が「動的」になることが予測されたが、アインシュタインの方は、宇宙は(それまでの星々の天文学的観測から示唆されるように)「静的」だと信じていたからだ。宇宙定数項Λは、その問題を修復することを意図して入れられた。もちろん、後に宇宙は動的だということがわかった。宇宙は膨張していたのだ。それでアインシュタインは自分の頭を叩き、Λを式から外した。伝説では、それを入れたことを自分の「最大のどじ」と呼んだという（われわれからすれば、アインシュタインのようなどじができたらどんなにいいかと思うのだが）。しかし宇宙論学者は今や、その方程式にあらためてΛを戻した。結局のところ、Λの値がごく小さくても、十分に膨張の加速が説明できた。

観測結果を説明するためには、Λはないに等しいほど小さくなくてはならない。いわゆる「自然な」単位系で表すとで 10^{-120} ほどになる。困ったことに、物理学者がΛを理論的に導こうとすると、どんなに良い理論を用いても、10^{120} 倍も大きすぎる答えになった。これはあらゆる科学で最大の理論と観測のずれと言われていて、その由来を理解することが、物理学でも差し迫った問題の一つかもしれない。

物理学の名誉を守るために言えば、実際には、理論と観測の最悪の隔離があるのは経済学の方だと私は言いたい――経済学も科学だと認めるなら。ゴールドマンサックスの最高財務責任者は、２００７年の金融危機の際、ヘッジファンドの低迷を説明して、「われわれが見ていたのは、連続して何日かの、25σ〔標準偏差〕の事態でした」と言った（σの意味については前節を参照のこと）。連続して何日かの部分はこの際無視しよう。25σの事態というのは、3.1 × 10^{136} 営業日に一度あることで、そのエコノミストは無茶苦茶な読み間違いをしたということだ。

B

磁場

磁石で遊んでいるとほとんど魔法のようで、磁石をいくつか手にしていると、その磁石どうしの間に見えない力線を感じる。磁石の基本的な性質は少なくとも２５００年前から知られていた（磁石を表す「マグネット」という言葉は「マグネシアの石」という意味で、マグネシアは古代ギリシア人が磁鉄鉱——自然に磁化した金属の塊——を発見したところ）。しかし磁気について——ひいては今ではあたりまえのいくつかの技術について——現代的な理解が発達してきたのは、19世紀になってからだった。アンドレ＝マリ・アンペール、マイケル・ファラデー、ジェームズ・クラーク・マクスウェルといった物理学者は、磁気の正体を明らかにする助けになる実験を行ない、磁石が持つあの「魔法のような」性質を説明するような理論を考え出した。

今日でも、物理学を学ぶ学生は、アンペール、ファラデー、マクスウェルらの草分け的な初期の研究を叩き込まれる。しかし、磁気を論じるときに使う様々な記号がそうなる理由が学生に説明されることはめったにない。たとえば、磁場あるいは磁束密度はたいていBという記号を与えられる。実は私はここでは立ち入らない理由で、これは活字ではたいてい太字の斜体***B***という形をとる。関連する概念である磁界の強さ、つまり磁界強度は、***H***という記号になる（紛らわしいことに、***H***場も磁場と呼ばれることがある）。しかしなぜ***B***と***H***なのか。この二文字は何を表しているのか。私が教わった先生方は教えてくれなかった。

答えは結局、アルファベット順の単純な歴史の偶然だった。

電気と磁気の関係を解明する点で（実際にはこの二つが、電磁気と呼ばれる根本にある統一的現象の両面だということを示す点で）、他の誰よりも大きな業績をあげた人物がマクスウェルだった。電磁気の数学的理論を考え出し、そこには様々な組合せで現れる多くの量が含まれていた。量には名前をつける必要があり、その量を数学を使って扱おうとするなら、記号も与えた方がよい。さて、マクスウェルが扱った量の一つは電気的変位《ディスプレースメント》の場と呼ばれた（これにはもっともなことに、ディスプレースメントの$\boldsymbol{D}$が与えられた）。起電力《エレクトロモーティブ》という量もある（これを表す合理的な記号はEだが、活字ではしばしば$\mathscr{E}$という形になる）。

スコットランドの物理学者ジェームズ・クラーク・マクスウェル（1831～1879）は、史上有数の影響を残した物理学者の一人。熱力学での重要な研究を差し引いて、電気と磁気を統一した成果だけで考えても、アインシュタイン、ファラデー、ニュートンのような物理学者に肩を並べることができる。実際、アインシュタインは研究室の壁に、ニュートンとファラデーの肖像画とマクスウェルの写真を掲げていた。（図版—パブリックドメイン）

ついでながら、記号***D***や$\mathscr{E}$は今も使われている。19世紀の当時には、電流《カレント》は*C*を使って表すのが一般的だった（今はふつう、*I*を使う。これはフランス語で「強さ」を表す単語による）。アルファベットに敏感なマクスウェルが、「C、D、E……か。ふむ、じゃあ、ここに出てくる量はA、B、C、……、G、Hだけで表すことにしよう」と考えているところが想像できる。実際マクスウェルはそうした。

たぶん自分の研究で最も重要な成分と見なした量、磁気ベクトルポテンシャルが第1位、つまりアルファベットの筆頭、記号***A***を与えられた。次が磁場で、***B***となり、これを***H***まで続けた。つまり、***B***や***H***は何の略号でもないということだ。

℧

電気伝導率

国際単位系SIは、賢く使えば偉大な発明だ。通商、科学、工学に携わる人々に、仕事に使える共通の単位群をもたらす。しかしときには少々生真面目すぎることもある。たとえば、電気伝導率を表すSI組立単位〔SIの基本単位（＝m、kg、秒など7種）を組み合わせて作る単位〕を考えよう。

何かの導体――針金でも何でも――を用い、2点間に一定の電圧をかける。するとその2点間に電流が流れる。電流の大きさは、導体がどういう性質か、つまり導体の「電気抵抗」で決まる。1881年、パリで開催された第1回国際電気学会では、科学者がある定義に同意した。1ボルトという一定の電圧がかけられたとき、1アンペアの電流が流れるなら、その抵抗を1オームと定めるということだ。オームを表す記号はギリシア語でOに対応するオメガの大文字Ωにすることにも合意が得られた。オームという名とそれによる記号は、ドイツの物理学者ゲオルク・ジーモン・オームを称えてのことだった。オームは導体にかけられた電圧とそこから生じる電流との比例関係を明らかにした最初の人物だった（抵抗を表す記号にΩではなく大文字Oを用いた方がオームを明瞭に称えることになっただろうが、そうすると、手書きの書体ではOは0、つまり数字のゼロに似ているので、大きな混乱が生じていただろう）。

導線の電流に対する抵抗について語るのではなく、導線の電流の流しやすさ、つまり「電気伝導率」について語ることもできる。電気伝導率は、抵抗の逆数にすぎない。電線の抵抗を計算するには電圧を

ドイツの物理学者ゲオルク・ジーモン・オーム（1789～1854）は、たぶん、導体に流れる電流がその導体にかけられた電圧に正比例することを発見したことが最も有名だろう。それが有名なオームの法則、$V = IR$ だ。オームは他の分野でも貢献した。たとえば音響学にも、それほど知られていないオームの法則がある。（図版―パブリックドメイン）

電流で割る。電気伝導率を計算するには電流を電圧で割る。オーム（ohm）が抵抗の単位なら、この電気伝導率の単位はどうするのが良いだろう。「mho《モー》」はどうか――ohmを逆向きに綴ったものだ〔日本語ではカタカナ表記を逆にして「ムーオ」とも〕。ビクトリア時代の指導的物理学者の一人ケルビン卿がmhoの名を唱え、私はなるほどと思う。そしてmhoの記号は単純に℧で、Ωを上下ひっくり返しただけだ。

残念なことに、1933年に開かれた国際電気学会は、電気伝導率の単位は、ドイツの発明家、エルンスト・ヴェルナー・フォン・ジーメンスの名を取って、「ジーメンス」と名づけるのがよいと提案した。この単位は広くは用いられなかったが、1971年の第14回国際度量衡総会のとき、ジーメンスは国際単位系に加えられた。その時点で電気伝導率の単位は、公式にはジーメンスとなった。私からすれば、「ジーメンス」は「モー」ほど良さそうには思えないところが問題だと思う。もっとはっきり言うと、ジーメンスは巨大な多国籍企業で、冷蔵庫や冷凍庫、皿洗い機など多くのものを作っている。SI単位系で宣伝してもらう必要はない。さらに、単位ジーメンスを表す記号Sは、sに似ている——秒《セカンド》を表すsで、これはSI単位でははるかに重要な存在だ。Sとsがごっちゃになる可能性はOと0がごっちゃになるのと同じくらい、面倒なことになる。手書きによる混乱がオームをOで表さない理由になるのなら、ジーメンスをSで表すことにも言えるだろう。

モーとジーメンスは同一なので（1℧は1Sに等しい）、モーという名と、それをうまく表した記号℧を使えばいいではないか。残念ながら、モーに戻ろうという動きは起きそうにない。少数の人々は、特定の状況では今でも℧を用いるが、ほとんどの人々はしゃれっけのないSを支持している。

Å

オングストローム

19世紀半ばのこと、アンデルシュ・オングストロームは地磁気、オーロラ、熱物理学など、様々な分野で目立つ研究者だった。物質がどのように光を発したり吸収したりするかを調べる、分光学という成長中の分野でも先駆者だった。1868年、オングストロームは『太陽スペクトルに関する研究』という題の本を発表し、太陽から出る放射の詳細を論じた。太陽放射には、一定の波長のところでエネルギーの放出が著しく下がり、そういう地点がいくつもある。太陽スペクトルにあるこの暗い線は、天文学者に膨大な量の情報を伝えていて、オングストロームの本には、そうしたスペクトル線1000本についての波長を示す総覧が出ている。

オングストロームは、太陽のスペクトル線にある波長について書くとき、きわめて合理的に、1メートルの100億分の1に相当する長さの単位を使った（0.0000000001m、つまり10^{-10}m）。この単位では可視光の波長――つまり人間の眼が感じる波長――は約3900単位（可視光の青側の端）から7500単位（赤側の端）にわたる。そのような長さの単位はこの種の分光分析の作業にはきわめて好都合で、その後、10^{-10}mの距離を表すためにÅの記号を使うことが合意された。この単位はangstrom《オングストローム》と呼ばれる（当人を称えてångströmと綴られることもある）。

特定の分野の作業にある単位が適切で便利であれば、人々は自然にそれを使うようになる。私はイギリスやアメリカの人々がヤードポンド法に執着しているのはそのせいだと思う。その単位系は日常生活にはぴったりだからだ。1ヤードとは歩幅のことだし、1インチは基本的に親指の幅で、1フィートはもちろん足の長さだ。このヤード・ポンド法は日常の品々にとっては自然だから通用するのだ（しかしヤード・ポンド法での換算や計算は面倒になる。メートル法の計算ははるかに易しい）。私はすでにオングストロームがスペクトル線を取り扱うのには好都合となる理由を説明したが、実際、科学や技術の多くの分野がオングストロームは使いやすいと見るようになった。たとえば化学者や結晶学者なら、原子のサイズ、結合の長さ、結晶中の原子間の間隔といったものに関心があるだろう。それぞれの場合、大きさはだいたい1Å程度で、10^{-10} m よりずっと言いやすい。もう一つ例を挙げると、宇宙物理学者はブラックホールから出るX線に関心がある。そしてX線の波長はだいたい0.1Åから100Åほどの範囲にあるので、X線天文学者どうしの会話は、オングストロームで話すとスムーズに進む。オングストロームは便利な単位だ。それがだんだん使われなくなっているように見えるのは、やはり残念でならない。

スウェーデンの物理学者、アンデルシュ・ヨナス・オングストローム（1814～1874）は、「分光分析の父」と呼ばれることが多いが、他のいろいろな分野でも顕著な業績をあげた。その名は長さの単位に残っているが、月のクレーターや小惑星帯の小惑星にもつけられている。（図版—パブリックドメイン）

オングストロームがぶつかる問

題は、それがミリ（10^{-3}のこと）、マイクロ（10^{-6}のこと）、ナノ（10^{-9}のこと）という接頭辞が使える三桁区切りのパターンに収まらないところにある。さらに、オングストロームは国際単位系の正式の単位ではなく、国際度量衡委員会もその使用を推奨していない。逆に科学者はそれに最も近い国際単位系の単位、ナノメートル（nm）――10^{-9} m――を使う傾向にある。nmは十分に使えると私は思う。典型的な原子の大きさは0.1 nmで、これは扱いやすいし、X線の波長は0・01～10 nmということになる。しかしnmは、どうにもÅほど良さそうには見えない。

オングストロームのファンのためについでに言っておくと、ÅはAにアクセント記号がついたものと考えない方がよい。スウェーデン語では、上にある丸はAに「加えた」ものではない――それはAとはまったく別の文字にもともと備わっている部分なのだ。スウェーデン語のアルファベットでは、ÅはZの後に置かれる（Åの後にはÄとÖが来る）。

○度

度《ディグリー》という言葉は、「段」（階段の段）という意味のラテン語に行き着く。この単語の使用が進む間に、それは階層構造の一段一段という概念を表すようになり、そこからたとえば「学位」を指す近代的な用法ができている。しかしなぜ上付の丸い「°」の記号が角度や温度の「度」を表すために使われるのだろう。

現代の「°」で角度を表すという用法は1569年にさかのぼり、その年、オランダの地図制作者で器具製造業者のヘマ・フリシウスが出した『易しい算術の実践的方法』という本の改訂版に、この記号が登場している。実は、この記号は小さな上付文字のゼロだった。そしてゼロを使うということがその意味を強調する。

円は慣習的に360度に分けられる。この慣習は古代バビロニア人やエジプト人のもので、そうなったのはおそらく、360が多くの数で割りきれるからだろう。1年が約360日で、太陽の黄道上の進み方が1日に1度程度になるという事実など、他にもそうなった因子があったかもしれない。しかし360が割り切れやすいというのは、きっと重要な理由だったにちがいない——何と言ってもその頃の人々には電卓はなかったのだ。ともあれ、度はさらに60等分されて分と呼ばれ、分はさらに60等分されて秒と呼ばれることがある（天文学で秒角を使うという前章の話を参照のこと）。

分角はローマ数字のIで表された。たとえば５分は5^{I}と書かれた。秒角はローマ数字のIIで表された。たとえば５秒は5^{II}と書かれた。この表記は少し進化して、現代の書き方でそれぞれの角度を表すときは5'と5"と書くようになる（音読するときには、上付文字Iは、一番を表す「プライム」と呼ばれた。この用法から、記号'の名がついた）。度を表すためにゼロを使うのは、この古い方式の逆成ということになる。数の上にゼロを置くと、端数のない整数となる。プライムつまりIがついていると、一度の最初の分割を表し、ダブルプライムつまりIIがつくと、第二《セカンド》の区分を表す。

　では温度はどうなるのだろう。

温度を物理的配置、あるいは並びで定義するとすれば、その配置の区分について語るときに「度《ディグリー》」という言葉を使うのはわかりやすい。ディグリーはまさしく階層にある段のことなのだ。このような形で度を「温度の単位」として初めて使ったのは、１７２４年のダニエル・ガブリエル・ファーレンハイト〔華氏〕だった。３年後にはこの用法はヨーロッパ全体で広く使われていた。この華氏温度は、水の凝固点と沸点に基づく配置つまり並びを用いていた。その目盛は後に少し修正され、凝固点（32°Fと沸点（２１２°Fの間が１８０に分けられた。

　華氏はアメリカとその支配地で使われているが、それ以外の地域は、スウェーデンの天文学者アンデルシュ・セルシウス〔摂氏〕が考えた同様の温度目盛を用いている。こちらでは、水の凝固点（０℃）と沸点（１００℃）を１００度に区切る。一見すると、摂氏温度の方が論理的に見えるが、日常生活では、私はやはり「旧式」の華氏温度の方が良い。その方が自分が出会う気候にはうまく合うからだ。０°Fだと冬の寒さが厳しい日で（約-18℃）、50°Fなら春や秋のひんやりする頃（10℃）、１００°Fは夏の猛暑い日（約38℃）という具合だ。摂氏温度を使うと、値の範囲がもう少し「制約」されて、寒い日には負の数が用いられ、夏でも30℃を大きく超えることはめったにない（少なくともイギリスでは）。

現代の物理学者はケルビン温度を使うので、度を気にする必要はない。物質に温度があるのは、それを構成する原子や分子の運動エネルギーによる。物質が冷やされると、原子運動が遅くなる。いずれ原子はまったく動かなくなる。マイナス273℃、あるいはマイナス459・67°Fの温度でそうなる。これは絶対零度と呼ばれ、科学者はこれを絶対温度方式の基準として、他の温度を測定する固定された基準にする。ケルビン温度では、度と言ったり。の記号を使ったりする必要はない。絶対零度は単純に0Kとなる。

ベンゼン環

科学研究は長く困難な、辛い作業だ。それなのに、一般の人々が科学的発見について考えるよう求められると、ひらめきの「アハ」の瞬間が強調される傾向がある。アルキメデスが不規則な形の立体の体積を測る方法を理解したとき、「わかった」と叫びながら裸で通りに飛び出したとか、ニュートンは頭にリンゴが落ちてきてぶつかったときに月も地球に向かって落ちているのではないかと思いついたとか。私が好きな突然のひらめきの例の一つがケクレによるベンゼンの化学構造の説明だ。

ベンゼンを初めて分離、特定したのは大物理学者マイケル・ファラデーで、1825年のことだった。その後の30年にわたり、化学者は産業規模でこの物質を生産し始めた。「芳香族」呼ばれるようになる、役に立つ興味深い化学物質群があり、ベンゼンはその中でも最も単純だということがわかってきた。ベンゼンは明らかに重要な物質で、当然、化学者はこれについて知りたいと思った。

ベンゼン分子は炭素原子6個、水素原子6個でできていて、化学式はC_6H_6となることが徐々に明らかになった。しかしそのことが謎をもたらした。ドイツの化学者アウグスト・ケクレ（Kekulé）による、それ以前の発見のせいだった（ヴィルヘルム2世皇帝がケクレを貴族の列に加えてから、その名はフリードリヒ・アウグスト・ケクレ・フォン・シュトラードニッツ（Kekule von Stradonitz）となった。自分で「フォン・シュトラードニッツ」を加え、ケクレのアクセント記号を消した。しかしケクレはほとんど必ず、アウグスト・

ケクレ（Kekulé）と呼ばれる）。ケクレは炭素原子は4本の化学結合が作れることを明瞭に示していた。ところがベンゼンの場合、どう並べても、結合の数が合わなかった。

このベンゼンの構造というやっかいな問題を解決したのも当のケクレだった。ケクレはベンゼンの6個の炭素原子は6個でできた環をなし、単結合と二重結合が交互に並ぶと論じた。その発見は非常に重要だったので、ベンゼンはその環構造に基づく独自の記号、⌬を得ることになった。

この化学物質に関連する多くの謎の現象を説明するために、化学者はケクレの洞察に依拠した。ケクレの成果によって、化学者はベンゼンから派生する膨大な数の化学物質や他の芳香族化合物を合成できるようになった。そうした物質には、医療、産業、技術に使い途があった。ケクレはどうやってその世界を変えるような発見をしたのだろう。１８９０年、その発見から25年を記念するドイツ化学会の学会で、ケクレは自分がその考えを得たときのことを解説した。

ケクレはある日、ベンゼンの構造のことを考えていて、うとうとして夢を見たと言った。蛇が自分の尻尾をくわえている夢だったという。このウロボロス——自らを呑み込む大蛇のイメージ——はよく知られたシンボルだ。古代エジプトにまでさかのぼり、ツタンカーメン王墓の墓誌にも登場する。その日ケクレが考えていたのは、このウロボロスのことで、それらを考えているときに、炭素原子が環になって踊っているところが思い浮かんだのだという。⌬は夢想が元だったということだ。

科学者が得る突然のひらめきの物語は楽しいが、科学は遅々とした慎重な歩みだという考え方と矛盾するものではない。ケクレが聴衆を喜ばせようと話を膨らませたわけではないとしても、またそのひらめきが本当に一瞬で生まれたのだとしても、私を信じていただきたい——ケクレのひらめきの前には、

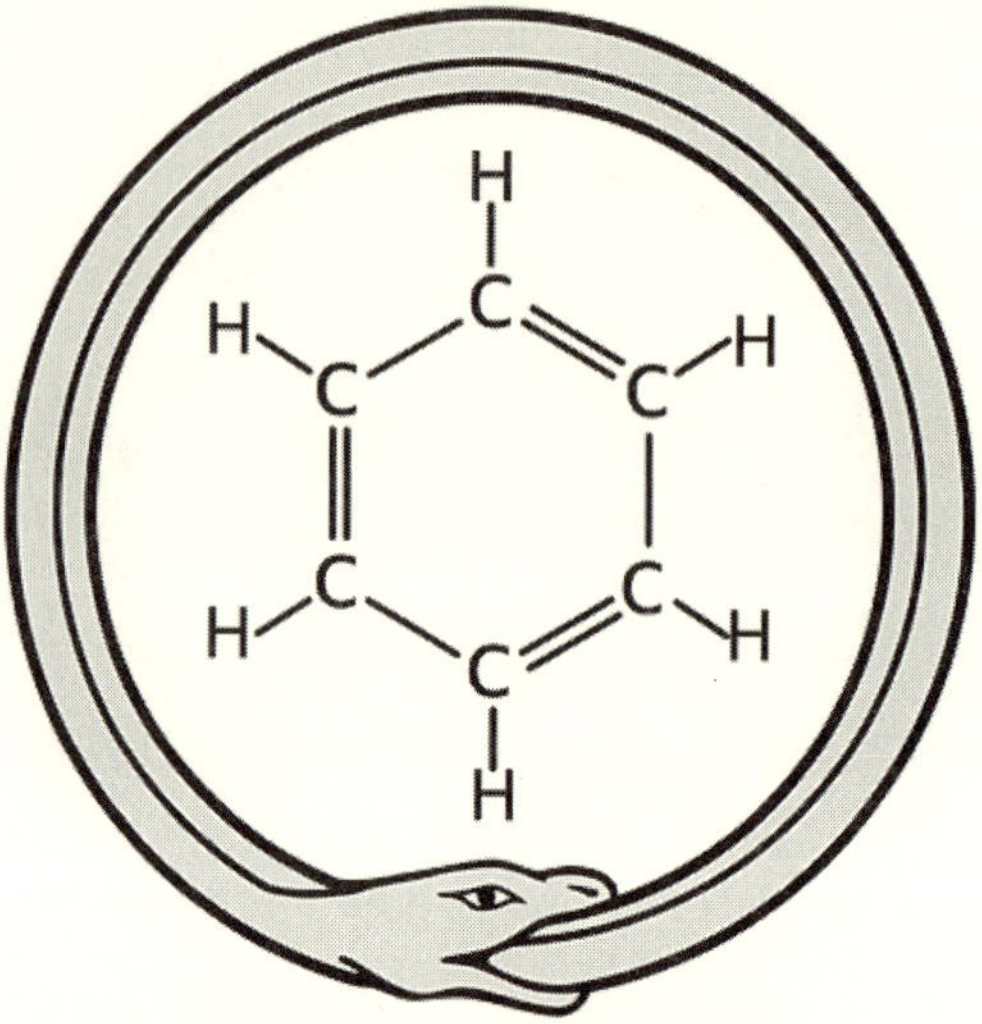

ウロボロスのイメージに重ねられたベンゼンの化学構造。ケクレは夢にこのベンゼン構造が現れたと唱えた。（図―D. M. Gaultieri）

この問題を懸命に考えていた何年もの月日があったのだ。

バイオハザード

生物学的危険物——バイオハザード——とは、人間の健康にとって脅威となりうる生物学的物質のことを言う。バイオハザードは比較的低水準のリスク（手袋とフェイスマスクがあれば保護できる）から、きわめて高水準のリスク（与圧した保護スーツや別系統での空気の供給など、専用のバイオ実験室が備えている安全対策がなければそうした危険物を扱いたいとはぜったい思わないような）まである。水疱瘡《みずぼうそう》はレベル1のバイオハザードで、扱うときには最小限の安全対策を取ればよい。エボラウイルスはレベル4のバイオハザードの一例だ——このウイルスは最高度のリスクを伴うものに分類される。

バイオハザードが入っているかもしれない容器に警告の記号を貼り付けるのは、きわめて大事なことだと言える。その記号によって、扱いに注意する必要があることを人々に伝えられるのだ。しかしどんな記号を使えば良いだろう。

ハザードの記号を考える場合、個々の機関が独自に作成するというやり方もあるだろうが、ちょっと考えれば、これは賢明な方針ではないことには納得できるだろう。A研究所の人は誰もが派手なピンクの八角形はレベル3のバイオハザードだということを知っていても、B病院から来訪した、ふだんは危険物質についた淡い緑の正方形の印を見慣れている人には有効ではない。効果的に機能させるには、ハザードの記号を誰にも理解できるようにする必要がある。そう考えると、この分野の規格ができたのが

1966年になってからというのは意外なことだ。それまでは各機関が独自に適切と思う方法でバイオハザードに印をつけていたのだ。

バイオハザードの記号☣が考えられたのは1966年、ダウ・ケミカル社による。同社は当時、米国立衛生研究所に属する国立がん研究所で使う、生物学用収納システムを開発していた。記号ができたのは、ダウ社の環境衛生工学者、チャールズ・ボールドウィンが、容器に印をつけるための記号を作成する企画に加わったときのことだった。ボールドウィンは同社のパッケージデザイン部門と連絡をとって、そこのデザイナーに、独特で、覚えやすく、わかりやすく、特定の意味のない図案を考えるよう求めた。なぜ特定の意味がないものにするのだろう。ボールドウィンは、そうすれば、その意味について人々に教える機会になると考えた（特定の意味を持つようだと、各自が勝手にそういう意味だと思ってしまい、適切な理解にならない可能性がある）。

ボールドウィンは二つの実用的な基準も定めた。まず、記号は高度の対称性を有すること（それによって人々がどの方向から見ても同じものに見える）。もう一つ、複写やプリントが迅速に行なえること。

ダウ社のマーケティング部門の人々はいくつかの可能性を考え、そのいくつかの案が、もっとありふれた記号とともに、全国の調査のための集団に示された。調査対象の人々は、全部で24の記号を見せられ、それぞれがどういう意味かを推測するよう求められた。☣の記号がいちばん推測が少なかった（そこが長所となる――先入観で扱えないということだからだ）。同じ集団の人々が、1週間後、同じ一式の記号と、それとともにさらに36のありふれた記号を見せられ、どれがいちばん覚えやすいかを尋ねられた。最もおぼえてもらえたのが☣だった。数か月後、ボールドウィンはこの研究について述べた論文を権威ある『サイエンス』誌に書き、その後、この記号はすぐにアメリカで受け入れられた。今では国際的にバイオハザードを表す記号として認識されている。

この記号はバイオハザードと接触することが予想される人々の間では効果的に見えるが、あらゆるハザード記号が抱える問題もあった。今述べたように、この記号は意図的に無意味なものが選ばれているので、その意味について教えておかなければならないというところだ。逆にとことん文化的な負荷を伴う記号を用いるという考え方もある。いずれにせよ、子どもがかかわるところでは問題が生じる。子どもは☣を理解するだろうか。一般的に用いられる警告記号の⚠はどうか。近くに高電圧の危険があるということが、ϟで子どもにわかってもらえるだろうか。毒物を表す☠でも、子どもには誤解される可能性がある。何と言っても、頭蓋骨と交差した骨なら、わくわくする海賊のイメージを思い浮かべることもあるだろう。この難点が、次節で取り上げる危険物、放射能についてはさらに重みを増す。一定の種類の放射線レベルは致死的レベルにある時間が長いので、もう教えてあげられない人々（われわれの文明はとっくに滅びているかもしれない）に対しても、文化的なつながりのない人々に対しても、「危険」の概念を伝える記号を考案する必要があるのだ。

放射線障害危険

X線、γ線、何種類かの亜原子粒子は、ふつう、原子をイオン化させるだけのエネルギーを有している。イオン化の際には、原子から電子が何個か「叩き出され」、原子は正電荷を帯びることになる。この過程は危険なことになりうる。たとえばＤＮＡにある原子がイオン化すると、がんになる可能性が上がる。放射線を大量に浴びると命取りになる。２００６年、反体制派のロシア人アレクサンドル・リトヴィネンコは、わずか10マイクログラムの放射性元素ポロニウム２１０で毒殺された。放射線には、医療現場などで数々の実用的な用途や利点があるとはいえ、積極的にかかわりあいになるものではないのは確かだ。放射線は目にも見えず音もしないので、放射線源には何らかの警告の印をつけておかなければならない。

国際的に合意された放射能の記号──☢──は、１９４６年にカリフォルニア大学バークレー校にある放射線研究所で行なわれた会合から生まれた。参加者は様々な図案を描いた。参加者の一人にネルズ・ガーデンという、同研究所の保健化学グループを率いる人物がいて、後の回想では、あの三つ葉のデザインは、すぐに一同から原子から放射線が出る活動を表していると認識してもらえて、その場の関心を呼んだという。その三つ葉模様をバークレーでガーデンのチームが用いることになった。

バークレーでの初期の記号は青地にピンクの三つ葉だった。ピンクは目立つからだけではなく、印刷に費用がかかるからでもあった（部外者がやたらと使いすぎて、記号のインパクトを「薄めて」しまうことのないように）。青になったのは、その色がバークレーの放射性物質を扱う区域では一般に使われていなかったからだった。数年の間に記号はバークレーの外へ広がり、アメリカ全土であたりまえに見られるようになり（黄色地にピンクとなって）、また国際的にもなった（三つ葉が黒になった）。

すると、☢という記号は何十年も前からあることになるが、それは効果的だろうか。もちろん、すでにその意味を教わっている人にとっては有効だ。しかしそれまで見たことがなかったらどうだろう。子どもには有効か？

国際原子力機関が世界中の児童生徒について調査を行ない、ごく当然のことながら、多くの子がそれをプロペラを表す記号だと思った。国際原子力機関と国際標準化機構は、2007年、イオン化を起こす放射を表す別の警告記号を広めることで合意した。新しい記号は目立つ（赤地に黒）。三つ葉模様と骸骨と交差した骨の画像があって、人を地獄へ追いやることを示す。この画像を放射線源が入った装置内部の部品に貼るラベルとして用いることが考えられた。装置を分解しようとしてこの記号を見たら、分解はやめなさい！　ということになる。

この記号は、標準的な放射線障害危険物の記号の補足として、人々に、イオン化を起こす放射線源—食物への照射装置や工業用放射線撮影装置など—が近くにあることを警告する。これは国際原子力機関によって、11か国の様々な範囲の人々で試したうえで、使用が開始された。（図—IAEA）

放射線で大きな問題の一つは、一定の線源は何万年も、つまり文明の歴史よりも長く活動することがあるということだ。たとえばプルトニウム２３９は半減期が２万４１１０年で、外部の放射線源としてはあまり危険ではないが、塵のようなものを体内に取り込むと致死的になることもある。原子力発電所から出る放射性廃棄物を鉱山に埋めるとしてみよう。そこから何万年でも人々を遠ざけておきたいとする。しかし遠い子孫にどうやって警告すればいいだろう。おそらく英語は読めない。☢や☠のような記号を直観的に理解するだろうか。遠い未来の人々に警告するために、今の人々はどんな記号を使えばよいだろう。

℞

処方箋

医学の営みはどんどん精巧になり、明確な根拠《エビデンス》に基づくようになり続けているが、遠い過去をうかがわせるような痕跡も残っている。たとえば新しく医者《ドクター》になった人々に、一定の倫理基準遵守を誓うよう求める「ヒポクラテスの誓い」は、最初、古代ギリシア——紀元前5世紀から3世紀の間のどこか——で書かれた。外科医《サージョン》〔広く、手術的器具を用いて治療に当たる診療科目の医者を指す〕は何年もの訓練を受けるのだから「ドクター」と呼ばれてて当然なのに、「ミスター」に戻そうとする、いくつかの国に広まっているインバース・スノバリ〔低いとされる地位にあることを肯定的に評価する姿勢〕は、外科医の仕事が髪だけでなく肉も切れる道具を持っている理髪師〔つまり医師《フィジシャン》——大学で医学を修めた本来のドクター——ではない医療従事者〕によって行なわれることが多かった時代の名残だ。また、医師が処方箋を書くとき、その人が今日でも℞——何百年か前からある記号——を書くことはありうる。

この℞の記号は「prescription《プリスクリプション》」〔処方箋〕という単語の短縮表記となっている。それが最初に登場したのは中世の手稿本で、そこではラテン語の*command recipere*《コマンド・レシペレ》——「汝用いるべし」——の短縮として使われていた。中世の処方箋は、薬が調合されるようになる「前に書かれる」(pre-scripted) 必要があった。処方箋は「用いよ」という指示で始まる(「汝以下を用いよ。コウモリの翼三枚、イモリの目玉二つ。それをヒルによる傷に当てよ」とか何とか——かつての「薬」はいくつもの成分があり、用意しにくいものもあった）。そのために中世の処方箋は短縮記号℞で始まるものだった。今では、医者が現代の処方箋に℞と書きつけたら、それは要するに、患者に特定の薬を服用するよう指示している。つまり、処方箋は、化学者あるいは薬剤師に対するものというより、患者に向けられた連絡だ。

医者は他にも様々なラテン語の用語を処方箋やカルテで使う。たとえば、「℞ 1 cap t.i.d. pc」という指示が書かれたら、「1回1カプセル、1日3回、食後に服用」という意味だ。「t. i. d.」はラテン語の「*ter in die*《テル・イン・ディエ》」（1日当たり3回）の頭文字を並べた表記で、pc は「*post cibos*《ポスト・シボス》」（「食後」）を表す。

コンピュータを使った医療システムや、最近ではＡＩによるシステムを使うことが増えると、きっとそのような短縮記号に出会う機会は減るだろう。しかし医者という職業には、短縮表記を使いたがるところが染みついているらしい。たとえば、２００２年、医者の頭文字の使用についての調査が発表された（多くはブラックユーモアで末期患者に関していた）。記録された英米での頭文字には以下のようなものがあった〔不適切な表現もあるが、そのまま記す〕。

ART　Assuming Room Temperature〔室温をおびる〕（亡くなったばかりの人について）

DAAD　Dead As A Doornail〔びくともしない（＝完全に死んでいる）〕

GFPO　Good For Parts Only〔部品（＝臓器）用のみ〕

GOK　God Only Knows〔神のみぞ知る〕

LOLTWO　Little Old Lady Totally Whacked Out〔完全にのびたおばあちゃん〕

MFC　Measure For Coffin〔棺の寸法をとれ〕

PBBB Pine Box By Bedsid〔病床脇に松の箱（＝棺）を〕

カルテにも出て来る、他にもいくつかある頭文字表現は――どう言えばいいか――医師の患者に対する敬意の欠如を示している（とくに、治療を受ける側に知的障害者があると思っているのではないか）。さらに別の以下の例は英語圏の人にのみ意味をなすが、同様のスラングは様々な国でも記録されている。このタイプのもので私が個人的に好きなのは以下のようなものだ。

HIVI Husband Is Village Idiot〔知らぬは亭主ばかりなり〕
NARS Not A Rocket Scientist〔そんなに難しいことじゃない〕
NFM Normal For Norfold〔ノーフォークじゃあたりまえなんだろうけど（古い迷信を馬鹿にする言い方）〕
SNEFS Sub-Normal Even For Suffolk〔サフォークでも標準以下（右よりもひどいという含み）〕

そのような頭文字の由来は由緒ある℞と比べるとずっと新しいし、あまり長続きしないのはほぼ確実だ。今は訴訟時代で、医者も法廷でカルテを説明するリスクは望まないだろう（判事にカルテにあるTTFOとはどういう意味ですかと聞かれて、「To Take Fluids Orally〔水素を経口で服用すること〕」という指示を表しますと答えた医者のような機転でもなければ。本当の意味は、患者が「Told To Fuck Off〔くたばっちまえと言われた〕」ということだったのだが）。

℥
オンス

前節で述べたように、医者からもらう処方箋には、今も℞の記号があるかもしれない。いささか突飛な配合でも調剤するのが薬剤師の仕事だった時代の名残だ。そうした古い処方箋には、驚くような成分の複雑な組合せになっていることも多く、そうした配合は現代の目では奇怪に見えても、薬剤師は細心の注意を払ってそれをきちんと調合する。医師はたいていラテン語で処方箋を書いた。読める人の範囲を可能なかぎり広くする〔ヨーロッパで専門教育を受けた人すべてがわかるようにする〕ためだった。さらに、専用の度量衡の体系を採用していた――それを表す特殊な記号も使っていた。現代では、世界の大半が国際単位系を用いているので、重さのことを言う場合には、kgとかgのような記号に慣れている。かつての薬剤師なら、℥や℥ßのような記号を見るのがあたりまえだっただろう。そうした記号は、今の人々には通常なじみがないし、そのなじみのなさから、それがいささか原始的なものに思えるのかもしれないが、中世の薬剤師は細心の注意を払って、熱さましの煎じ薬に適切な量のジギタリスを入れていたことを正当に評価すべきだろう。

イギリスでは、薬剤師や医師が用いる重さの単位系は日常的に用いられる重さの体系と関係していた。つまり、重さの基本単位はポンドだった。それでも、中世の薬剤師たちは、それより細かい単位については多様なものを使っていた。

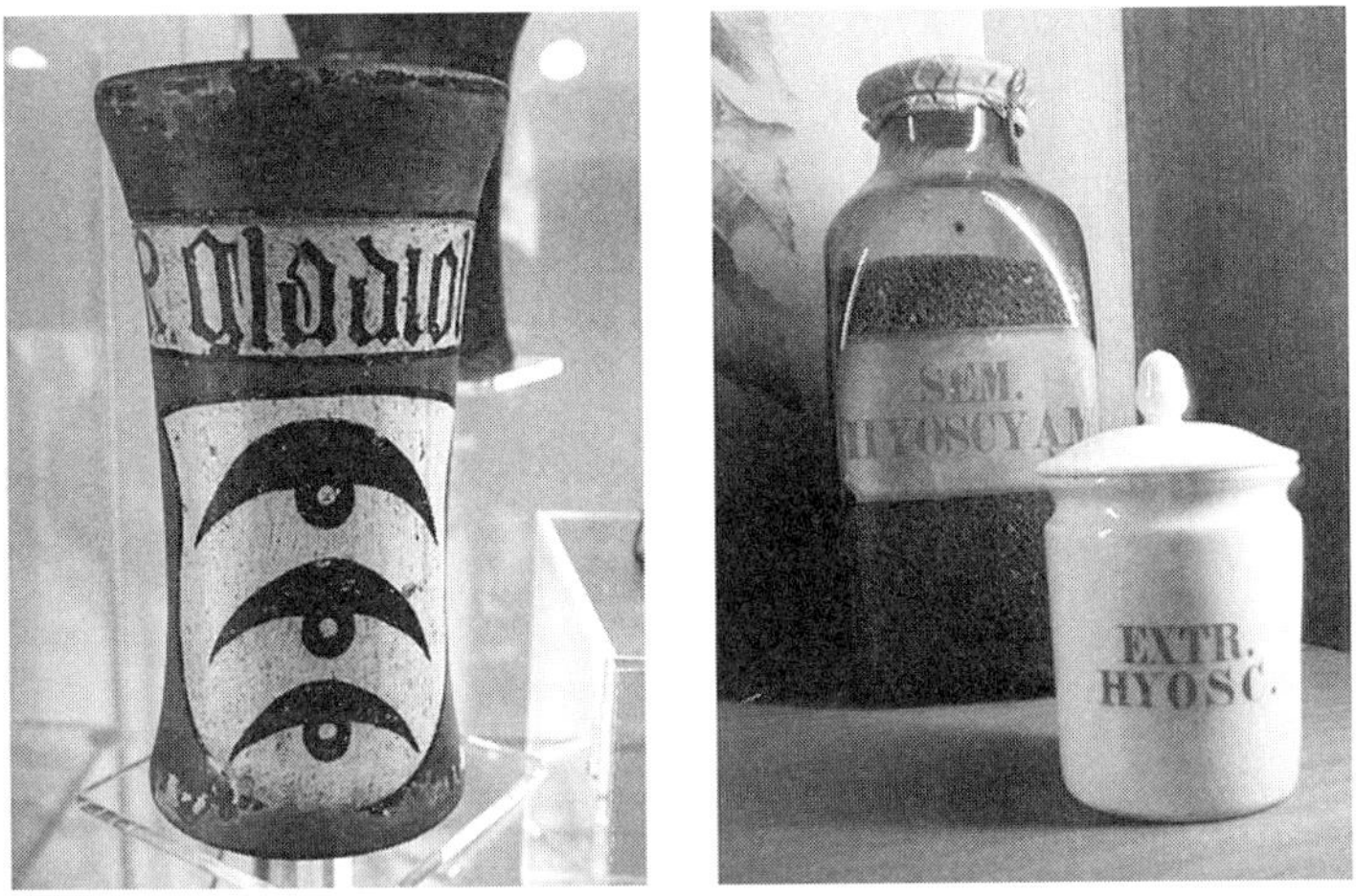

左――オーストリアの調剤容器。15世紀か16世紀のもの。くり抜いた木製。容器には*R*（*adix*）*Gladiola*と刻まれている――グラジオラスの種子を粉末にしたもののことで、これを山羊の乳と飲むと疝痛が治ると考えられていた。右――19世紀の調剤用容器。*Hyoscyamus higer*（ヒヨスという薬／毒草）の調剤用。（写真―Bullenwächter）

重さのポンドはlb（ラテン語で「秤」を意味する「*libra*《リブラ》」に由来する）で表され、これが12オンスに分けられた。「オンス」の名はラテン語の「*uncia*《ウンシア》」、つまり「十二分の一」という言葉による。ウンシアは、1フィートの12分の1を表す「インチ」という単語の元でもある。古いレシピや処方では、オンスを表すために℥という記号が用いられ、半オンスを表すために℥βという記号が用いられた。

オンスはさらに8ドラム（drachmまたはdram）に分けられる。この名は古代ギリシアの重さの単位に由来し、それにはʒの記号がついていた（ドラムはギリシアの硬貨の名にも対応していた。もちろんドラクマのことで、これはギリシア史上、いくつかの時代で通貨単位になったことがある）。

ドラムはさらに3スクループル（記号は℈）に分かれ、スクループルは20グレーン（記号はgr.）に分かれる――したがって1℥は480gr.に等しく、1lbは5760gr.に等しい。グレーンやスクループル単位で仕事をする薬剤師は相当に細かい単位で作業をしていたのだ〔1グレーンはおおよそ80ミリグラム程度〕。

重さの単位に基づいて体積の単位が決められ、薬剤師は「液量《フルーイド》オンス」（f℥）、「液量ドラム」（fʒ）、「液量スクループル」（f℈）と書いたりする。古い処方箋は変わった記号とラテン語の短縮表記による、ごちゃごちゃとした不可解な文書に見えただろう――もっとも現代の処方箋だって、素人の目にはやはり不可解に見えるのではなかろうか。

水銀

アイザック・ニュートンは科学者として並ぶ者がなかった。史上の理論物理学者からトップスリーを選ぶとしたら、たぶんニュートンははずせない（とくに万有引力の法則や、運動の法則を考え出した点で）。実験物理学者のトップスリーを選ぶとしてもニュートンは入る（光学での業績からすれば確実だ）。数学者のトップスリーを選んでも、きっとニュートンの名は入るだろう（微積分学を考案した）。知的営為の三つの分野で頂点に立ったというのは驚異的だ。しかしこの話の真に信じがたい面は、ニュートンがおそらく、自分の科学の面での仕事をどちらかと言えば重要ではないと思っていたところだろう。ニュートンは比類のない知的エネルギーの持ち主だったが、そのエネルギーの大半を、聖書に関するよくわからない研究や、あやしげな錬金術の実験に注いでいた。そんなおかしな研究に首をつっこまずにいたら、科学でどれほどの成果をあげていたことだろう。

今でこそ、錬金術などと言えば軽蔑の目で見られるのだろうが、ニュートンの立場になってみれば、17世紀に生まれた人――ニュートンほどの明晰な思考の持ち主でも――にとっては、状況はそれほど自明のことだったわけではないとも言えそうだ。ニュートンは錬金術を研究するとき、古くからのとてつもない伝統に連なっていて、ニュートンからすれば、きっと時間の無駄とは見えていなかっただろう。錬金術師それぞれの目標は様々で、よく知られた「卑金属を黄金に転成する」ことだけではなく、そ

サー・アイザック・ニュートン（1642～1727）は運動の法則や万有引力の法則を立て、微積分学を考案し、初の実用的な反射望遠鏡を組み立て、光学に根本的な貢献をし、二項定理を一般化し、冷却の経験則を考え、関数の根《こん》を近似する方法を考えた――さらに科学への貢献を挙げることもできるだろう。しかし錬金術や聖書の研究など、非科学的研究にも大いに時間を費やした。また30年にわたって英国造幣局長官を務め、その間に28人の通貨偽造社を訴追した。（図版―パブリックドメイン）

の目標を実現するために、実験手順や実験手法や方法論を考えた。そうした工夫の中には今も用いられているものもある。したがって、錬金術を科学の前段階――近代医学や近代化学に至る道筋の一段階――とみなすことはできる。

錬金術師は理論や詳細な用語法を考えて自分たちの研究を進めていた。錬金術の手稿本には化学元素や化合物を表すシンボルだらけだった（もちろん当時のこと、錬金術師には何が元素で何が化合物かについて近代的な理解はなかったが）。たとえば水銀を考えよう。錬金術師は水銀を表すいろいろなシンボルを使っていた。たとえば☿だ。私が他の錬金術のシンボルではなく水銀を取り上げる理由は、ニュートンの話では水銀がとくに活躍するからだ。

ニュートンの没後、遺髪には相当量の水銀が含まれていることがわかった——おそらく錬金術研究の結果だ。この金属は慎重に扱わなければならない。イギリスでは、頭のおかしくなった人を指して「帽子屋のように狂っている」と言うが、この言い回しは、当時の帽子工場で、製造過程で用いられるフェルトから出る水銀に工員がさらされて中毒したことに由来する。水銀中毒によって帽子職人が痴呆になることがあったのだ。ニュートンほどの大きな脳が☿にさらされていたとは！ そのニュートンが、錬金術研究こそ、自分で時間をかけるに値すると考えてさえいた。惜しいことだ。

カドゥケウス

医療にかかわる職業を表すシンボルは、とくにアメリカで活動する場合、カドゥケウスだ。しかし医療の世界でこのシンボルを使うようになったのは誤解が元になっている。

カドゥケウスはヘルメス神に対応する――こそ泥の守護神ではあっても医者の守護神ではない（ヘルメスは魂を地下世界への入り口へ導く存在でもあったが、そうすると医療関係者のシンボルという見方はますますまずいことになりそうだ）。ギリシア神話でのヘルメスは、機敏で俊足の持ち主にして雄弁家でもあり、神々の伝令を務めていた。そのヘルメスは、ローマ神話のメルクリウス神のこととされた。公文書送達にかかわる部局は伝統的に、リボンが巻きついた木製の杖をシンボルとしているが、このシンボルがヘルメスを表すと考えるのは自然なことだ。しかしその後、リボンは蛇として描かれるようになった。リボンから蛇への飛躍は大きいが、蛇は古代ギリシア人には敬われていたことは言っておかなければならない。蛇は定期的に脱皮し、そのおかげでギリシア人にとっては更新、再生、治癒の象徴となった。さらに、蛇が手足を使わなくても動けることは、ギリシア人の目には、あらゆる生物の中で最も賢いということを意味していた。ともあれ、ヘルメスは蛇が巻きついた杖を持つように描かれるようになった。

この蛇が巻きついた杖を持ったヘルメス像の根拠とするために、ギリシア人はある神話を考えた。それはこんな話だ。ある日、ヘルメスがペロポネソス半島を移動していると、二匹の蛇が争っているのを見た。ヘルメスは自分の魔法の杖を投げつけ、蛇の争いを止めると、蛇は喧嘩を止めて穏やかに一緒に巻きついた。ヘルメスの俊足を表すものと考えられる翼が加えられ、そうしてできたのが……カドゥケウスだ。

つまり、というシンボルは――ついでながら、これは紋章としては立派に見えるが、この本で用いられる活字の大きさではそれほど立派には見えない――ゼウスとマイアの息子、ヘルメスの魔法の杖を表したものだ。そしてカドゥケウスは、連想によって、ヘルメスがかかわる様々な分野を表すようになった。カドゥケウスは、たとえば商売のシンボルにもなる（ヘルメスは商業の神だった）。カドゥケウスには印刷や出版でも長い歴史がある。今日でもいくつかの出版社が商標にカドゥケウスを用いている（この用法はおそらくヘルメスと言えば交渉、雄弁、伝言の素早い送達だという認識によっていると考えられる）。しかしなぜ、ある人々にとってはそれが医療を表すことになるのか。

カドゥケウスと医療の対応は、苦難の道をたどる。

19世紀の半ば、ジョン・チャーチルというロンドンの医学書出版業者は、出版のシンボルとしてカドゥケウスを用いた。今触れたように、これは出版業界ではよくあることだった。これは出版社を表す商標だが、医学書に見られるということが、もしかするとそれが医療を表すという印象を生んだのかもしれない。１９０２年には、米陸軍医療科部隊がそのシンボルにカドゥケウスを採用した。この採用を推進したのはジョン・ファン・レンセレール・ホフ大佐だったが、大佐の意図としては、カドゥケウスは医療の紋章ではなく、非戦闘部隊の紋章だったらしい（これはヘルメスの条約の交渉担当者としての役割と、商人の神という地位も浮かび上がらせる。戦争中は、商船はカドゥケウスの旗を掲げ、それによって非戦闘艦船であることを示すことができた）。陸軍医療科部隊所属の人員は非戦闘員なので、この用法は適切だが、その時点から後、多くの人々の頭では、☤は医療と結びつくようになった。☤が医療を表すものという認識は、それが従来からあった医療のシンボル、つまり一匹の蛇が巻きつく杖に似ているためにさらに受け入れられやすくなった。それはアスクレーピオスの杖で、記号は⚕となる。

　アスクレーピオスは医療と治癒術にかかわるギリシア神話の神だ（アスクレーピオスの話については前章のへびつかい座についての節を参照のこと）。蛇には再生の力があるとされ、ギリシア人のアスクレーピオスに対する敬意では大きな役割を演じている。それを称えて、アスクレーピオスの施療院では、傷病者が眠るベッドに蛇がいた（もちろん毒蛇ではないが、それにしても……）。アスクレーピオスの施療院の中でも有名だったのが、あのヒポクラテスが生まれたコス島の施設だった。

第5章　紙の上の無意味な斑点

$\nabla \quad \Im \quad \uparrow \quad 0$

$\sum \quad \div \quad \infty \quad \pi$

$\int \quad \therefore \quad \mathbb{N} \quad e$

$\varepsilon \quad \exists \quad \aleph \quad \phi$

$\zeta \quad \partial \quad i \quad !$

数学者は科学者以上に記号を用いる（「数学は、一定の単純なルールに従って、紙の上の無意味な斑点《マーク》でプレーするゲームである」という有名な言葉がある）。記号を使わずに数学をすることは想像しにくい。「いちたすいちはにに等しい」のような文を書くことはできるが、$1+1=2$と書く方が簡単で早い。もう少し複雑な$[(2+3)\times\sqrt{9}]^2=225$のような計算をするとなれば、記号表記のありがたみがわかる。この計算を言葉で書けば、ゆうに一段落分になるだろう。もちろん、ただの算数をはるかに超える水準で演算を行なう人々もいる。たとえば次の式は、コンパクトな形にしたアインシュタインの場の方程式だ。

$$G_{\mu\nu} + \Lambda g_{\mu\nu} = (8\pi G/c^4)T_{\mu\nu}$$

ここに出ている記号は局所的な時空の曲率をその時空内のエネルギーと運動量に結びつける10本の別々の方程式を表す。アインシュタインがその洞察を表すための記号を手にしていなかったら、時空がエネルギーの存在によって伸び縮みでき、次々と変動する存在であることを言う、見事に核心に迫る重力理論を導けただろうか。

数学の世界にある記号を誰もが支持しているわけではない。有力なインターフェース・デザイナーのブレット・ヴィクターは、「数学を殺せ《キル・マス》」というプロジェクトを進めている。ヴィクターは、現実世界の量を予測できるのは力の源泉となるが、その力は今のところ、抽象的な記号を軽々と操作できる――つまり数学的解析が楽に行なえる――少数の人々に限られていると言い、この力の不均衡こそが間違いだと思っている。私はその点でヴィクターに同意する。しかしヴィクターは、適切なインターフェースを操作することで誰もが数学的な見通しを得られるようにするコンピュータ・シミュレーションを開発することによって、この間違いが正せると信じている。数学者でない人々も数学的真理を発見できるはずだと。また、そのような手段があれば、職業的科学者も、従来の記号操作方式でできていたよりも、システムを深く理解できるようになるとも信じている。こちらには、私は納得しきれるわけではない。

記号に基づく数学が進んだのは、ヴィクターが述べるように、紙と鉛筆という制約の中で物理的モデルを理解する方法としては、それが最も効率的だったから、というのは確かだ。そして、その記号を解釈して操作できない人にとって、数学は難しいということになるだろう。しかし、シミュレーションをいじることで発見する方式の問題点は、自分の発見を信頼しにくいというところにある。シミュレーションの一定のパラメータどうしにパターンを識別することはできるかもしれないが、もっと奥にある、根本的な関係を見逃していないかどうか、どうやって知るのだろう。自分の発見が、他に選んだパラメータでも成り立つかどうか、どうすればわかるのか。自分の発見が捉えている量がいったい何か、どう判定するのか。

方程式は、単純な場合にはとくに、助けにこそなれ、妨げにはならない。重力を記述するときによく用いられる別の方程式を取り上げてみよう。こちらはアインシュタインの場の方程式よりもはるかに単純な形をしていて、それを使うと二つの質量の間の重力が得られる。

$$F = Gm_1m_2/r^2$$

これはニュートンの万有引力の法則だ。一読すれば、二つの物体間に作用する力が両者の質量の積に比例し、両者間の距離の2乗に反比例することがわかる。また力が、質量の色だとか、それがどれだけの速さで動いているかとか、その大きさがどれだけかには左右されないこともわかる。この方程式はいくつかの情報を符号化し、予測を行ない、新しい研究方向につながる問題点を浮かび上がらせる。もちろんコンピュータ・シミュレーションは、ものごとが「ごちゃごちゃ」するとき——たとえば多数の質量が重力で相互作用しているようなところでどうなるかをモデル化したいとき——には必要だが、従来の解析的な進め方に代わることはないはずだ。何百とある数学記号はなくならない。本章では中でも興味深い20個の数学記号を見ることにしよう。

0　ゼロ

われわれはゼロという数には慣れきっているので、それが直観的にわかりやすい概念ではないことがよくわからないのかもしれない。古代文明はただただ、ゼロが「わかる」状態ではなかった。たぶん、古代人が数学を使うときは具体的な問題に取り組むためだったからだろう。牛で畑を耕そうとして、それが何頭必要かを計算しようとするときには、ゼロは必要ない。隣人からゼロ個の鏃《やじり》を買おうとわざわざ出かける人はいない。あなたにゼロ個のリンゴの貸しがあるのをおぼえておくために頭を使うような無駄をする気は私にはない。ゼロのような抽象的な概念を考えつくには、何段階かの思考の飛躍が必要で、それが導入されるのは、とても必然とは言えない。たとえばバビロニア人は、かなり進んだ数学体系を千年以上使ってやっと、そろそろゼロが必要かなと思うようになった。では、ゼロはどこの生まれで、誰が発明し、最初に使われたのはいつだったのだろう。

われわれのゼロの使い方にはわずかに異なる二通りがあるからという面もあって、ゼロの歴史はもつれている。

一方の使い方は、位取り表記方式の空位を示すことだ。たとえば、ゼロがあることによって、それがなかったら同じような形になる二つの数、４５０５と４５５の違いを区別することができる。位取り表記ならゼロを使わなければならないということはない。二つの数を状況に応じて区別することはできる。

バビロニア人は長い間そうしていたのだ（われわれもまだある程度はそうしている。「フォー・フィフティファイブ〔4・55〕」と言えば、短距離のタクシー料金の話なら4ポンド55ペンスのことで、飛行機の運賃なら455ポンドのこと〔フォーの後のハンドレッドが省略されている〕だというのはすぐに理解できる）。その後、紀元前700年頃、バビロニア人は句読点を導入して――鉤が一つの場合もあれば、楔形文字二つの場合もあり、鉤が三つのこともあった――数の中の空位を表すようになった。しかしゼロと解釈できる記号をわれわれが初めて目にするのは、やはり紀元前700年頃の古代ギリシアの天文学者の業績でのことだ。そのギリシアの天文学者は数の位取り表記方式を採用して、何もない桁を示すものとして0という記号を選んだ。なぜ0だったのかは定かではない。もしかしたらギリシア語で「*ouden*《ウーデン》」という、何もないことを意味する言葉の頭文字、オミクロンを表していたのかもしれない（しかしその可能性は低い。オミクロンはもともと「七十」を表す記号だったからだ）。もしかしたら少額の、したがって価値がない硬貨「*obolus*《オボロス》」を表していたのかもしれない。砂盤――そろばんの一種――で計算するとき、コマが取り除かれ空っぽの位ができた場合につけられた0の形の小さな凹みを表していたのかもしれない。あるいは全然違うことだったかもしれない。

　0を空いた場所の目印として使うのには明瞭な利点があるにもかかわらず、ギリシア人もゼロをとくに広く用いたわけではなかった。今ではすっかりおなじみのゼロを含んだ数字や数の表記方式は、インドで発達した。インド中央部のグワリオルという町に遺っていた、西暦876年の石板には、紛れもなく今用いられている形のゼロが刻まれている。また同じ頃、人類史上でも有数の思想家、ムハンマド・イブン・ムーサー・アル＝フワーリズミーというペルシアの数学者が、様々な計算方法の規則を記した手稿本を発表した。そこには計算していて特定の桁に数がないということになったら、そこには「位を保持するために」小さな丸を用いるのが良いと書いた。この丸は、アラビア語では「シフル」と呼ばれ、様々な言語を経由するうちに、英語ではゼロとなった（cipher《サイファー》〔暗号〕という単語とも関係する）。

もう一つの使い方についてはどうだろう——空位を表すゼロではなく、一人前の数としてのゼロだ。ゼロを他の数と同じ足場に乗った通常の数として用いる方法を考えた最初の人物は、インドの数学者、ブラフマグプタだった。ブラフマグプタは628年に書かれた本でゼロを含む四則計算を行なうための規則を記した（その規則の一つには「ゼロとゼロの和はゼロ」とあり、また「ゼロと正の数の和は正である」というのもある）。ブラフマグプタの規則がすべて現代の理解と整合するわけではないし、ブラフマグプタから500年後になっても数学者はゼロで割るという計算で苦労していたが、ブラフマグプタの著述は大きな前進だった。

数学の計算でゼロを使うことで多くのことが簡単になった。ゼロを使う力がなければ今日の文明は発達しなかっただろうと言っても過言ではない。となると、ゼロが西洋世界では17世紀の初めになるまで広く使われるようにはならなかったことの方が驚きと言える。

π

円周率

きっと誰もが知っている数学の事実がある。円周とその円の直径の比はどの円でも一定ということだ。この事実は、円の直径を2倍にすれば円周も2倍になり、直径を3倍にすれば円周も3倍で、以下同様ということを意味する。円周と直径の比はもちろん、π《パイ》という、ギリシア語のアルファベット第16字で表される（実は、ここに挙げたπの定義は平らな面でのみ成り立つ。曲面上の円を考えるときには上述の定義は成り立たない。たとえば、膨らませていない風船に円を描き、それから膨らませると、その意味がわかるだろう）。

この円の基本性質を誰が発見したかは知られていない。この数学の天才の名は歴史の霧の中に見失われている。紀元前1650年のエジプトのパピルスは、この定数に3・16という値を与えているが、これは聖書に扱えた値よりは上出来だった。「列王記1」第7章23節は、紀元前950年に建てられたソロモン神殿の様子を示して、「〔ソロモンは〕それから、鋳物の海を作った。縁から縁まで十キュビト。円形で、その高さは五キュビト。その周囲は測りなわで巻いて三十キュビトであった」〔新改訳聖書第三版による〕と述べている（アメリカのインディアナ州議会が、πの値を3ちょうどにする法律を定めようとしたという有名な話は都市伝説だ。議会では、円積問題〔円と同じ面積の正方形を作図するという問題〕に関するやはりばかげた法案が通りかけたが、その法案が読み上げられたとき、眠っていなかった誰かがそのばかばかしさを認識して、結局これは通らなかった）。紀元前２５０年頃、アルキメデスはπについて驚くほど正確な値を出し、その後時代とともにこの値はますます正確になった。

長年の間、多くの人々がπという数に魅了されてきたし、今も多くの人が魅了されている。それほど魅了されるのは、たぶん、πが無理数（つまりπが二つの整数の比としては正確に表せず、22/7は近似にすぎないということ）であり、超越数（つまりπは加減乗除、開平といった四則演算と代数を有限回組み合わせて生み出すことはできないということ）だという事実にもかかわらず、どこにでも――そもそもこの性質に光が当たった幾何学だけでなく、三角法にも算術にも物理学や光学のほとんどあらゆる部門にも――姿を見せるように見えるからだ。

しかしなぜ、この円周の直径に対する比を表す記号として、他でもないπが用いられるのだろう。

この意味でπを初めて使ったのは、ウェールズの数学者でニュートンの同僚でもあった、ウィリアム・ジョーンズだった。１７０６年、ジョーンズはπが出てくる本を出版し、そこで3.14159という近似値を示した。ジョーンズがこの記号を選んだのは、おそらくそれがギリシア語由来の*perimeter*《ペリメター》〔周〕――ラテン語由来の*circumference*《サーカムフェランス》に相当――の頭文字だからだろう。この記号が定着するのは、１７３７年になって、世界的に有名な数学者、レオンハルト・オイラーが使い始めてからだった。オイラーは影響力があり、各国の多くの数学者と手紙のやりとりをしていたので、そのオイラーが使っていたπが定着した。このおなじみの無理数、3.141592653589793238462643... を表すために使う記号として、他にはほとんど考えられない。

しかし誰もがπを支持しているわけではない。

数学者のボブ・パレスは、適切にも、円に関する定数についての自然な定義は、円周の半径に対する比だと述べる。さらに、科学や工学でかくも頻繁に姿を見せるのはπそのものではなく、2πの方だ。パレスは、またそれ以前にジョセフ・リンドバーグは、円に関する真の定数はギリシア文字τ《タウ》で表され、$\tau = 6.283185307179586...$ だと論じる。なぜ他でもないτなのだろう。式$\tau = 2\pi$を細かく見てみよう。二つのギリシア文字は見かけがよく似ているが、パイには2本の「脚」があるのに対し、タウは1本だけだ。もっと重大なことに、τはギリシア語で「回転」を表す言葉の頭文字であり、比τは円一周分の回転〔の角度〕と関係する。

πではなくτを使う強力な論拠はあるが、それを変えようとすれば、何世紀にもわたる使用実績と闘うことになる。当面、他の文字がπの代わりになることはなさそうだ。

e ネイピア数

何らかの量が、そのときどきの量に比例する速さで増加あるいは減少するときは、必ず指数関数が関係している。指数関数は知識の様々な領域に生じる。私の頭にまず浮かぶいくつかの例を挙げれば、指数関数的増大は生物学（個体数の増加）、物理学（核連鎖反応）、金融（複利計算）、技術（コンピュータの処理能力）で重要な存在となっている。こうした例のいずれでも、際限なく増大することはない。何らかの抑制因子が作用して、成長の速さが低下する。それでも指数関数は、根本にかかわる重みを持つ。

今挙げた金融界の例でこの関数を見てみよう。複利計算を取り上げる。年初に1ポンド持っていて、銀行が１００パーセントの年利をくれるとする（これはいわゆる「思考実験」と呼ばれるもので、銀行がそんなに気前がいいことはない。銀行への反感はさておき、数字だけを見よう）。12か月後、年利で利子がつくと、年末の残高は2ポンドになる。しかしこの利子が年に2回、つまり半年で50パーセントの複利でつくとしたらどうなるだろう。この場合は半年後に０・５ポンドの利子がつき、さらに半年経つと、１・５ポンドに50パーセントの利子、つまり０・７５ポンドがつくので、$1 \times (1+1/2)^2 = 2.25$ ポンドになる。同じロジックに従って、四半期ごとに25パーセントの複利で利息がつくと、年末には $1 \times (1+1/4)^4 =$ 2.44 ポンド、月利で利息がつくなら、$1 \times (1+1/12)^{12} = 2.61$ ポンドとなる。

この論証を一般化することもできる。n回の複利で、１回に $100/n$ パーセントの利子がつくとした

レオンハルト・オイラー（1707〜1783）のパステル画による肖像。スイスの画家ヤーコプ・ハンドマン画。オイラーはおそらく史上最も多産な数学者だった。（図版―パブリックドメイン）

ら、年末には $1 \times (1+1/n)^n$ ポンドとなる。これが指数関数で、どの瞬間であっても、そのときの残高が増えれば、増え方は大きくなる。n を大きくしていくと、この関数の値はどうなるだろう。これは2.718281828450…に向かって行く。この数学の基本定数を小数に展開した値はどこまでも続く。π と同じく、これは無理数なのだ（やはり π と同じく超越数でもある）。

ヤーコブ・ベルヌーイは、1683年の昔にはもう複利を論じていた。1690年には、ゴットフリート・ライプニッツがこの「ネイピア数」を特定していて、b という記号も与えた。この定数は、1618年のネイピアにさかのぼる、対数に関する従来の研究と密接に関係することが徐々に明らかになり、数学者は他の関連でもそのことを認識するようになった。しかしこの数の重要性を本当に理解した最初は数学者オイラーだった（オイラーはわれわれが今日使っている数学の表記の多くを世に出しているので、われわれが使っている記号がオイラーの選んだものであっても不思議ではない）。1727年頃、オイラーはネイピア数の記号として e を使い始め、1748年には、e を用いた本を出版した——それ以後、この表記は定着した。e はEuler《オイラー》の e と思われるかもしれないが、そうではない。exponential《エクスポネンシャル》〔指数——ネイピア数のことを英語では、exponential constant〕の頭文字でさえない。単に自分が著述で a から d まで使っていたからにすぎない。e は単純にその次だったのだ。

ネイピア数（オイラー定数）について書くとなると、ある美しい式――やはりオイラーによる――に触れないわけにはいかない。これは数学で重要な数トップファイブ、0、1、π、e、iをつなげる式だった。1が意味することは誰でも知っているし、0とπについてはこれまでの節で述べた。iについては後の節で取り上げる。ある単純な式がこの五つの数を結び合わせるというのは驚きと言うほかはない。その式は、

$$e^{\pi i}+1=0$$

この式を美しいと思わないとしたら、そういう感覚がないということだ。

φ

黄金比

幅広い範囲の様々な状況で姿を見せる数といえば、その筆頭は黄金分割とも、中庸とも、黄金比とも呼ばれるφ（ギリシア文字ファイ）だと言われるのを見たことがある。どうやらφという記号は、幾何学、建築、金融、絵画、工業デザイン、生物学など、要するに驚くほど幅広い状況で見られるらしい。もちろん、数φには多くの興味深い性質があるが、この主張は誇大だ。私が何を書こうとそれでこの説が消えるわけではないが、それでもやってみよう。

黄金比の定義は易しい。一本の線分を二つの等しくない部分に分割し（それぞれの長さをAとBとする）、小さい方（A）と長い方（B）の比が、長い方（B）と全体$(A+B)$の比に等しくなるようにする。そうして、黄金比φを$A/B=B/(A+B)$と定義する。これを計算すると、この比がおよそ1.618033となることがわかるだろう（正確な値を計算することはできない。黄金比はπやeと同じく無理数だ〔定義上、二次方程式の解として、四則計算と開平の組合せで求められるので、超越数ではない〕）。

黄金比が目にもわかりやすいのは、黄金長方形、つまり二辺の比が1：1.618...となっている長方形だ。数学者が黄金長方形で遊ぶのが好きなのは、そこにいくつかの興味深い性質があることによる。目立つ特徴を一つ。黄金長方形から正方形分を取り除くと、残った部分も黄金長方形になる。同じように正方形を取り去り、その正方形の頂点を記録していくと、無限に連なる点が見事ならせんを描くのがわかる

——黄金らせんと言う。すばらしい。

このようにϕは数学者にとって、一定の関心の対象になる。しかしϕがわれわれの美意識に関係していると説く人々もいる。古代エジプト人がピラミッドを建設するときにϕを用いたと言われたりする。古代ギリシア人がϕには神聖かつ神秘の力があると信じ、大建築物に使ったとする資料もある（ギリシア人は確かにϕを知っていた。この比について、記録に残る最初の定義を与えたのはエウクレイデスで、著書の『原論』でのことだった。そこでは「外中比」と呼ばれていて、「黄金比」ほど立派そうには見えない）。そうした資料は、レオナルド・ダ・ヴィンチが自作の絵にϕを用いたとか、人々は本能的に黄金長方形を他の長方形よりも好むとも述べる。どれも間違いだ。

問題は、そのような説はすべて、マーティン・ガードナーが「ピラミッド学の誤謬」と読んだ原理に基づいている。大ピラミッドを測量すれば、たくさんの数が得られる。高さや、底辺と頂点を結ぶ様々な線の長さや、底辺の長さや、様々な高さでの側面の幅——測りたい長さ何でもよい。そして忍耐力があれば、そうした数をあれこれ組み合わせて、自分が望む結果を得ることができる。同様に、読者の体のいろいろなところを私に測らせてくれたら、私はその寸法のいくつかを、他のものの寸法——ビッグベンの高さとか、読者のリビングルームの幅とか——との関係を見いだすことができるだろう。ϕのファンも同じことをしている。何かにϕを探し、合わない部分は無視し、認める基準については曖昧なままにしておけば（1.7だったら黄金比と言えるのか？　1.8ならどうか）、きっとϕは見つかるだろう。しかしそこに意味はない。データを拷問にかければ、データはあることないこと言うものだ。

南東方向から見たパンテオンの外観。この建物の正面は黄金長方形の形をしていると言われることが多いが、それは間違っている。（写真—C messier）

さて、なぜ黄金比を記号ϕで表すのだろう。1912年、イギリスの美術評論家セオドア・クックが黄金らせんに関心を抱き、Phidias《フェイディアス》——ギリシアの彫刻家でパンテオンの建設を監督した——の頭文字〔ph＝ϕ〕をとってϕと呼ぶべきだと書いた。パンテオンの正面は、よく知られているように、黄金長方形の形をしているので、これは適切な考えだとみなされた。ただ、もちろん、実際にはそうではない。

！ 階乗

エクスクラメーション・マーク（私の家では「きゃあ《シュリーク》」と言うが、かつての組版業者はウェッブ家ほど上品ではなく、それを「犬のちんこ《ドッグズ・コック》」と呼ぶこともあった）は、15世紀に英語の句読点に加わった。17世紀の半ばまで、この符号は「admiration《アドミレーション》の印」と呼ばれていた——ここでの「admiration」は古い意味で、「驚異」とか「驚嘆」を意味する〔現代語では「賞賛」〕。このマークはもともと、喜び、つまりラテン語で言う*io*《イヨ》の叫びを表していたからだ。言い換えると、初期の印刷業者は、喜びの声を表したければ、単純にoの上にiを載せていた。この美しい名が残っていたら、つまりわれわれがその記号を「驚嘆の印」と呼び続けていたら、単なる平叙文の終わりにそれを二つも三つも並べるような現代の無駄はなくてすんだかもしれない。「OMG《いやはや》、これはと〜ってもうるさい!!!」みたいな。

感嘆符は、別にどうということのない文にフェイクの感嘆を加える以外の、全然違うところにも使われている。たとえば数学の世界では、階乗を表す。

階乗は、順列を扱う場面では自然に登場する。たとえば、異なる色のおはじきを五つ持っているとする（赤、緑、青、黒、白とする）。このおはじきを一列に並べるとしたら、並べ方は何通りあるだろう。最初のおはじきの選び方は5通り、つまり赤、緑、青、黒、白のどれでもよい。白にしたとしよう。すると第二のおはじきの選び方は4通りあることになる。1個のおはじきが同時に2か所を占めることはできないので、再び白を選ぶことはできないからだ。同じ論理で、第三のおはじきの選び方は3通り、第四のおはじきの選び方は2通りになり、最後のおはじきの選び方は1通りしかない——残った一つを置くしかない。この場合の異なる順列〔並べ方〕の総数は、$5 \times 4 \times 3 \times 2 \times 1 = 120$となる。

この種の式——整数が前項より一つずつ小さくなる列をかけあわせたもの——が階乗で、確率がからむときに顔を出すことが多い。

たとえば、買ったロトくじが抽籤で選ばれる六つの数すべてと合致する確率を計算したければ、59種の数の中から六つの数の選び方が何通りあるかを知る必要がある（これはイギリスのロトの状況で、かつては49種の数から選ばれていたが、規則が変更になって、1等が出にくくなっている）。ともあれ、59種の数の中からの六つの選び方は

$$\frac{(59 \times 58 \times 57 \times \cdots \times 3 \times 2 \times 1)}{(6 \times 5 \times 4 \times 3 \times 2 \times 1)(53 \times 52 \times 51 \times \cdots \times 3 \times 2 \times 1)}.$$

こういうふうに数を並べて書くのはつらい。数学者はいつも手間を省ける表記を探していて、階乗を表すために！を採用した。たとえば$6! = 6 \times 5 \times 4 \times 3 \times 2 \times 1$であり、$59! = 59 \times 58 \times 57 \times \cdots \times 3 \times 2 \times 1$となる。この式をそれぞれ「6の階乗」、「59の階乗」と呼ぶ（ウェッブ家では、「6きゃあ」、「59きゃあ」と読む）。イギリスのロトにありうる異なる数の組合せの式は、階乗を使うとはるかに扱いやすくなって、次のようになる。

$$\frac{59!}{6! \times 53!}$$

かけ算の列、階乗表記、いずれの表記を使おうと、自分が選んだ数の組合せが、１本だけの当たりになる可能性は、1/45057474 となる。それなら貯金した方がましだろう。

階乗を表すために！を使う慣行は、１８０８年、フランスの数学者、クリスチャン・クランプが、著書の *Elements d'arithmétique universelle*〔普遍算術原論〕で始めた。クランプがなぜ！をこのように使うことにしたのかはわからない。「驚嘆の印」にさかのぼるのかもしれない、つまりここでは階乗の結果がどれほど急速に大きくなるかに驚嘆したということだ。たとえば、10!だけでも１００万を超えて、10!= 3,628,800 となる。70!となると、１グーゴルを超え、$70! \approx 1.197... \times 10^{100}$ となる。さらに 100!は実にすさまじい数に達し、$100! \approx 9.332... \times 10^{157}$ となる。それが驚嘆の印を複数並べるのに値しないとしたら、何がそれに値するだろう?!!!

↑

クヌースの矢印表記

今度退屈な委員会に出たときに考えると良い問題がある。委員会に属している人で構成しうる下部委員会をすべて並べ、その下部委員会にありうる二つ一組の対をすべて考える。それぞれの対に、二つの色のいずれかを割り振る。この委員会で、どんな割り振りをしようと、必ず、四つの下部委員会による対がいずれも同じ色になり、かつ、すべての人が偶数個の下部委員会に属しているようにするには、何人の人がいなければならないか。

１９７１年、アメリカの数学者、ロナルド・ルイス・グレアム〔グラハム〕とブルース・リー・ロスチャイルドが、この問題には、一定の数よりも小さい解があることを証明した。その上限は「グラハム数」と呼ばれ、大きな数になる。ものすごく大きい。グラハム数のとてつもない大きさを理解するのはほぼ不可能だ。この数を表すためにさえ、専用の表記を必要とする。

組合せや順列がからむ問題には、当然のように大きな数が現れる（前節では階乗がどれだけ急速に大きくなるかを見た）。巨大な数を表すために一般に用いられる表記法は、TeXで有名なドナルド・クヌースの発案によるもので、これから見るように、この表記法をもってしても、グラハム数の大きさの数は扱えない。

クヌースは演算子↑を導入した。↑一つはべき乗と同じで、$m \uparrow n = m \times m \times m \times \cdots \times m = m^n$ のこと。

たとえば、$2 \uparrow 2 = 2 \times 2 = 2^2 = 4$ や、$3 \uparrow 4 = 3 \times 3 \times 3 \times 3 = 3^4 = 81$ などになる。矢印を2本組み合わせて↑↑にすると興味深くなってくる。これはべき乗のタワーを表す。

$$m \uparrow\uparrow n = m^{m^{\cdot^{\cdot^{\cdot^{m}}}}}$$

ただし、タワーは n 段ある。これによって、急速に大きくなる数を生成できる。たとえば、

$$3 \uparrow\uparrow 2 = 3^3 = 27$$

$$3 \uparrow\uparrow 3 = 3^{3^3} = 3^{27} = 7,625,597,484,987$$

二重矢印表記で試して感覚をつかみ、それがどれだけ速く大きくなるかの感触を得て、$3 \uparrow\uparrow 4 = 3^{7625597484987}$ だけでもどれだけ大きいか確かめること。それができれば、私よりも上を行っている。これだけの数でも、既知の宇宙にある粒子の数よりもはるかに大きい。しかしまだ始まったばかりだ。演算子↑↑↑を考えよう。これはべき乗のタワーのタワーを生み出す。$3 \uparrow\uparrow\uparrow 3$ を見てみよう。

$$3 \uparrow\uparrow\uparrow 3 = 3 \uparrow\uparrow 7625597484957 = 3^{3^{\cdot^{\cdot^{\cdot^{3}}}}}$$

このタワーには全部で7625597484987段の高さがある。とんでもなく大きな数だ。しかしグラハム数にはまだかすりもしない。演算子↑↑↑↑を考えよう。これは指数のタワーのタワーのタワーを生成する。$3 \uparrow\uparrow\uparrow\uparrow 3$ はどうか……とはいえ、大きすぎて書き出すのは非常に難しい。やってみればわかる。

グラハム数について考えるときは、この数が始まりで、これをg_1と記す。つまり、$g_1 = 3\uparrow\uparrow\uparrow\uparrow 3$だ。
次に考える数はg_2で、これはでかい。

$$g_2 = 3 \uparrow\uparrow \cdots \uparrow\uparrow 3$$

で、二つの3の間にg_1本の矢印がある。

3の間に4本の上向き矢印演算子があるだけで、書き出せる範囲をはるかに超える数ができる。ここでは3の間に$3\uparrow\uparrow\uparrow\uparrow 3$本の上向き矢印があるという大きな数を考えようとしている。それがg_2だ。g_3という数では、3の間にg_2本の上向き矢印演算子がある。以下同様。

そしてグラハム数はg_{64}のこと。

想像もつかない数で、人の頭で了解できるどんな数も取るに足らないほどだ。それでも、それに1を足すだけで、それより大きい数ができる。

では、先に立てた元の問題、グラハム数が上限となるという問題への答えはどうか。誰も知らない……11より大きいということ以外は。

∞ 無限大

数学者は大きな数を扱うことがある。たとえば、子どもが好きなグーゴルは1の後に0が100個続く数だ。これは指数表記を使ってもっと簡潔に、10^{100}と書くことができる。グーゴルは大きい。観測可能な宇宙にある粒子の数、すなわち10^{80}よりも大きい。さらにべらぼうに大きい数もある。たとえばグーゴルプレックスは、1の後に1グーゴル個のゼロが続く、$10^{\text{グーゴル}}$のこと。この数は大きくて、十進法の位取り表記で書くことはできない。世界にはそれだけの空間も時間もない。そのグーゴルプレックスさえ小さく見える数もある。前節で取り上げたグラハム数はものすごく、頭がおかしくなりそうなほどの、どのくらいか見当もつかない大きさで、指数をタワーのように積み上げる表記を使っても書くことはできない。しかしそうした数――グーゴル、グーゴルプレックス、グラハム数――も、無限大と比べると取るに足りないほど小さい。

無限大は数よりも概念と考えた方がいいのかもしれないので、古くからこの概念をつかもうとしてきたのは哲学者だったのも意外ではない。しかしこの無限大は、ごちゃごちゃして把握しにくい概念だ。たとえばギリシアの哲学者にとっては、それこそ果てしない面倒な問題となった。数学者の方はあれやこれやの間違った出発点を繰り返した後、やっと無限大を手なづけ、いくつもの用途で使うようになった。もちろん、それを表す記号もできることになる。無限大を表す現代の記号∞を、今の数学的な意味

ジョン・ウォリス（1616～1703）はニュートン以前のイギリスではトップクラスの影響力のある数学者だった。ウォリスには並外れた暗算力があったらしい。53桁もの数を開平する問題を出されて、それを頭の中で計算したと言われる。（図版―パブリックドメイン）

ともに最初にもたらしたのは、イギリスの数学者ジョン・ウォリスで、1665年に発表された論文 *Arithmetica Infinitorum*〔無限算術〕でのことだった。

ウォリスがこの記号を選んだ理由はすべて明らかなわけではないが、この形がエトルリア人が千という数を表した記号、CIƆに似ているから選ばれたという可能性がある（エトルリア人は五百をIƆで表し、それが転じてローマ数字で五百を表すDとなった。CIƆの方は千を表すMとなった）。CIƆが漠然とした「たくさん」とともに大きな数一般を表すようになり、ウォリスはそのことを援用したのだと説かれる。ウォリスは∞を、ギリシア語のアルファベットの最後の文字ωの形として選んだという説もある。理由はどうあれ、印刷業者はこの記号の選択に喝采を送っただろう。数字の「8」を横に寝かせれば無限大の記号が組版できるのだ。

記号∞は *lemniscus*《レムニスクス》と呼ばれることもある。この言葉は「ぶら下がったリボン」という意味のラテン語の単語だ。1694年、ヤーコプ・ベルヌーイ（ネイピア数eの節で取り上げた、複利を調べた人物）が、ある特定の曲線の形を表すために、このラテン語の単語を使った。関心がある人のために言っておくと、その曲線を式で表した場合、その一つの形が$(x^2+y^2)^2=2a^2(x^2-y^2)$となる。この曲線はベルヌーイの連珠形《レムニスケート》と呼ばれ、式を満たす点をつないでグラフにすれば、まさしく無限大の記号に見えるものができる。

$\mathbb{N}$

自然数の集合

記号を使うと、数学的論証が明晰になる。たとえば、「自然数《ナチュラルナンバー》、すなわち数えるのに使われるふつうの数、1、2、3、……」と何度も言うよりも、記号Nを使った方がずっと簡単だ。同様に、「有理数の集合」よりもQを使う方が扱いやすい（この場合のQは「quotient《クォーシェント》」〔比〕の頭文字。有理数とは二つの整数を割って得られる比で表されるからだ）。「整数の集合」よりもZと書く方がずっと良い（この場合のZはドイツ語で「数」を意味する「Zahlen《ツァーレン》」の頭文字）。くどくど言いたいわけではないが、「実数の集合」と書き続けるよりもRと書いた方が簡単になる（実数《リアルナンバー》は、無限に長い数直線上の一点として指定できる数のこと）。専門用語がぎっしり詰まった段落を、さっぱりした記号の集まりに置き換えることができる。

しかし記号を使うことには問題もある。たとえば自然数の集合を指すのにNを用いるのは結構だが、Nを個々の自然数を指すために使いたいときはどうすればよいだろう。そういうことは、ごくあたりまえに必要とされるのではないか。あるいはNで、何らかの一般的な数《ナンバー》を表さなければならないとしたらどうか。あるいはもちろん、Nでまったく別の概念、たとえばベクトルを表すとしたらどうだろう。記号を使うことで明晰になるどころか、混乱が生まれることになる。

数学が専門誌や本の形で組版されるときには、この問題に対する単純な解決法がある。組版をするとき別のことを意味する記号を区別するために、属性の異なるフォントを利用できるのだ。たとえば、何らかの量を表すためには斜体の記号を使うこともできる（Nではなく*N*とすると、この*N*は個々の数、たとえば*N*＝5を指すことができる）。別の量を表すために太字を使うこともできる（Nではなく、**N**とすれば、この**N**はベクトルを指しているのかもしれない）。さらに斜体の太字を使って別の何かの量を表すこともできる（Nではなく***N***にする）。一つの記号に4種（N、*N*、**N**、***N***や、R、*R*、**R**、***R***など）があれば、組版された本では見た目が十分に違っていて、紛れる可能性が低くなる。こうして最初の段落で述べた4種類の集合は、太字で記号化されるのが一般的になった。**N**（自然数の集合）、**Q**（有理数の集合）、**Z**（整数の集合）、**R**（実数の集合）となる。

太字、斜体、斜体の太字を使うのは、本の組版をするときには有効だが、手書きのときはどうだろう。たとえば黒板に太字は書けない——その場合どうするか。旧式のタイプライターを使って数学の文章を書く人々にも使えない。タイプライターでは、N（でもQ、Z、Rでも何でも）を二度打ちして太字を「偽造」することくらいはできる——が、この方式が一貫して用いられることはなかった。もう少しまし な解決策は、1950年代のフランスの数学者グループとともに始まって、その後1960年代の半ばに有名なプリンストン大学の数学科に定着したらしいが、これは当該の記号に重ねて大文字のIを打つことだった。これによって白抜きのフォントに見えるものができた。そこから今度は、黒板にチョークで太字の**N**（でも**Q**、**Z**、**R**でも）を表したいときに、白抜きの文字ℕ（あるいはℚ、ℤ、ℝ）を書くようになった。

この「黒板太字《ブラックボード・ボールド》」表記が定着し、世界中の数学者がそれを使うようになった。しかし、そのときいささか妙なことが起きた。黒板太字を手書きにとどめ、組版にはいつもの太字のフォントを使うのではなく、印刷でもℕ、ℚ、ℤ、ℝやその類を使う数学者も現れてきたのだ。TEXで有名なドナルド・クヌースなど、影響力のある数学者何人かは、これを活字で用いない方がよいと勧告した。しかしその戦いは勝利しなかった。白抜きを別個の様式として使うことは定着し、それを様々な数の集合を表す手段として用いるのは、今や標準的なことになっている。

この様式に出会う場面の一例を挙げると、数学者は集合の濃度、つまりそこにある要素の個数に関心を向けることが多い。さて、ℕには無限個の要素がある。他の集合の要素と一対一の対応でℕの要素と写像ができれば、その集合の要素が数えられる。整数の集合ℤを考えよう。次のように並べてみる。

ℕ：1　2　3　4　5　6　7　…

ℤ：0　1　-1　2　-2　3　-3　…

するとℤは数えられる。ℤの各要素が自然数の要素一つに（一つだけに）写像されるからだ。つまり整数の集合ℤは「可算無限」ということになる。しかし次節では、驚きの結果を取り上げる。ℝは大きすぎて数えられないのだ。

ℵ 無限集合の大きさ

無限にも大きさの違いがある。どういうことかを見るには、無理数——$\sqrt{2}$、先のϕのように、aとbを整数として、単分数a/bの形に表せない数——を調べる必要がある。無理数を小数に展開すると永遠に続き、同じ並びの繰り返しになったりどこかで終わったりはしない。

無理数の存在は昔から知られていた。伝承では、紀元前5世紀、メタポントムのヒッパソスが$\sqrt{2}$が無理数であることを発見したとされる。あまりに衝撃的な発見だったため、神々からの罰として海で溺死させられたという。しかしきっとそれに並ぶほど衝撃的だったのは、ゲオルク・カントールによる、無理数は可算ではないという発見だろう。無理数が無限個あるというのは、可算の数が無限個あるより多いということだ。カントールはこれを無理数の奇妙に思える性質を使った次のような論証で明らかにした。

ありうるすべての無理数——繰り返しも終わりもない小数による——のリストがあるとしよう。そのリストの数に、先に$\mathbb{Z}$についてしたように自然数と並べて数えようとしてみよう。リストの最初の項目はこんなふうになっているとする。

1　1.1342516…

2　0.7281821…
3　5.4286351…
4　7.6181303…
…　…

リストにあるすべての無理数の隣に番号を振れば、数えることができる。しかしそのリストにはすべての無理数はない。すべてをリストに載せたと思われるかもしれないが、そうではない。そのことを確かめるために、1番の数の第1桁、2番の数の第2桁……というふうに数を並べていく。

1　1.1342516…
2　0.7281821…
3　5.4286351…　→　1.728…
4　7.6181303…
…　…

そこで今度は、たとえば各桁から1ずつ引いて、別の数を生成する。右の例なら、1.728…が0.617…となる。

この0.617…という数は、これですべてと言われていた無理数のリストには入っていない。それは1

番の数とは第1桁が違うし、2番の数とは第2桁が違うし、3番の数とは第3の桁が違うし、n番の数とは第n桁が違う。つまり、無理数には一対一対応で番号を割り当てることはできない。無理数が数えられないのは、ある意味で無理数が数え切れないほど多いからだ。

無限個の自然数ℕに、カントールは記号$\aleph_0$（「アレフ・ゼロ」。アレフはヘブライ語のアルファベットの第1字）を割り当てた。無理数を含む実数ℝは、記号$\aleph_1$（「アレフ・ワン」）を割り振られる。そのような無限が無限個ある。

ドイツの数学者ゲオルク・フェルディナント・ルートヴィヒ・カントール（1845～1918）は集合論という現代数学の根本的な構成要素となるものを考案した。カントールの考えたことを頭になじませるのは容易ではなく、当初その考え方は攻撃された。カントールは鬱状態になり、シェイクスピアの芝居を書いたのはフランシス・ベーコンであることを証明しようとするなどのおかしな研究にのめり込むようになった。ある人々はカントールは自説への批判をまともにとりすぎたのだと思い、少数ながら、無限大について考えたりするから頭がおかしくなったのだと言う人もいるが、最もありそうな説明は、カントールは双極性障害にかかっていたとすることだ。（図版―パブリックドメイン）

i

虚数

何世紀もの間に人々が問う数学の問題が高度になるにつれて、数の概念も広がってきた。「家で飼っている豚は何頭か」という問題に答えるには、正の整数だけを考えればすむ。「財産を6人の子で分ければよいか」と問うなら、分数が必要になる。「カジノで負けた分を払わなければならないとなると、自分の財産はどれだけか」という問いには負の数が入ってくるかもしれない。その場合、数はいわゆる数直線、つまり正負の方向に無限に伸びる直線上の一点と考えることができる。数直線にはすべての整数、すべての分数、すべての無理数、超越数がある。そこにはすべての数があるらしい。

しかし「2乗すると-1になる数は何か」という問いについてはどうだろう。答えは1ではありえないし（1×1＝1だから）、-1でもありえない（-1×-1＝1だから）。答えのない問題らしい。それでも数学者

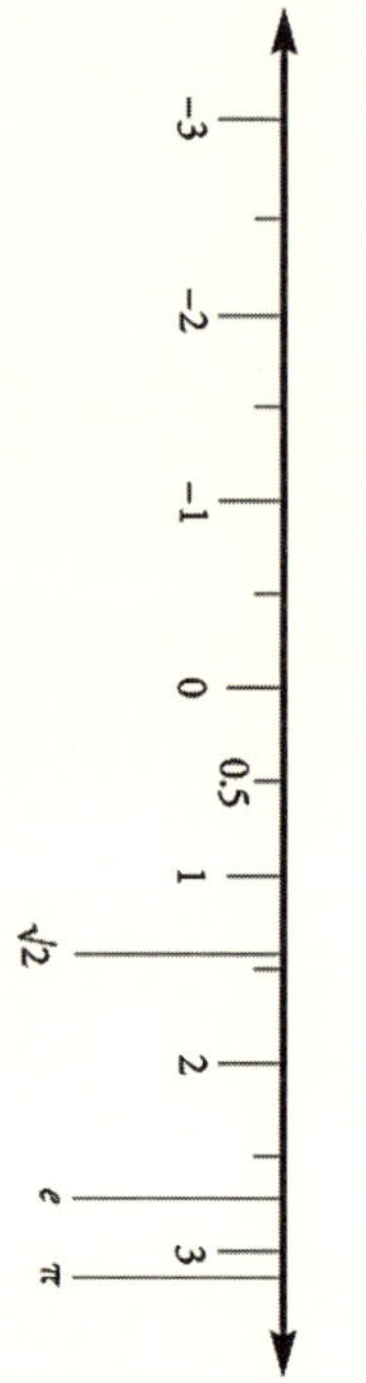

数直線にあるのは
整数だけではない！
（図―著者による）

は、このような問題にも答えられるように数の概念を拡張しても、理屈は通ることを発見した。

　古代ギリシアの数学者は、平方すると負の答えになる数の概念に遭遇していたらしい。しかし、数学者がこうした数についてはっきりと論じ始めたのは１５４５年になってからで（最初はジェローラモ・カルダーノというイタリアの賭博師で確率論を考えた人物）、ルネサンスの数学者はギリシア人がこの概念で苦労したのと同じくらい苦労していた。実際、１６３７年になっても、フランスの哲学者ルネ・デカルトは、そのような存在に対する蔑称として「虚数」という言葉を用いた〔nombre imaginaire（仏）／imaginary number（英）＝「架空の数」〕。残念ながら、この「虚数」という言葉が定着した。残念というのは、この数がものすごく役に立つことがわかったからだ。現代科学や数学は虚数を使わないことには成り立たない。

　虚数《イマジナリー・ナンバー》に i という記号を当てたのは、レオンハルト・オイラーだった（他に誰がいるだろう）。i は「2乗すると-1となる数は何か」という問いに対する解だ。つまり、$i \times i = -1$ となる。他の虚数もすぐに考えられる。たとえば、$2i$, $0.5i$, $1/i$ のように。それを2乗すると、それぞれ -4, -0.25, -1 となる。もちろん、無限個の虚数がある。虚数を表すために i と表記できるようになれば、数の概念全体を一般化できるようになる。数は一般に、$z = x + iy$ という

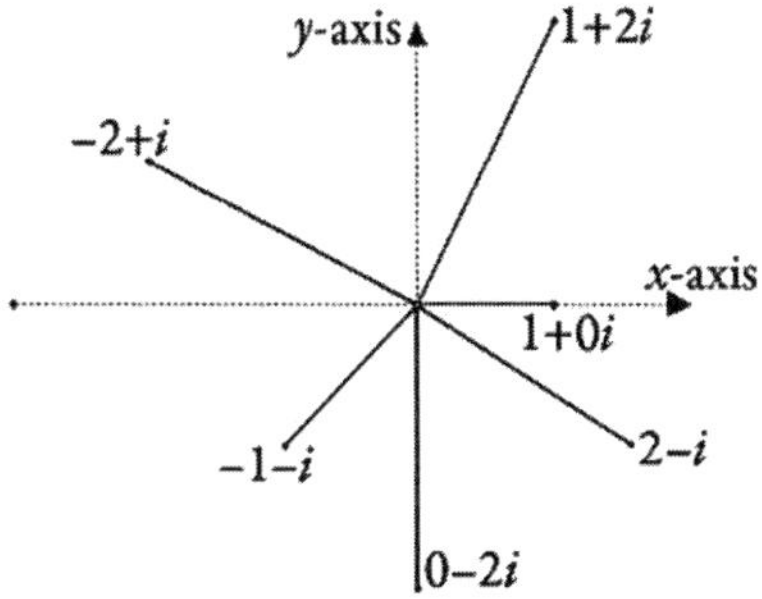

x 軸上にあるのは実数——日常で用いられる数——で、y 軸上にあるのは虚数。一般に、複素数は複素平面上の１点として表せる。（図—著者による）

形を与えられる。この式は単純に、数zには「実」部xと「虚」部yがあると言っているにすぎない。$y=0$なら、数zは通常の、おなじみの実数線の上に収まる。$x=0$なら、数zは純虚数となる。一般的には、数zは複素数となる。すると数について最も一般的な考え方は、複素平面上の点と考えることとなる。

ℑ 虚部

私には、出くわすと不安になるグリフがいくつかある。たとえばℑを考えよう。私がある数学の本で初めてℑに出会ったとき、そのゴシックな外見を奇妙で不気味に思い、それが象徴する概念はきっと深く、難解で、私の理解を超えるものだと思った。その後、ℑはただ複素数の虚部（前節を参照）を表すために用いられているだけだということに気づいた。それはすべての虚数（$-1.5i$, $2.7i$, πi など何でも）が乗っている虚数軸という直線につけられる標識だった。そしてやはり不気味に角々とした装飾のℜも実数軸という、すべての実数（-6.2, 1.8, e^{π} など何でも）が乗る直線の標識にすぎない。ℜとℑの背後にある概念は深いどころか単純なことだった。しかしその恐ろしげなゴシックな文字に対する私の不安は決して消え去ることはなかった。

たとえば、私が物理学を勉強するようになったとき、群《ぐん》の概念と出会った。群は単純に定義できる。何らかの対象——たとえば整数——の集合があるとする。そしてその集合の元《げん》（要素）に対して行なえる演算——たとえば足し算——があるとする。群は以下の四つの条件が満たされるものと定義される。第一に、「単位元」がある。当の演算をどんな元と単位元で行なっても、当の元になる（整数の足し算で言えば単位元は0。2+0＝2と0+2＝2を考えよう）。第二に、「逆元」がある。どんな元にも、演算を行なうと単位元になるような元がある（整数の足し算の場合、正の整数の逆元は負の整数であり、逆も言える。

マリウス・ソフス・リー（1842～1899）はノルウェーの数学者で、連続的対称性の理論で重要な業績をあげた。この成果は物理学者の保存則や量子場の理論の理解が進むのを助けた。（図版—パブリックドメイン）

$2+-2=0$ や $-2+2=0$ のように）。第三に、「結合則」がある。演算を行なう順序は関係ないということだ（整数の足し算については結合則が成り立ち、$2+(3+5)=(2+3)+5$ となる）。第四に、演算は「閉じて」いる。集合にある元どうしで演算すれば、結果もその集合の中にある（任意の二つの整数を足せば、結果も整数になるので、明らかに足し算は閉じている）。したがって整数は足し算について群をなす。かけ算については群をなさない理由は簡単にわかるはずだ。

群は驚異の性質を持つ驚異の存在であり、無数の応用ができることがわかった（今度Chip&PINカード〔ヨーロッパのICカード〕で支払いをするときは、この方式のセキュリティが群論で成り立っていることをおぼえておくとよい）。物理学では、リー群と呼ばれる種類の群を使うと、素粒子の理解を増すことができる――リー群を勉強するようになると、実に便利に使えた。群（Group《グループ》）を表すのによく使われる記号は、わかりやすい、単純な、怖がらせることのない G だ。しかし私はすぐにリー群にはそれに対応するリー代数があることを知った。その定義を記して退屈させるようなことは、ここではしない。そして G が群を表すとすれば、角張った $\mathfrak{g}$ が、それに対応する代数を表す。そろそろパニック？

数学者はなぜ$\mathfrak{I}$や$\mathfrak{g}$のような記号を使うのだろう。もちろん虚数の研究を進めた人々の多くはドイツ人だし、「虚《イマジナリー》」数を表すのに「I」を用いるのは自然なことだ。また、リー群を考えたソフス・リーは、代表的な業績をドイツであげた。群《グループ》を表すのに「g」を使うのは当然だった。しかしドイツ語の本はブラックレター類の活字――フラクトゥール、シュヴァーバッハー、テクトゥアリスなど――で組版されることが多かった。つまり、「I」と「g」なら、$\mathfrak{I}$や$\mathfrak{g}$などのように組版される。この使い方が今も残っていて、環と呼ばれる対象を研究する数学者は、$\mathfrak{A}$、$\mathfrak{E}$、$\mathfrak{S}$のような記号を難なく使っている。こうした記号は見にくい（少なくとも私の感覚では）だけでなく、ほとんど読めない――最後に挙げた三つの文字がAとEとSだったことはわかっただろうか。

÷

割り算

単純な四則計算のために用いる表記、つまり足し算の＋、引き算の－、等しいを表す＝などは、すっかりこなれていて、他の表記を用いるのは想像しにくい。とはいえ、この三つの記号には、それこそその算術にふさわしい記号だと言えるようなところは何もない。同じ演算を表す記号がまったく別の形になっていてもおかしくはなかった。たとえば＋という記号を考えよう。

古代エジプト人は「増やす《プラス》」という演算を、歩いて前進する2本の脚で表していた（歩いて後退する2本の脚で「減らす《マイナス》」を表した）。今の記号のようなものが現れたのは、やっと1360年頃になってからだった。フランスの博学の士、ニコール・オレームは、＋を、あるいは少なくともそれに似た記号を、英語の「and」（「と」）を意味するラテン語の短縮として使ったらしい。イギリスで広く＋が使われたのは、1557年以降になってからだ。その年、医師で数学者のロバート・レコードによる *The Whetstone of Whitte*（機智の砥石）という本が出版され、そこには初めて等号としての＝が用いられ、英語の本では初めて、おなじみの算術演算記号、＋と－が登場した。

イギリスで一般に用いられる割り算の記号は÷で、これは＋や－や＝よりも新しい。さらに、その記号は思われるほど広く用いられてはいない。

疑句標《オベルス》（÷記号はもともとそういう名だった）には、数学で用いられるようになる前からの長い歴史がある。「オベルス」という言葉は、つまるところ、ギリシア語で「尖らせた棒」——料理で使う串を表す単語に由来する。この単語は先が細くなった柱を表すのにも使われるようになる。つまり、「オベリスク」という単語とも語源は共通だ。古い写本の編集者は÷の記号を、文章の中の余分なところや疑わしい部分に印をつけるために用いていた。この疑句標が割り算の記号として用いられたのは、1659年、スイスの数学者、ヨハン・ハインリヒ・ラーンが代数についての著書*Teutsche Algebra*〔ドイツ代数学〕で使ったときのことだった（実は、この記号が最初に用いられたのは、おそらくイギリスのジョン・ペルという数学者だっただろう。ペルはオリバー・クロムウェルがスイスに派遣した外交使節団に加えられて派遣され、現地にいたとき、ラーンに数学を教えた。とはいえ、初めて活字で÷が使われたのは、ラーンの本だった）。*Teutsche Algebra*の英訳が完成したのは1665年だが、記号÷は活字にはならずじまいになりかけた。訳者が組版を容易にするためにラーンの表記を変えたのだ。出版社がペルを招いて最終校を監修してもらうと、ペルはラーンの疑句標を復活させてくれと要求した。ペルがそうしていなかったら、

ヨハン・ハインリヒ・ラーン（1593～1669）。ここに描かれているのはチューリヒの市の運営に関わっていた頃。具体的には、軍の補給、砲術、射撃訓練の監督を担当していた。高い水準の数学を身につけることになったのは、イギリスの数学者ジョン・ペルの教えを受けてからで、ラーンが割り算の記号として÷を使ったのは、ペルにそれを習った後かららしい。（図版—パブリックドメイン）

ろう。

英語の電卓には÷はなく、ラーンの1659年の本の英訳で使われかけた代わりの記号がついていただろう。

疑句標の使用は今や衰退しつつあるかもしれない。決して広まっている記号ではない。÷の記号を考えたのがドイツ語圏の数学者だったとなれば、ドイツでは÷の使用は広まっていると予想されるかもしれない。しかしあちらでは割り算を表すのにはコロンを使う傾向がある（4：2＝2）。ヨーロッパには同じことをしている国が他にもいくつかある。北欧諸国では、少なくとも近年になるまで、疑句標は引き算の記号として使われていたところもある。÷の記号はイギリスでは小学校の算数では広く使われているが、4÷2＝2レベルを超えるところまで進むと、先生は斜線（4/2＝2）や括線（分子と分母を分ける横線〔元は、ある区間をひとまとめに括るために引いた横線〕を使うことが多くなる）。疑句標の余命はいくばくもないかもしれない。

ゆえに

様々な分野で生み出される知識を人はどれほど信頼しているだろう。個人的なことを言えば、私は政治家の発言には、万病に効く薬を謳うセールストークに置くのと同程度の信頼しか置かない。2016年に英米で起きた出来事は、政治家という人々がなす集団では、真実が権威ある地位を占めていないらしいということを明らかにした「イギリスのEC離脱の選択やアメリカでのトランプ大統領の当選という結果が、客観的事実よりも感情や信条に訴える政治活動によるという、いわゆる「ポスト真実」の政治と言われたことをふまえる」。経済学という学問は、政治よりは数段上にあるが、それでも多くのエコノミストは自分たちの経済モデルに誤りがあることを認めるのはいやがるらしい。そうしたモデルでは2007年の金融破綻を予測できなかったというのに。そのモデルは明らかに現実世界での行動の結果を必ず予測できるわけではないが、これまでのところ、経済学界で受け入れられた新しいモデルはない。自然科学はそれよりずっと上を行く。自然科学者はその理論を実験や観察と照合し、自然が提供するフィードバックに基づいて、理論を精巧にする。科学のおかげで、橋の下を通るときにその橋が落ちてこないことや、飛行機が石のように落下することはないことなどが信頼できる。信頼度の一方の端に、数学者が生み出す知識がある。数学的知識が信頼できる理由は、それが論理に沿った論証を明瞭に適用することを通じて進められるということだ。

すべての論証には、「AゆえにB」という基本的構造がある。言い換えれば、前提（A）――論証の土台となる事実あるいは仮定――を明瞭に述べ、論理の法則を適用すれば結論（B）に達するということだ。論証の論理が正当であれば、結論も正当とならざるをえないので、前提が正しければ結論も正しいということになるしかない。論理が正当でなければ、論理的に誤りということになり、結論も正当ではない。

論理に沿った論証の例として、よく知られる次のような三段論法を考えよう。

すべての人は死ぬ。（大前提）
ソクラテスは人である。（小前提）
ゆえにソクラテスは死ぬ。（結論）

三段論法では、結論のところにはたいてい、「ゆえに」という言葉が現れる。例をもう一つ。

すべての有効な概念は記号を必要とする。（大前提）
「ゆえに」は有効な概念である。（小前提）
ゆえに「ゆえに」には記号を必要とする。（結論）

こちらの例は、前提に誤りがあるなら、正当な論理で間違った結論が導かれることを示している。とはいえ、数学者は確かに「ゆえに」を表す記号を求めていて、三角形をなす三つの点（∴）という記号を用いる。あらためてソクラテスの三段論法を。

すべての人は死ぬ。
ソクラテスは人間である。
∴ソクラテスは死ぬ。

有力な数学史家のフロリアン・カジョリによれば、「ゆえに」を表す記号∴が最初に活字に登場したのは、1659年だという（前節で触れたラーンの *Teutsche Algebra* に出てきた）。なぜラーンが他でもない∴を使うことにしたかというのはカジョリは言わなかった。実はこの記号についての優れた説明を私は見たことがない。私自身は、下の二つの点は三段論法の二つの前提を表し、上の一点が論理的結論を表しているのだと思っている。しかしこの説は、私が知るかぎり、私の創作だ。言い換えれば、何の証拠にも基づかない推測であり、数学的論証の論理的確実性からこれほど離れているものもない。

ついでながら、「ゆえに」の記号を上下逆さまにしたもの（∵）は、「なぜならば」を表す。∴や∵は、曖昧なところなく論証を表す助けになる。そういうわけで、それは政治家には歓迎されない。

∃

〜が存在する

数学者は論証を展開するとき明晰さや正確さを求めるし、その努力を助けるために大量の用語を導入してきた。∴や∵のような記号（前節参照）は論証を明晰にする助けになるが、数学者は、単なる句読法どころではない論理記号を使う。私が最初に出会い、今でも好きなのは、∃だ。

記号∃は「存在記号」という。これは「〜が存在する《エグジスツ》」というふうに読まれる。そこでたとえば、$\exists x$は、「……であるような対象xが少なくとも一つ存在する」と読むことができる。数学者はときどき、その変種として「一つだけ存在する」という意味の∃!や、「ちょうどn個だけ存在する」という意味の$\exists^n$も使う——つまり当然、∃!は$\exists_1$と同じことになる。

記号∃は奇妙に見えて当然だが、それによって数学者は何かの存在（あるいは非存在∄——∃記号に斜線を引いたもの）についての命題を立てるとき、文句なく正確に表せる。

この記号が最初に使われたのは、1896年に刊行された本で数理論理学を創始したジュゼッペ・ペアノらしい（この記号を存在記号として使うことを最初に広めたのはバートランド・ラッセルだが）。ペアノは∃に加えて、論理学者が——とくに集合論で——今でも使っている用語もいくつか作った。

「集合」の概念は、あらゆる数学の中でも根本的なものに属する。集合は明確に定義された、区別される要素の集まりのこと。集合の要素は何でも——人でも、母音でも、英国旗にある色でも何でも——

よい。ペアノは集合に属することを表す∈の表記も世に出した（つまり $a \in S$ は、「a は集合 S の要素である」を意味する。S = {赤, 白, 青}、つまり英国旗にある色なら、赤 $\in S$ となる）。集合の交わりを表す∩も考えた（$A \cap B$ は、「集合 A と B の両方にある要素すべてを含む集合」を意味する。S = {赤, 白, 青}、つまり英国旗にある色で、T = {赤, 黄}、つまり中国の国旗にある色とすると、$S \cap T$ = {赤} となる）。また集合の和を表す∪も考えた（$A \cup B$ は、「A か B いずれか、または両方にある要素すべての集合」を意味する。先述の集合について言えば、$S \cup T$ = {赤, 白, 青, 黄} となる）。

∃よりもさらに奇抜だと私が思う記号は∀で、これは「すべての〜について」と読まれる。たとえば $\forall x$ は、「すべての対象 x について……が成り立つ」のように読める。これはペアノによる記号ではない。

イタリアの数学者ジュゼッペ・ペアノ（1858～1932）は、数理論理学と集合論の分野を立てるのに貢献した。この分野で今も用いられる多くの表記がペアノによる。（図版―パブリックドメイン）

ここで述べている意味で∀を最初に使ったのは、ドイツの数学者、ゲアハルト・ゲンツェンで、1935年の論文でのことだった。ゲンツェンはラッセルが左右逆転したEを使ったことに似せて上下逆転したAを使うと説明した（Aは左右対称なので、左右逆のAではもちろんまったく役に立たなかっただろう）。ゲンツェンは数学の研究を続ける時間がもうあまりなかった。第二次大戦後、ロシア軍に抑留されている間に栄養失調で亡くなることになる。誰の話でもゲンツェンは穏やかな最期を迎えた。抑留によって数学について考える時間ができたのだ。

ここで挙げた記号――∃、∀、∩、∪――は、表現を明晰にする。論理学者の論証をたどることができ、結論を受け入れざるをえなくなるか、論証が成り立っていないところを指摘できるか、いずれかだ。しかし明晰さには対価もある。私が大学の図書館へ行って、論理学についての本をランダムに選び、ぱらぱらとめくってみた。そこには$\Diamond P \leftrightarrow \neg\Box\neg P$と書かれていた。どうやらこれは「必ず$P$は成り立たないというのではない場合、その場合に限ってPはありうる」という意味らしい。そこには論理的明晰さはあるかもしれないが、読みやすさの点ではクリンゴン語を読むのと変わらない（ついでながらペアノは論理に基づいた人工言語、無活用ラテン語を考えた。これは数学での業績と比べるとほとんど注目されていない）。

∂ 偏微分

「車は今時速30マイルで走っている」と言う場合、どういう意味だろう（私は英米で日常的に用いられる時速何マイルという単位を使っている。本章での論旨は、速さの単位とは無関係で、時速何キロとしてもまったく同じように成り立つ）。

速さとは一定の時間に進んだ距離のことだ。量の変化を表すために用いる通常の表記法は、ギリシア文字デルタの大文字Δで、Δtの時間でΔsの移動があれば、その速さは$\Delta s/\Delta t$となる。つまり、30マイルというΔsを1時間というΔtの間に進むとき、時速30マイルということになる。しかしそれは、車が時速30マイルで走っていると言っているときの意味とは違うのではないか。私はまるまる1時間、車を走らせているわけではない。まるまる1時間で30マイル走ったとしても、車の速さはほぼ確実に途中でいろいろ変わっている。道のりのほとんどの時間はのろのろと進み、それから加速して、進む距離のほとんどは数分で走ってしまうということかもしれない。私が「時速30マイルで進んでいる」と言うときの意味は、現時点での速さのことだ。

わりあい大きな変化（マイルや時間を単位とするような）を表すΔを使うのではなく、ギリシア文字デルタの小文字δを使って、小さな変化を表すことにしよう。ここでの問題ではδsとδtとする。δtが1分で、δsが880ヤード［約800メートル］なら、その時間での平均の速さは時速30マイルとなる。その方が実際の車の速さの意味にずっと近いが、まだ言われていることをちゃんと表してはいない。何と言っても、車は1分の間にも加速できるのだ。私が憧れる唯一の車、アストンマーチンのバンテージSは、3.5秒で時速0マイルから60マイルまで加速できる。私が所有している車でさえ、13・4秒あれば同じ加速をする。アストンマーチンなら1分もせずに時速201マイル〔約323キロ〕で走れるし、私の車でさえ、1分で時速120マイル〔約193キロ〕に達するとされている。1分でも、間隔としては長すぎる。秒の方がずっといい。

$\delta s = 44$ フィート、$\delta t = 1$ 秒なら、おそらく実際に時速30マイルで進んでいるということに合意されるだろう。しかしそれでもエンジニアやマニアは満足しないかもしれない。流れは明らかで、時間の幅を小さくすることによって、そのときどきの瞬間的な速さに近づいて行く。瞬間的な速さを得るためには、$\delta t \to 0$ にして、同様に $\delta s \to 0$ にする必要がある。この二つの量が無限小になる極限でこそ、特定の時点での速さを云々することができる。

無限小量の比をとって意味のある答えが得られることに最初に気づいたのはニュートンだった。しかしニュートンは変わった人物で（以前の章に述べた簡単な伝記でもニュートンの変わり者ぶりはうかがえる）、何年もの間、自身の革命的なアイデアを発表しなかった。ゴットフリート・ヴィルヘルム・ライプニッツはニュートンよりずっと後に独自にこの考え方を得たが、発表したのは先だったので、現代の表記はライプニッツのものになっている。ライプニッツは δ がゼロに向かうときの極限にある δ を表すためにdを用いた。d表記は科学のあらゆる部門で見られるが、ある量が別の量とともにどう変化するかを知る必要がある場合が多いからだ。速さは ds/dt だが、dP/dh（高度による気圧の変化）、dT/dx（距離による温度変化）、dN/dt（時間経過による生物個体数の変化）なども見ることがあるかもしれない。使い方は無限にある。

この考え方が微分法という、文明を変貌させた発明の基礎となる。それによって科学者は変化する世界を数学によって調べることができるようになった。微積分は宇宙を扱いやすくした。しかし問題も生じる。ある量が複数の変数によって決まるときにはどうなるだろう。気圧は温度によっても高度によっても変わるだろう。温度変化を一次元ではなく二次元で知りたいこともあるだろう。個体数増加に対するいくつかの因子の影響を調べたいこともある。何らかの量が複数の変数によって決まるとき、dによる微分表記は使えない。他の変数はすべて固定して一つの量だけの無限小の変化を考えていることを明示しなければならない。このためにはギリシア文字デルタの変種である∂が使われる。１７８６年、アドリアン＝マリ・ルジャンドルが導入した記号だ。つまり科学者は事態を$\partial s/\partial t$, $\partial P/\partial h$, $\partial T/\partial x$のように書き表す。変わったことをしているように見えるが、他の関係する量は一定にしておいて、比をとっているだけだ（瞬間的な速さが比ds/dtだったのと同じこと）。私は∂に特定の名があるとは承知していない。これは「パーシャル」〔「偏微分」のこと〕と読まれることが多いが、それ以外のいろいろな名で呼ばれるのを聞いたことがある。私が教わった数学の先生は、それを「ダバ」と読むと教えてくれたが、おそらく単に、そうしておけば生徒が「ダバビー・バイ・ダバピー」――$\partial b/\partial p$――などと読むのも聞けるんじゃないかということだろう〔dabba《ダバ》は、「こんちくしょう」のような「damn」の転訛〕。

▽ デル演算子

空間のすべての点で定義できる量で特定される事物があり、その量が空間全体でどう変化する化を調べるとおもしろいことが多い。たとえば、地理学者がどこかの面の地形を調べたいと思っているとしよう。この場合に注目する量は高さhとしてもよいだろう。空間は二つの数（x座標とy座標など）で定義される。地理学者はその面上の高低に関心がある。あるいは建設技師なら新しい暖房装置を設定した部屋の温度特性を調べたいこともあるだろう。この場合に注目する量は温度Tで、空間は三つの座標(x, y, z)で定義される。技師は部屋全体の温度の分布に関心を抱くことになる。気象学者なら、個々の地点での気流を調べたいかもしれない。注目する量は圧力Pということになる。空間は緯度、経度、高度で定めることができる。気象学者は各点での圧力勾配を調べる。

科学者は恒常的にそのような状況を調べ、量が空間の各点でどう変化するかを知りたいと思うことが多い。最初の例では、各点で最も高い勾配と、その最も高い勾配の向きを知ろうとするものだ。第二の例では、各点で温度がどれだけの速さで上昇するか、最も速く上昇するのはどの向きかを知ろうとするものだ。第三の例では、圧力が最も急速に変化する方向と速さを知ろうとする。そこで微分法の出番となる。

前節を読んでいれば、関心の対象となる量を記述するのに使えるのが偏微分だということがわかるだろう。最初の例では$\partial h/\partial x$と$\partial h/\partial y$だし、第二の例では$\partial T/\partial x, \partial T/\partial y, \partial T/\partial z$だし、第三の例なら、$\partial P/\partial \lambda, \partial P/\partial \phi, \partial P/\partial r$となる。しかし先に立てた問いに答えるには、この偏微分項を特定の形で組み合わせる必要がある。この状況はしょっちゅう生じるので、またこの∂の項すべてを書くのは面倒なので、数学者は専用の記号を考えた。それが∇だ。∇が表す演算は、様々な形に応用される。

∇が重要な量に適切に適用されると、それによって物理学者は複雑な現象も簡単に表せる。たとえば、量子物理学に出てくるシュレーディンガーの波動方程式には、波動関数Ψに作用する∇^2という項が含まれている。∇は流体力学でも渦を記述するときに登場するし、たぶん最も有名な例として、マクスウェルの電磁気の方程式が、場$\boldsymbol{B}$と$\boldsymbol{E}$に作用する∇を用いて表される。実際、マクスウェルはこの記号の名を呼んだ早い時期の一人だった。

旧式の人々は∇を、それが表す演算の名によって「デル」と呼んだが、当の記号には別の名もついた。

ハープが有史以前に発明されていたのはほぼ確実だ。デル演算子を表す記号の名、ナブラは竪琴に由来するが、その知られている中で最古の絵は、紀元前2000年頃の作とされる。同じような形の楽器は今も存在する。マクスウェルはナブラという語を手紙で用いていたが、正式な文章でその言葉を使うのは控えていて、むしろatled《アトレッド》という名を唱えた——∇は、Δ、つまりdelta《デルタ》を逆さまにしたものだからだ。個人的にはナブラの方が勝ち残ってくれて良かったと思う。(図版—パブリックドメイン)

記号∇が世に出たのは1837年のことで、アイルランドの物理学者、ウィリアム・ローワン・ハミルトンによる。それから何十年か経って、スコットランドの神学者ウィリアム・ロバートソン・スミスがこれはアッシリアのハープに似ていると評し、それを表すギリシア語の単語がナブラだった。マクスウェルは友人のピーター・ガスリー・テイトへの手紙では冗談でその言葉を使った（1871年には、テイトに「まだあのナブラで演奏していますか？」と書いている）。テイトは何本かの論文でナブラを使い、その名が定着した。それにもちろん、「ナブラ」の方が「デル」よりも良い——ずっとおもしろいし、ちょっとみすぼらしいがかわいらしい犬の名みたいで、何となく笑える。

Σ 総和

ソクラテス以前のギリシアの哲学者、エレアのゼノンは、その名のついたパラドックスで知られる——運動のような日常の現象がありえないように見えるという簡単な論証だ。たぶん、アキレスと亀のパラドックスがいちばん有名だろう。アキレスが亀にハンデを与えれば、亀より速く走っても、それに追いつくことはできないとゼノンは論じた。二分割のパラドックス——その名は、この論証で距離が次々と二つに分けられるから——は多くの点で「アキレスと亀」に似ている。なぜかというと——。

あなたが必死で練習して、ウサイン・ボルトの100メートルの世界記録9秒58を上回ろうとしたとする。号砲でスタートするが、100メートルのゴールに達する前に、その半分の距離に達しなければならない。すると、残りの50メートルを走るには、その残りの半分に達しなければならず、また全体の4分の1（25メートル）が残っている。その残った4分の1を進むには、その半分まで行かなければならず、全体の8分の1（12・5メートル）が残っている。この論証を16分の1、32分の1、等々と無限に繰り返す。それでもゴールには到達しない。

もちろん、ウサイン・ボルトよりも速くなったわけではないが、問題はそこではない。ゼノンの論証は、運動がありえないと言っているのだ。その結論は明らかに間違っているし、このパラドックスの最も易しい否定のしかたは、キュニコスのディオゲネスがこの論証のことを聞いたときにとった方法だろう。ただ立ち上がって目的地まで歩いて行ったという。すぐに到達するわけではないかもしれないが、ゼノンができないと論証していても、そこに達することはできる。しかしディオゲネスが示したのは、結論が間違っているということだけだ。当の論証のどこが間違っているのだろう。

目的地まで行くとすれば、必ず全体の半分を進むことになり、それから4分の1進み、8分の1進み、以下同様で無限に続く。進んだ距離は以下の級数で示すことができる。

$$\frac{1}{2}+\frac{1}{4}+\frac{1}{8}+\frac{1}{16}+\frac{1}{32}+\cdots$$

この式の各分数の分母は2の累乗なので、この級数は次のように書き直せる。

$$\frac{1}{2^1}+\frac{1}{2^2}+\frac{1}{2^3}+\frac{1}{2^4}+\frac{1}{2^5}+\cdots$$

そしてn項進めば（nは単に任意の数《ナンバー》の頭文字にすぎない）、ゴールまで全体の距離の$1/2^n$を残している。級数には無限個の項がある。踏破しなければならない区間が無限個ある。ゼノンは無限個の段階を踏むことはできないので、ゴールに達することはできないと論じた。

しかし級数にある数は前項よりも小さい。級数1項だけで止めれば合計は0・5。2項だけで止めれば0・75。3項、4項、5項で止めれば和はそれぞれ0・875、0・9375、0・96875となる。和は増加するが、増え方はだんだん遅くなる。それは収束する。数学者はこのような収束する無限級数の和を計算する方法は知っていて、この場合の答えは1となる。言い換えれば、

$$\frac{1}{2^1}+\frac{1}{2^2}+\frac{1}{2^3}+\frac{1}{2^4}+\frac{1}{2^5}+\cdots=1$$

級数の和はいろいろな知識の分野に自然に生じるし、その和を表すために用いられる表記は、(例によって）オイラーが初めて使った。1755年、オイラーは記号Σを使うのがよいと唱えた。ギリシア文字シグマの大文字だ——和《サム》の頭文字でもある（実際には、この文字を少し変形したものが用いられる）。先に挙げた無限個の和はこうなる。

$$\sum_{n=1}^{\infty}\frac{1}{2^n}=\frac{1}{2^1}+\frac{1}{2^2}+\frac{1}{2^3}+\frac{1}{2^4}+\frac{1}{2^5}+\cdots=1$$

記号の下側についているのは級数の先頭の項（$n=1$）を示し、上側についているのは最終項（nが無限大——先に取り上げた記号——に向かう）。オイラーの表記は単純で、無限級数の和を扱いやすくする。そしてこれはゼノンの間違いもはっきりさせる。ゼノンは無限級数の和の求め方を知らなかったのだ。

∫ 積分

前節で取り上げたゼノンの二分割のパラドックスは、量の無限級数の和を取って、意味のある有限の答えに達することが可能であることを認識すれば、解決する。この認識は、あらゆる科学で強力な手法、つまり積分法の土台となる。

曲線の下にできる面積を計算したいとしよう（なぜそんなことをしたいと思うのかというと、面積は物理的な関心の対象になることが多いからだ。たとえば時刻ごとの速さのグラフとして描かれた曲線にとっては、その曲線上の2点間の下にできる面積は、その間に進んだ距離を表す。ばねを引っぱる長さごとの力のグラフとなっている曲線で言えば、曲線上の2点間の下にできる面積は、その2点間でばねを延ばすときに行なわれる仕事を表す。コンデンサが充電される間の時刻ごとの電流のグラフとして描かれた曲線については、曲線上の2点間の下にできる面積は、その二つの時刻の間にコンデンサの電極板にどれだけの電荷が加えられたかを教えてくれる。等々。曲線の下の面積を求めるのは、ものすごく役に立つことが多いのだ）。「曲線」といっても、それが直線になっていても問題はない。線の下の領域が三角形だったり長方形だったりで、その方が面積も求めやすくなるだけだ。しかし曲線が曲線だったらどうだろう。

積分法も微分法と同じく、ニュートンとライプニッツがそれぞれ別個に考えた。二人が得た偉大なアイデアは、曲線の下の面積は、長方形の面積（もちろんそれは簡単に計算できる——長方形の横に縦をかければよい）の級数で近似できるということだった。幅の広い長方形が一つだけでは近似はあまり良くないだろう。細い長方形をたくさんにすれば、近似はずっと正確になる。長方形の幅をどんどん小さくして、その数をどんどん多くすれば、近似はますます良くなる。無限に細い長方形を無限に集めれば、その答えはちょうど曲線の下にできる面積になる。

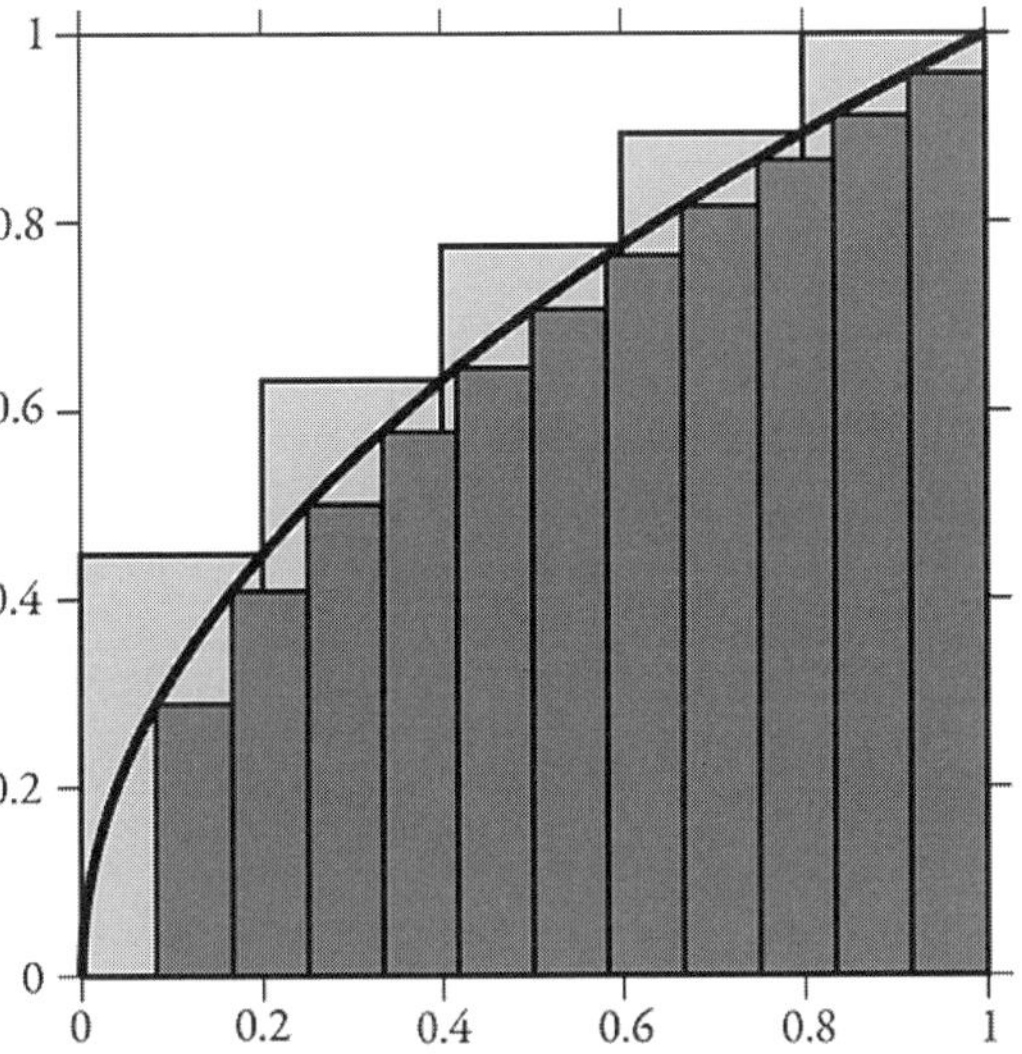

曲線の下の面積は明らかに「太い」薄いグレーの長方形の面積の和よりもずっと小さい。これに対して、曲線の下にできる面積は、「細い」濃いグレーの長方形の面積の和と比べると少し多いだけとなる。長方形をもっと細くして数を増やせば、曲線の下の面積の近似としてさらに良くなる。（図―著者による）

あらゆる場合に同様の論証が適用できる。積分によって、曲線の長さ、物体の表面積、立体の体積、等々を計算できるし、しかも、それだけではこの概念の重要さのかけらにもならない。

この無限に小さい量の無限個の和を表す記号はどうなるだろう。微分のときと同様、今使われている表記はライプニッツによる（ニュートンは史上最も影響力の大きかった科学者だったのに、そのニュートンは、表記については驚くほど遺産を残していない）。当初、ライプニッツはこの和を *omnia* あるいは短縮して *omn* と呼んでいた（「すべて」の意味）。しかし1675年10月29日金曜日、ライプニッツは *omn* ではなく、∫の記号を用いることにした。本人はそれをSを引き延ばしたものと考えていた。Sは「和《サム》」を表すものと考えられる。それが今用いられている記号で、物理学や工学の学術誌を取り上げれば、それと出会わないことはないだろう。

ε 正の微小量

数学者は厳密さと正確さを求める。たとえば、工学者と物理学者と数学者についての有名なジョークを取り上げよう。３人が1台の車で西のウェールズへ向かっていたという。車がイングランドとウェールズの境にかかる第2セヴァーン橋を通過してウェールズに入ったとたん、工学者は窓の外を見て言う。「ほら、ウェールズの羊は黒いぞ」。物理学者は思慮深そうに首を振って、「いやいやいや、ウェールズの羊には黒いのもいるということだ」と言う。数学者はこのお手本のようないい加減な思考に怒って言う。「少なくとも一つの牧場に、少なくとも一頭の羊がいて、その羊の少なくとも片面は黒い、ということだ」。

車が時速30マイルで走っているということの意味を誰かに尋ねれば、おそらくもっともな答えが得られるだろう。しかし数学者にとっては、その答えが十分に厳密であるということにはなりそうにない。先の節で見たように、瞬間的な速さについて問うのは微分法の問題だった。速さとは、特定の瞬間に、ごくわずかな時間tで進む距離のことだ。そこで数学者に問えば、時速30マイルが実際に意味するのは、次のようなことだと教えてくれるだろう（以下の式ではs_2-s_1は時間t_2-t_1で進む距離のこと）。任意の$\varepsilon>0$について、$|t_2-t_1|<\delta$とすると、

オギュスタン＝ルイ・コーシー（1789～1857）はきわめて多産な数学者で、書いた論文の数から言えば、コーシーを上回るのはレオンハルト・オイラーしかいない。その名がついた定理や概念の数は、他のどの数学者よりも多いだろう。微積分学を厳密な形式を整えて表すという企てに乗り出したのはコーシーだった。（図版―パブリックドメイン）

$$\left|\frac{s_2 - s_1}{t_2 - t_1} - 30\right| < \varepsilon$$

のようになるδが存在する。

δやεのような項を、毎時30マイルの移動速度が何を意味するかを定めるだけの式に使うのは、ばかばかしいほど大げさに見えるかもしれない。微積分を考えたニュートンとライプニッツさえ、自分の成果の根本的な面についてはそれほど詳細に根拠を示そうとはしなかった。もちろん、その後の2世紀ほどの大数学者や大物理学者の多くもそうはしなかった。そうした人々は、目立った問題――この新しい手法が光を当てる数々の問題――を解決するために微積分を用いることの方に関心があった。誰にとっても微積分が機能することが明らかなら、なぜその数学の厳密な根拠をわざわざ考えたりするのか。

しかし姿勢は少しずつでも変わり、数学者は微積分の足元を固める必要があることを認識するようになった。フランスの数学者オギュスタン＝ルイ・コーシーは、微積分に初めて近代的な扱い方を与えた。コーシーはそうする際に、先に見た表記の、ギリシア文字εで表す概念を用いた。この作業では、εは任意の正の微小量を表すために用いられる。コーシーはεを使って極限がどう定義できるかを示した。

εには私が好きなところが二つある。第一に、これが比喩的に任意の微小量を表すために用いられることがある。ラルフ・P・ボースが *A Primer of Real Functions*〔実関数の初歩〕という本の献辞を「私のイプシロンたちへ」としたことが気に入っている――つまり我が子のことだ。

第二に、コーシーが記号εを導入したのは、それがフランス語の「erreur〔誤差〕」の頭文字だからだったということ。今、数学的な概念を厳密に、正確に定義するために使われている考え方が、近似での誤差を指定するところから始まったのだ。

ζ リーマンのゼータ関数

100万ドルを稼ぎたければ、あるいはニュートン、オイラー、ガウスと並べて名を挙げられたいなら、単純なことだ、と言われている――リーマン予想を証明すればよい。クレイ研究所はこの予想の証明に100万ドルの賞金をかけている。この成果は重大で、それがあれば数学界はその人を天才として喝采することになる。困ったところは、これが難しいという点にある。これは数学で最も重要で、有名な未解決問題だ。それが解ければけっこうな稼ぎになるだろう。

リーマン予想をこの記事の範囲で説明しようとしてもなかなかできない。そこそこの説明をするのにも、いくらかは高等数学を必要とするからだ。それでも数学ぬきで要点を述べると以下のようになる。

1859年、ベルンハルト・リーマンはゼータ（つまりギリシア語のアルファベット第6字のζ）という関数についての論文を書いた。複素数の実部と虚部のような二つ一組の数を入れると、ζ関数は第三の数を出す。複素平面上の二つ一組の座標を入れるとすれば、ζ関数は三次元の地形を描くと考えられる。ζ関数の出力、つまりこの三次元の地形には山と谷がある。リーマンは谷、つまりζ関数の出力がゼロとなる点に関心を向けた。

いわゆる「自明な《トリビアル》」ゼロ点は無限に存在する。対の第一の座標が負の偶数（-2, -4, -6など）のときにそうなる。しかし地形に谷が含まれるところは他にもある。リーマンが自明ではないゼロ点を10個並べて位置を確かめたところ、実に驚くべきことに気づいた。ゼロ点の位置は、そうなるのではないかと予想されたランダムに並ぶのではなく、すべて地形の中を延びる一直線上にあったのだ。ゼロ点はすべて、第一の座標が同じ1/2になっていた。リーマンは論文で、ζ関数の自明でないゼロ点は「すべて」この直線上にあると予想した。リーマン予想はその後、１０００億個のゼロ点について成り立つことが示されている。この予想が成り立つことは誰もが信じている。しかし予想が真であることを「証明」した人はいない。

この難解そうな予想が、なぜ今日のわれわれにとってそれほど重要なのだろう。リーマンがそれに関わるようになる前から、ζは素数の分布に関係することがわかっていた（素数は1と当のその数だけで割りきれる数のこと。たとえば3や5は素数だが、4は2×2となるので素数ではない）。素数が重要なのは、すべての数が素数の一通りの積の形に分解できるからだ。適当に数を選べば、381＝3×127だし、483＝3×7×23となる。この素因数分解は必ずできるので、素数はある意味で数論の「原子」と言える。数学者は素数の分布についてもっと知りたいと熱望していて、ζ関数は素数の情報を含んでいるので、リーマン予想の証明は最終目標のようなものになっている。証明されれ

ドイツの数学者ゲオルク・フリードリヒ・ベルンハルト・リーマン（1826～1866）は、19世紀の数学者の中でも有数の影響を及ぼした人物だった。（図版—パブリックドメイン）

ば数学の多くの部門を変えるだろうが、単に学問上の関心だけのことではない。素数は現代の暗号技術の要で、電子商取引はその上に成り立っている。この予想の証明は現実にものを言うのだ。

リーマンがこの関数を表す記号として ζ を選んだ理由を私は定かには知らないが、ある意味でそれはふさわしい。古代ギリシアの数の体系では、ζ は7という数を表していた。そしてもちろん、7は素数だ。

謝辞

出版用の原稿を準備する際に貴重な支援と助言をくれたスプリンガー社のクリス・カロンに感謝したい。

本書の主題を考えると、適切なフォント探しは難しかった。原書本文に用いたのは、ゲオルク・ダフナーによるEB Garamond《ギャラモン》で、見出しに用いたフォントはポール・ハントによるSource Sans Pro《ソース・サンズ・プロ》だ。様々な個別のグリフについては、Symbola《シンボラ》（ジョージ・ドゥーラスによる）、Quivira《クイビラ》（アレクサンダー・ランゲ）、Junicode《ジュニコード》（ピーター・S・ベイカー）、Bravura《ブラヴーラ》（ダニエル・スプレドベリ）、Klingon pIqaD《クリンゴン ピカド》（マイケル・エヴァーソン）、各フォントのものを使った。こうした才能あるデザイナーが、その作品をオープンソースにしていることに感謝したい。他に、チューニス・デ・ヨングによるIndyFontのスクリプトを使って自作した記号もある。

画像使用許諾の要請に対して迅速な応対をしてもらったゲアリー・アンダーソンとエリン・マッキーンに感謝する。

最後にいつものことながら、ハイケとジェシカにはその忍耐と支援に感謝したい。

訳者あとがき

本書は、Stephen Webb, *Clash of Symbols. A Ride through the Riches of Glyphs*（Springer, 2018）を翻訳したものです（文中〔　〕でくくった部分や訳者による補足。本書で参照されている資料に邦訳がある場合には、その旨を適宜補足しましたが、訳文は、とくに断りのないかぎり、本書訳者による私訳です）。

著者のウェッブは、イギリスの宇宙物理学者で、所属するポーツマス大学では物理学教育の面でも活躍しています。著書の邦訳も『広い宇宙に地球人しか見当たらない75の理由』（旧『～50の理由』の増補改訂版）、『宇宙物理学者がどうしても解きたい12の謎』、『現代物理学が描く突飛な宇宙をめぐる11章』（いずれも拙訳、青土社刊）が出ています。そのウェッブが、自身の活動や現代生活の様々な場面であたりまえのように遭遇する「記号（シンボル、サイン、グリフ、キャラクタ……）」に目を止め、なぜそんな記号を使うのかと、形の意味や由来をたどってみるというのが本書です。

「われわれはそういうものに囲まれてはいても、立ち止まってその由来について考えることはめったにない」と著者は言います。あたりまえに使っているぶん、ふだんとくに気にすることもないのですが、やはり著者のように、ふと、なぜこんな記号を、と疑問に思うことは確かにあります。そうしたものについて、著者は、『広い宇宙で……』で取り上げたフェルミのパラドックス「みんなどこにいるんだろうね」（Where are they?）のように、「みんなどこから来たんだろうね」（Where do they come from?）と問うのです。その意味で、取り上げる材料はこれまでの著書とは少し変わっていても、関心の向け方はやはり著者らしいところにあるようです。

　気になりだすと、それこそきりがありません。また、著者も強調するように、現代のコンピュータで全世界共通に扱えるよう定められたユニコードという規格には、10万を超える文字や記号が定められており、それぞれにそこに定められることになるいわれ——わかっているものも推測も含め——があります。本書は、そのユニコードに収められているものからも、そこにはないもの、そうなりそうなものからも材料を拾い、文字や文章の世界、日常の生活、天文、科学、数学という五つのジャンルに分けて、それぞれから20ずつ、合計１００種を取り上げ、関連するいくつかの記号とともに意味や歴史や付随する状況を紹介し、批評しています。

　読めばああそうかと目からうろこの話もあるでしょうし、じゃあ、あれはどうなの？　とさらに気になって、ネットを渡り歩くきっかけになる話もあるでしょう。むしろ著者は、何も考えずにあたりまえのように使っている記号に目を向けて、その意味や由来をたどってみて、あらためて活用することを——表現は違えど、あの５歳の女の子のように——誘っているのだと思います。本書に示されているのはその例題というわけで、それぞれの人がそれぞれの世界で接する豊かなグリフに広げていただければと願います。

　本書は、そのような記号をTeXで使うということも強調されています、訳稿はLaTeXで組んでみましたが、実際の本の形にする際には、パソコンによるLaTeXの出力イメージを元にしつつ、字形については原書のものを抽出するなどして、印刷所の通常の組版を行ないました。

翻訳にあたっては、青土社の篠原一平氏の計らいによって、また手がけさせていただくことになりました。出版までの作業も同氏のお世話になりました。またそのお手配りで岡孝治氏に装幀を担当していただきました。それぞれ記して感謝いたします。

2019年1月

訳者識

索引

か行

さ行

た行

な行

は行

ま行

や行

ら行

わ行

文献

Adobe Systems Inc. (1999) *PostScript Language Reference*. 3rd edn. Addison Wesley, New York〔Adobe Systems『PostScript リファレンスマニュアル』桑沢清志訳、アスキー（2017）〕

Asimov I (1959) C for celeritas. *Magazine of Fantasy & Science Fiction*. (November)

Baldwin CL, Runkle RS (1967) Biohazards symbol: development of a biological hazards warning signal. *Science* 158 264-265

Barrow JD (2001) *The Book of Nothing: Vacuums, Voids, and the Latest Ideas about the Origins of the Universe*. Pantheon, New York〔バロウ『無の本』小野木明恵訳、青土社 (2013)〕

Beckett S (1953) *Watt*. Olympia Press, Paris〔ベケット『ワット』高橋康也訳、白水社（2001、復刻版）〕

Bierce A (1909) *The Collected Works of Ambrose Bierce*. Neale, New York

Blatner D (1997) *The Joy of Pi*. Allen Lane, London〔ブラットナー『π（パイ）の神秘』浅尾敦則訳、アーティストハウス (1999)〕

Boas RP Jr (1960) *A Primer of Real Functions*. MAA, Washington, DC

Bringhurst R (2012) *The Elements of Typographic Style*. 4th edn. Hartley and Marks, Vancouver

Brück MT (1994) Alice Everett and Annie Russell Maunder: torch bearing women astronomers. *Irish Astron. J*. 21 281-291

Byers M (2010) *Percival's Planet: A Novel*. Holt, New York

Cajori F (1928/9) *A History of Mathematical Notations*. (2 vols) Open Court, London

Campion MJ (2014a) How the world loved the swastika — until Hitler stole it. *BBC News*. www.bbc.co.uk/news/magazine-29644591

Campion MJ (2014b) Reclaiming the swastika.［ラジオ放送］BBC Radio 4.

CND (n.d.) *The CND symbol*. www.cnduk.org/about/item/435-the-cnd-symbol

Coates D (n.d.) Apothecaries weights. www.apothecariesweights.com

Crease RP, Mann CC (1986) *Second Creation: Makers of the Revolution in Twentieth Century Physics*. Macmillan, New York〔クリース／マン『素粒子物理学

をつくった人びと』上下、鎮目恭夫、林一、小原洋一、岡村浩訳、ハヤカワ文庫 NF（2009）〕
Creative Commons (n.d.) Home page. https://creativecommons.org/
item Denso Wave Inc (n.d.) History of QR code. www.qrcode.com/en/history/〔日本語版は http://www.qrcode.com/history/〕
Derbyshire J (2003) *Prime Obsession: Bernhard Riemann and the Greatest Unsolved Problem in Mathematics.* Joseph Henry Press, Washington, DC〔ダービーシャー『素数に憑かれた人たち』松浦俊輔訳、日経ＢＰ社（2004）〕
du Sautoy M (2003) *The Music of the Primes.* HarperCollins, London〔デュ・ソートイ『素数の音楽』冨永星訳、新潮文庫（2013）〕
item Devlin K (2007) The myth that will not go away. *Devlin's Angle.* www.maa.org/external_archive/devlin/devlin_05_07.html〔翻訳時点では開けない〕
Dimov S (2012) The @ sign adorns medieval books. *Europost.* www.europost.eu/article?id=4065〔翻訳時点では開けない〕
Dowd K, Cotter J, Humphrey C, Woods M (2008) How unlucky is 25-sigma?https://arxiv.org/pdf/1103.5672.pdf
Dowling T (2010) How the # became the sign of our times. *The Guardian.* www.theguardian.com/artanddesign/2010/dec/08/hash-symbol-twitter-typography
Dyer JC (n.d.) The history of the recycling symbol: how Gary Anderson designed the recycling symbol. www.dyer-consequences.com/recycling_symbol.html
EC (2015) How to use the euro name and symbol. http://ec.europa.eu/economy_fiinance/euro/cash/symbol/index_en.htm〔翻訳時点では開けない〕
ESA (2017) Gaia. http://sci.esa.int/gaia/
Fenna D (2002) *A Dictionary of Weights, Measures, and Units.* OUP, Oxford
Foster M (2004) *History of the Maltese Cross, as used by the Order of St John of Jerusalem.* www.orderstjohn.org/osj/cross.htm
Fox AT, Cahill P, Fertleman M (2002) Medical slang. *Brit. Med. J.* 324 S179
Fox AT, Fertleman M, Cahill P, Palmer RD (2003) Medical slang in British hospitals. *Ethics and Behaviour* 13 173-189
Friedlander WJ (1992) *The Golden Wand of Medicine: History of the Caduceus Symbol in Medicine.* Greenwood Press, Westport, CT
Gardner M (1989) *Penrose Tiles to Trapdoor Ciphers.* Mathematical Association of

America, Washington, DC〔ガードナー『ペンローズ・タイルと数学パズル』一松信訳、丸善（1992)〕
Glaister GA (1960) *Glossary of the Book*. George Allen & Unwin, London
Harford T (2017) How the barcode changed retailing and manufacturing. *BBC News*. www.bbc.co.uk/news/business-38498700
Gunning RC, Rossi H (1965) *Analytic Functions of Several Complex Variables*. Prentice-Hall, Englewood Clifffs, NJ
Hargrave CP (1930) *A History of Playing Cards and a Bibliography of Cards & Gaming*. Houghton Miffflin, Boston
Higgins PM (2008) *Number Story: From Counting to Cryptography*. Springer, Berlin
Hilton JL (2016) When did the asteroids become minor planets? aa.usno.navy.mil/faq/docs/minorplanets.php
Hubble E, Tolman RC (1935) Two methods of investigating the nature of the nebular red-shift. *Astrophys. J*. 82 302-337
IEC (2017) IEC home page. www.iec.ch
IMAmaths (2012) Galton board. www.youtube.com/watch?v=6YDHBFVIvIs
Infoshop (n.d.) An anarchist FAQ. www.infoshop.org/AnarchistFAQAppendix2
International Phonetic Association (n.d.) *IPA Home*. www.internationalphoneticassociation.org/
Jaeger S (2012) Yin yang symbol. www.jaeger.info/2012/01/18/yin-yang-symbol/〔翻訳時点では開けない〕
JCMF (2016) James Clerk Maxwell Foundation home page. www.clerkmaxwellfoundation.org/index.html
Johnson G (1999) *Strange Beauty: Murray Gell-Mann and the Revolution in TwentiethCentury Physics*. Alfred Knopf, New York
Juggle Wiki (n.d.) http://juggle.wikia.com/wiki/Beatmap
Grammarly (2015) A brief and glorious history of the interrobang. www.grammarly.com/blog/a-brief-and-glorious-history-of-the-interrobang/〔翻訳時点ではこのページは開けないが、https://www.business2community.com/brandviews/grammarly/a-brief-and-glorious-history-of-the-interrobang-01361311 に同著者の同タイトルの記事がある〕
Knuth DE (1976) Mathematics and computer science: coping with fiiniteness.

Science 194 1235-1242

Knuth DE (1984) *The TEXbook*. Addison-Wesley, Boston〔Knuth『$\TeX$ ブック』鷺谷好輝訳、アスキー（1992）〕

Knuth DE (1991) *3:16 Bible Texts Illuminated*. A-R Editions, Middleton, WI

Korpela JK (n.d.) Character histories: notes on some ASCII code positions. www.cs.tut.fi/~jkorpela/latin1/ascii-hist.html

Langford D (n.d.) *Ansible*. http://news.ansible.uk/Ansible.html

Leaf M (1936) *Manners Can Be Fun*. Lippincott, Philadelphia, PA

Lequeux J (2013) *Le Verrier — Magnificent and Detestable Astronomer*. Springer, Berlin

Lewis EH (1894) *The History of the English Paragraph*. University of Chicago Press, Chicago

Livio M (2002) *The Golden Ratio: The Story of Phi, the World's Most Astonishing Number*. Broadway Books, New York〔リヴィオ『黄金比はすべてを美しくするか？』斉藤隆央訳、ハヤカワ文庫 NF（2012）〕

Maor E (1991) *To Infinity and Beyond: A Cultural History of the Infinite*. Princeton University Press, Princeton

Maor E (1994) *"e": the Story of a Number*. Princeton University Press, Princeton〔マオール『不思議な数 *e* の物語』伊藤由美訳、岩波書店（1999）〕

Mark JJ (2016) The ankh. *Ancient History Encyclopaedia*. www.ancient.eu/Ankh/

MathForum (2003) History of blackboard bold? http://mathforum.org/kb/message.jspa?messageID=515841

Maunder ASD (1934) The origin of the symbols of the planets. *Observatory* 57 238-247

Maunder ASD, Maunder EW (1920) The origin of the planetary symbols. *J. Brit. Astron. Assoc.* 30 219

Maunder EW (1908) *The Astronomy of the Bible*. Sealey Clark, London

McDonald PS (1994) The heartsink problem in general practice. *PhD thesis*. University of Nottingham

McDonald PS (2002) Slang in clinical practice. *Brit. Med. J.* 325(7361) 444

Mobile QR Codes (n.d.) History of QR codes. www.mobile-qr-codes.org/history-of-qrcodes.html

Nabokov V (1973) *Strong Opinions*. McGraw-Hill, New York

Nahin PJ (1999) *An Imaginary Tale*. Princeton University Press, Princeton

Okrand M (1985) *The Klingon Dictionary*. Pocket Books, New York

Olcott WT (1911) *Star Lore: Myths, Legends, and Facts*. Putnam's, London

Oxford Dictionaries (2017a) What is the origin of the dollar sign ($)? https://en.oxforddictionaries.com/explore/what-is-the-origin-of-the-dollar-sign

Oxford Dictionaries (2017b) What is the origin of the pound sign (£)? https://en.oxforddictionaries.com/explore/what-is-the-origin-of-the-pound-sign-ps

Page RI (2006) *An Introduction to English Runes*. Boydell Press, Woodbridge

Pais A (1986) *Inward Bound: Of Matter and Forces in the Physical World*. Clarendon Press, Oxford

Partridge EH (1953) *You Have a Point There: A Guide to Punctuation and its Allies*. Hamish Hamilton, London

Proudhon P-J (1840) What is Property? Or, an Inquiry into the Principle of Right and of Government. (Paris; Engl. trans. 1890, Humbold, New York)

Puck (1881, March 30) Issue 212, pg 65

RAS (2015) Treasures of the RAS: the discovery of Uranus. www.ras.org.uk/library/treasures-of-the-ras/2426-treasures-of-the-ras-the-discovery-of-uranus

RNIB (2016) Invention of braille. www.rnib.org.uk/braille-and-other-tactile-codes-portal-braille-past-present-and-future/invention-braille

Rocke AJ (2010) *Image and Reality: Kekulé, Kopp, and the Scientific Imagination*. University of Chicago Press, Chicago

Rucker R (2004) *Infinity and the Mind: The Science and Philosophy of the Infinite*. Princeton University Press, Princeton

Sabbagh K (2003) *Dr. Riemann's Zeros*. Atlantic, London〔サバー『リーマン博士の大予想』南條郁子訳、紀伊國屋書店（2004）〕

Sandys JE (1903) *A History of Classical Scholarship*. (Vol 1). CUP, Cambridge

Schmadel LD (2015) *Dictionary of Minor Planet Names: Addendum to 6th Edition: 2012-2014*. Springer, Berlin

Seife C (2000) *Zero: The Biography of a Dangerous Idea*. Viking, New York〔サイフェ『異端の数ゼロ』林大訳、ハヤカワ文庫 NF（2009）〕

Smith DE (1925) *History of Mathematics*. Vol 2. Ginn, Boston

Spiegel (2002) Das vergessene Vater des uro. www.spiegel.de/wirtschaft/waehrungsumstellung-der-vergessene-vater-des-uro-a-175875.html

Smith M (2013) Conférence « La véridique histoire de l'arobase ». YouTube www.youtube.com/watch?v=zZLWtvfSqCY

Smith RW (1979) The origin of the velocity-distance relation. *J. History Astron.* 10 133- 164

Stamp J (2013a) Who really invented the smiley face? Smithsonian.Com www.smithsonianmag.com/arts-culture/who-really-invented-the-smiley-face-2058483/

Stamp J (2013b) The evolution of the treble clef. Smithsonian.Com https://www.smithsonianmag.com/arts-culture/the-evolution-of-the-treble-clef-87122373/

Stephens LD, Barrett R (1979) A brief history of a "20th century danger sign". *Health Physics* 36 565-571

Strunk W, White EB (1999) *The Elements of Style*. 4th edn. Allyn and Bacon, Boston〔*Strunk/White*『英語文章ルールブック』荒竹三郎訳、荒竹出版（1985）〕

Stubhaug A (2002) *The Mathematician Sophus Lie*. Springer, Berlin〔ストゥーブハウグ『数学者ソフス・リー』熊原啓作訳、丸善出版（2013）〕

Tolkien JRR (1937) *The Hobbit*. George Allen & Unwin, London〔トールキン『ホビットの冒険』瀬田貞二訳、岩波少年文庫（上下、2000）〕

Tolkien JRR (1954/55) *The Lord of the Rings*. George Allen & Unwin, London〔トールキン『指輪物語』全10巻、瀬田貞二、田中明子訳、評論社文庫（2003、新版）〕

Tolkien JRR (1977) *The Silmarillion*. George Allen & Unwin, London〔トールキン『シリマリルの物語』田中明子訳、評論社（2003、新版）〕

Typefoundry (2013) Commercial at. http://typefoundry.blogspot.co.uk/2013/10/commercial-at_6.html

UKCS (2017) Copyright information. www.copyrightservice.co.uk/copyright/

University of Cambridge (n.d.) The riddle of the Syriac double dot: it's the worlds earliest question mark. www.cam.ac.uk/research/news/the-riddle-of-the-syriac-double-dot-it's-the-world's-earliest-question-mark

Vonnegut K (2005) *A Man Without a Country*. Seven Stories Press, New York〔ヴ

ォネガット『国のない男』金原瑞人訳、中公文庫（2017）〕

Ward's Book of Days (2006) *November 18th*. www.wardsbookofdays.com/18november.htm

Welcome to Portsmouth (2014) Star and crescent. www.welcometoportsmouth.co.uk/star%20and%20cresent.html

Westfall RS (1981) *Never at Rest: A Biography of Isaac Newton*. CUP, Cambridge

Whistler K (2000) *Re: Use of 213A*. http://unicode.org/mail-arch/unicode-ml/Archives-Old/UML022/0891.html

註

1

アンパーサンド　「アンパーサンド」という語が「and per se &《アンド・パース・アンド》」〔「（最後に）&そのもの」〕に由来するという話については、Glaister（1960）を参照。

疑問符　ザグワ・エライヤに関するチップ・オークリーの研究と、それが疑問符であるとする解釈については、University of Cambridge（n.d.）を参照。

セミコロン　Partridge（1953）は、セミコロンにまるごと1章を充てている。カート・ヴォネガットのセミコロン嫌いは、論集『国のない男』（Vonnegut, 2005）に所収の文章にある。サミュエル・ベケットのセミコロンへの言及は、小説第二作『ワット』（Beckett, 1953）にある。ソローの引用は、「市民不服従の義務について」という1849年の文章のもの。「セミコロン顕彰会」（Semicolon Appreciation Society）はsemicolonaapreciationsociety.comというウェブサイトを有していて、応援するに値する。

アットマーク　「マナセス年代記」の1345年の翻訳に@が登場していることの詳細については、Dimov（2012）を参照。Typefoundryというウェブサイト（2013）には、この記号に関する興味深い話があり、アットマークに関するフランス語での明快な講義動画へのリンクもある（Smith, 2013参照）。

パーセント　多産な数学者で教育者でもあったデーヴィッド・ユージン・スミス（1860～1944）は、著書の『数学の歴史』第2巻でパーセント記号の歴史について書いている（Smith, 1925）。

チルダ　チルダは複雑なキャラクタだ。発音を区別するための符号として生まれ、他のいくつかの分野で用いられるようになった本来のチルダがあり、数学で用いられるチルダ演算子もある。論理学では別の意味があるが、たいていのフォントでは、どれも同じ形に見える。チルダのもっと細かい情報についてはKorpela（n.d.）を参照のこと。ジャグリングのビートマップ記法の詳細は、Juggle Wiki（n.d.）にあ

る。

段落記号　英語での段落《パラグラフ》の歴史的展開については、それを専門に取り上げた本がある。Lewis（1894）を参照。Sandys（1903）によれば、アリストテレスが明示的に使った句読点は、ギリシア語で παραγραφή〔パラグラフェー〕と呼ばれる、文が終わることになる行の先頭の単語の下に引かれる短い横棒だけだった。この句読点の名が最後の文そのもの、あるいは文がつながった集合を指すようになり、そこから英語の「パラグラフ」という言葉ができた。

節記号　節《セクション》記号あるいは節符号は、イギリスではよく知られているように、ずっと昔からあった。オックスフォード・ユニバーサル辞典によれば、印刷業者がこの意味でこの記号を使っていたのは1728年にさかのぼるという。しかし私には記号の詳細な歴史は見つけることができていない。

著作権表示　英国著作権サービスのウェブサイトには、コピーレフト、知的財産権一般についての豊富な情報がある。UKCS（2017）を参照。このサイトはどうしてもイギリスの問題に集中してしまうが、国際的な要素もある。少なくとも教育や出版の分野では、ますます「クリエイティブ・コモンズ」が標準になりそうに見える。様々なライセンス形態や利用できるコンテンツの詳細については Creative Commons（n.d.）を参照。

ギュメ　アドビ・システムズのソフトウェアには、同社がギルモット・レフトとギルモット・ライトと呼ぶ二つのキャラクタがある。アドビ社は、後に自ら認めたように（Adobe Systems Inc., 1999）、ギュメ・レフトとギュメ・ライトと名づけるべきだった。

インテロバング　インテロバングの解説とその用法についての情報は、Grammarly（2015）にある。

エモティコン　ビアスの「簡潔さと明晰さのために」という文章は Bierce（1909）にある。ナボコフが「丸括弧を横置きにしたような」という表し方をした『ニューヨーク・タイムズ』記者とのやりとりは、Nabokov（1973）にある。図に挙げた初期の作者不詳のエモティコンは Puck（1881）にある。

アッシュ　私のように硬貨あるいはトールキンに関心があるなら Page

(2006) を参照のこと。この学術的著作はきわめて読みやすく、アングロサクソンのルーン文字の発達を明瞭に解説している。カクストンがソーンではなくYを用いたことについては、Ward's Book of Days (2006) を参照。

シュワー Strunk and White (1999) は、短くて読みやすいという二つの長所があるが、規範的なところがインターネットの時代にしっくり収まるとは思えない。ゲル＝マンの伝記についてはJohnson (1999) を参照。国際音声記号の詳細はIPA (n.d.) にある。

ヘデラ フリューロンについて、また活字の体裁については、Bringhurst (2012) を参照。

ヴァーシクル Knuth (1984) は$\TeX$案内の決定版。クヌースは自身の美しい聖書注釈書を組版するためにこのソフトウェアを開発した。

折丁符号 ユニコードに「回転した大文字Q」が入っていることの細かい理由はWhistler (2000) にある。

キアス文字のJ 『ホビット』(Tolkien, 1937)、『指輪物語』(Tolkien, 1954/55)、『シルマリルの物語』(Tolkien, 1977) には、いろいろな書かれた文字や文字体系が出てくる。『指輪物語』原書第3巻の付録Eでは、第二紀と第三紀の様々な国の人々による文字の体系について概略が述べられている。

クリンゴン文字S 「アンシブル」との関連についてはLangford (n.d.) を参照。クリンゴン語の単語や言い回しについての公式の案内は、Okrand (1985) を参照。

2

スワスティカ Campion (2014a, b) には、この記号の魅惑の歴史が述べられている。

ピース 核軍縮キャンペーン (CND, n.d.) は、ピースマークの背後にある話を語っている。

マルタ十字 マルタ十字と聖ヨハネ騎士団との関係については、Foster (2004) と、そこに挙げられている資料を参照。

アナーキー 「財産は窃盗である」というスローガンはProudhon (1840)

で掲げられた。Infoshop (n.d.) とそこに挙げられている資料には、「丸で囲ったA」を使った背景の話が出ている。

アップルのコマンド記号　Chan (2014) には、コマンドキーをデザインしたアップル社のスーザン・ケアのインタビューがある。そのインタビューには、私の目にはそれは違うと思われるところがある。あるファンがケアにボリホルム城〔スウェーデン〕の空撮画像の絵はがきを送ってきて、そのファンは、この見た目が、あのクローバーの葉のような記号の元だと言ったのだという。この城の輪郭は確かにその記号に似ている——しかし城が建てられたのは、あの記号がすでに描かれている絵画石碑よりもずっと後のことだ。

スマイリーフェイス　Leaf (1936) には、あるタイプのスマイルが出ていると言えるかもしれないが、実際には、Stamp (2013a) が指摘するように、このデザインは単純なので、誰か特定の人がそれを「発明した」と認めるのは意味がない。実際、この Stamp は、紀元前2500年にスマイルの顔が描かれた洞窟を掲載するウェブサイトへのリンクを挙げている。

バーコード　Harford (2017) はバーコードの発明を取り上げている。

QR コード　QR コードの歴史や使途が専門のウェブサイトが存在すると言っても誰も驚かないだろう。たとえば、Denso Wave Inc. (n.d.) と、Mobile QR Codes (n.d.) を参照。

ハッシュ　Dowling (2010) は、# 記号がどこででも使われるようになってきた時期に書かれた「オクトソープ」についてのユーモラスな解説。

スタンバイ・スイッチ　電源関連の記号類を担当する団体がある。国際電気標準会議 (IEC) という。そのウェブサイトの URL については IEC (2017) を参照。

ユーロ　欧州委員会のウェブサイトには、ユーロのあらゆる面に充てた部分がある。ユーロ記号の詳細については EC (2015) を参照。アイゼンメンガーの自分がユーロ記号の父だという説は、Spiegel (2002) に（ドイツ語で）報じられている。

ドル　オックスフォード英語辞典の辞書編纂者陣はドル記号のとポンド記号の歴史に充てられた専門の項目を立てている（それぞれ Oxford

Dictionaries, 2017a と Oxford Dictionaries, 2017b))。

スペード Hargrave（1930）は世界中のゲーム用カードの歴史、展開、使い方を総覧している。ここではカードの様々な装飾の様子についても検討されている。最近〔2012年〕、再刊もされた。

高音部クレフ 音楽の表記法の歴史をたどる著作は多い。たとえば Stamp（2013b）と、そこに挙げられている資料を参照。

リサイクル記号 Dyer（n.d.）は、ゲアリー・アンダーソンのインタビューを特集していて、そこでアンダーソンがリサイクル記号を考えたいきさつが述べられている。

点字の合字 th 英国王立盲人協会（RNIB）は、点字やそれに類する方式について、膨大な量の情報を集めている。たとえば RNIB（2016）を参照。

月と星 Welcome to Portsmouth（2104）のウェブサイトには、ポーツマス市と「月と星」の関係に関する説明が収録されている。

アンク十字 Mark（2016）には、アンク十字の起源と意味、またその使用の歴史について豊富な情報が収録されている。

陰陽 陰陽の起源についての「天文学的」理論の詳細については、Jaeger（2012）を参照。

五芒星 宇宙物理学者のマリオ・リヴィオは黄金比についての著書（Livio, 2002）で、五芒星形についての興味深い解説を行なっている。

3

太陽、月、水星、金星、火星、木星、土星 グリニッジ王立天文台の「女性計算士《コンピューター》」アニー・モンダーは、天文学の世界では女性の先駆者の一人だった。アニーは、エドワード・モンダーという、太陽活動についての研究で今も記憶される人物と結婚した。Brück（1994）によれば、モンダー夫妻は同天文台図書館にあった古い天文学文献を調べるうちに、惑星を表すシンボルの起源に関心を抱くようになった。太陽、月、古くから知られていた五つの惑星を表す記号の歴史的詳細については、Maunder and Maunder（1920）および Maunder（1934）を参照。以上の七つの天体は、古代人の頭では金属と密接

に関連していた。太陽の色はそれが黄金に対応することを意味していたし、土星の空での動きが遅いのは鉛に対応する、などのことだ。そのようにして、七つのよく知られた金属を表す記号は惑星を表す記号と同じになった。

地球　太陽中心説〔いわゆる地動説〕が発達するまではもちろん、地球は他の金星、火星、水星が惑星だというのと同じ意味では惑星とは考えられていなかった。それでも地球を表す丸に十字の記号は古いらしい。このシンボルにある十字の宗教的な意味合いは明らかだが、このシンボルは緯度と経度を伴う球体を表しているとも考えられる。方位磁石の四つの方位、四季などとも考えられる。

天王星　英国王立天文学会（RAS）のウェブサイトには、ハーシェルによる天王星発見に関する興味深い動画へのリンクがある。RAS（2015）を参照。

海王星　海王星発見についての、アダムズ論争の解説など、現代になってからの叙述については、Lequeux（2013）の第2章を参照。

準惑星冥王星　Byers（2010）は、トンボーによる冥王星の発見について、虚構とはいえ歴史的に正確な話を述べている。

ケレス　Hilton（2016）は、天文学者が小惑星に与えた記号を並べて見事だ（かなり奇怪であることも言っておかなければならないが）。この記事には役に立つ資料もたくさん挙げられている。Schmadel（2015）も参照。

春分点、うお座、へびつかい座　Olcott（1911）は星座の背後にある神話・伝説を再構成して語っている――うお座、へびつかい座、おひつじ座（本文でも説明したとおり、春分点を表す記号の元）などの黄道帯の星座だけでなく、おそらく聞いたこともないような星座についても。この本は1世紀以上前のものだが、神話は古くはならないし、2004年には再刊されて手に入れやすくなった。

昇交点　関連する惑星の記号についての註でも述べたように、エドワード・モンダーとアニー・モンダーは、天文学の歴史に密な関心を抱いた。Maunder（1908）には、「竜頭」と「竜尾」についての優れた解説がある。

ブラックムーン・リリス　Upgren（2012）は夜空がどう見えるか、また

宇宙史が別の展開だったら——たとえば地球が太陽を公転する唯一の惑星だったらとか、太陽が二重星だったらとか——生命にどう影響していたかについて取り上げて魅力がある。このアップグレンはまるごと一章を、地球にたくさんの月があったらという別の歴史に充てている。しかしこの本は純然たる思考実験であることは認識しておかなければならない。地球にある大きな衛星は月だけだ。ダークムーン・リリスについて、またそれが占星術でどう扱われているかを本当に知りたければ、インターネットを検索すれば何万という資料が並ぶだろう。しかし言っておくが、そんなことをしても意味はない。

秒角　Gaia というウェブサイト（ESA, 2017）には、衛星についてだけでなく、天文学の歴史や、星の位置を百万分の数秒の角度まで正確に測定できることにどんな意味があるかについても情報が収録されている。

赤方偏移　赤方偏移を表すのに *z* を用いることになったいきさつは、Hubble and Tolman（1935）に出ている。

ハッブル定数　ハッブル定数の歴史の一部については、Smith（1979）を参照。

4

光速　Asimov（1959）では、*c* が *celeritas* の短縮だと論じられている。その説を支持する資料は示されていないが、私には妥当な想定に見える。

換算プランク定数、波動関数、微細構造定数、ガンマ線、タウ粒子、グザイ粒子　20 世紀前半には、プランク、アインシュタイン、ラザフォード、シュレーディンガーなど、錚々たる物理学者が極微のレベルでの世界の動き方を理解しようと競っていた。こうした知の巨人たちが立ち向かった苦闘を記述する素粒子物理学の細かい歴史については、たとえば Pais（1986）と、そこに挙げられている数々の資料を参照。Crease and Mann（1986）は、素粒子物理学の標準モデルの展開に至る発見に重点を置いている。

標準偏差　正規分布の教会の鐘形を明瞭に示すYouTubeの動画がある。IMAmaths（2012）を参照。

宇宙定数　宇宙論に関する現代の本は、どれも宇宙定数を取り上げている。ゴールドマン・サックス社員の発言についての情報と、それが見事に不適切であることについては、Dowd, Cotter, Humphrey, and Woods（2008）を参照。

磁場　ジェームズ・クラーク・マクスウェル財団のウェブサイト（JCMF, 2016）には、この大科学者についての豊富な情報と、マクスウェルの電磁気研究を取り上げた書籍一覧がある。

電気伝導率、オングストローム、度　Fenna（2002）は、様々な分野の1600種類以上の単位の歴史的由来を提示している。

ベンゼン環　ベンゼンの構造が発見されるまでの（異論のある）物語について論じ尽くしたものとして、Rocke（2010）を参照。

バイオハザード　バイオハザード記号の採用を勧告した文書は、Baldwin and Runkle（1967）。

放射線障害危険　この記号の詳細については、Stephens and Barrett（1979）を参照。

処方箋　『オックスフォード英語辞典』は「recipe《レシピ》」という単語の歴史と、それと「prescription《プレスクリプション》」〔処方箋〕との関係について述べている。本文で挙げた頭文字を並べた略号など、医学や臨床の世界での隠語の例については、たとえばFox, Cahill, and Fertleman（2002）; Fox, Fertleman, Cahill, and Palmer（2003）; McDonald（1994, 2002）を参照。フォックスらの調査は、医療隠語のブラックユーモア（通用しにくいユーモアであると言わざるをえない）の面に注目したおびただしいマスコミ報道を呼んだ。

オンス　Coates（n.d.）は調剤での重さが専門のウェブサイトで、オンス、ドラム、スクループル、グレーンに関する情報と、さらに他の多くのことが載っている。

水銀　私見では、ニュートンの最高の伝記はWestfall（1981）。

カドゥケウス　Fridlander（1992）は医療の世界におけるカドゥケウス記号の歴史。

5

ゼロ　無という意外にわかりにくい概念とゼロという数についてのさらなる情報は、Barrow（2001）および Seife（2000）を参照。

円周率　3.14159... という数についていくつかの魅惑の事実については Blatner（1997）を参照。

ネイピア数　0とπは一冊の本になるほどの伝記の対象だったが、eも同様で、たとえば Maor（1994）を参照。

黄金比　0とπとeだけでなく、ϕも同様で、黄金比の伝記としては、たとえば Livio（2002）を参照。Devlin（2007）はϕに関する神話とその神話が執拗に残る理由を検証している。

階乗　階乗の由来のさらなる詳細や数に関する他の興味深い事実については、Higgins（2008）を参照。

クヌースの矢印表記　矢印表記のとんでもない詳細を本当に知りたければ、Knuth（1976）を参照。グラハム数についてのわかりやすい紹介は、Gardner（1989）の関連する章にある。

無限大、無限集合の大きさ　無限の概念に関する本はたくさんある。たとえば Maor（1991）および Rucker（2004）を参照。

自然数の集合　MathForum（2003）は黒板太字の歴史を取り上げている。黒板太字が初めて活字になったのは、*Analytic Functions of Several Complex Variables*〔多複素変数解析関数〕（Gunning and Rossi, 1965）らしいが、これを読むには根気が要ることは言っておこう。これは数学を専門にする人々でないと、おいそれと関心を抱けそうにない高度な数学の教科書だ。

虚数、虚部　0とπとeとϕだけでなく、iも同様で、マイナス1の平方根の伝記についてはたとえば Nahin（1999）を参照。本文で触れられた群論の発達の助けになった数学者、ソフス・リーの伝記については、Stubhaug（2002）を参照。

割り算、ゆえに、〜が存在する、偏微分、デル演算子、和、積分、正の微小量　Cajori（1928/9）は、数学で用いられる符号、記号、表記の歴史の最高の資料。εの話に出てきた献辞の話は Boas（1960）にある。

リーマンのゼータ関数　リーマン予想には想像を絶する膨大な文献を生んできた。それも無理はない。予想は正しいか正しくないかはおそらく数学の未解決問題の中でも最も重要なことだからだ。2003年の1年で、この問題の優れた一般向けの解説が3点出ている。Derbyshire (2003), de Sautoy (2003), Sabbgh (2003) を参照。

記号とシンボルの事典
知ってそうで知らなかった 100 のはなし

2019 年 1 月 30 日　第一刷印刷
2019 年 2 月 10 日　第一刷発行

著　者　スティーヴン・ウェッブ
訳　者　松浦俊輔

発行者　清水一人
発行所　青土社

〒 101-0051　東京都千代田区神田神保町 1-29　市瀬ビル
［電話］03-3291-9831（編集）　03-3294-7829（営業）
［振替］00190-7-192955

印刷・製本　ディグ
装丁　岡孝治

ISBN978-4-7917-7141-7　Printed in Japan